ESTISCH

WOORDENSCHAT

THEMATISCHE WOORDENLIJST

NEDERLANDS
ESTISCH

De meest bruikbare woorden
Om uw woordenschat uit te breiden en
uw taalvaardigheid aan te scherpen

9000 woorden

Thematische woordenschat Nederlands-Estisch - 9000 woorden

Door Andrey Taranov

Woordenlijsten van T&P Books zijn bedoeld om u woorden van een vreemde taal te helpen leren, onthouden, en bestudering. Dit woordenboek is ingedeeld in thema's en behandelt alle belangrijk terreinen van het dagelijkse leven, bedrijven, wetenschap, cultuur, etc.

Het proces van het leren van woorden met behulp van de op thema's gebaseerde aanpak van T&P Books biedt u de volgende voordelen:

- Correct gegroepeerde informatie is bepalend voor succes bij opeenvolgende stadia van het leren van woorden
- De beschikbaarheid van woorden die van dezelfde stam zijn maakt het mogelijk om woordgroepen te onthouden (in plaats van losse woorden)
- Kleine groepen van woorden faciliteren het proces van het aanmaken van associatieve verbindingen, die nodig zijn bij het consolideren van de woordenschat
- Het niveau van talenkennis kan worden ingeschat door het aantal geleerde woorden

T&P Books Publishing
www.tpbooks.com

Dit boek is ook beschikbaar in e-boek formaat.
Gelieve www.tpbooks.com te bezoeken of de belangrijkste online boekwinkels.

ESTISCHE WOORDENSCHAT
nieuwe woorden leren

T&P Books woordenlijsten zijn bedoeld om u te helpen vreemde woorden te leren, te onthouden, en te bestuderen. De woordenschat bevat meer dan 9000 veel gebruikte woorden die thematisch geordend zijn.

- De woordenlijst bevat de meest gebruikte woorden
- Aanbevolen als aanvulling bij welke taalcursus dan ook
- Voldoet aan de behoeften van de beginnende en gevorderde student in vreemde talen
- Geschikt voor dagelijks gebruik, bestudering en zelftestactiviteiten
- Maakt het mogelijk om uw woordenschat te evalueren

Bijzondere kenmerken van de woordenschat

- De woorden zijn gerangschikt naar hun betekenis, niet volgens alfabet
- De woorden worden weergegeven in drie kolommen om bestudering en zelftesten te vergemakkelijken
- Woorden in groepen worden verdeeld in kleine blokken om het leerproces te vergemakkelijken
- De woordenschat biedt een handige en eenvoudige beschrijving van elk buitenlands woord

De woordenschat bevat 256 onderwerpen zoals:

Basisconcepten, getallen, kleuren, maanden, seizoenen, meeteenheden, kleding en accessoires, eten & voeding, restaurant, familieleden, verwanten, karakter, gevoelens, emoties, ziekten, stad, dorp, bezienswaardigheden, winkelen, geld, huis, thuis, kantoor, werken op kantoor, import & export, marketing, werk zoeken, sport, onderwijs, computer, internet, gereedschap, natuur, landen, nationaliteiten en meer ...

INHOUDSOPGAVE

Uitspraakgids 11
Afkortingen 13

BASISBEGRIPPEN 14
Basisbegrippen Deel 1 14

1. Voornaamwoorden 14
2. Begroetingen. Begroetingen. Afscheid 14
3. Hoe aan te spreken 15
4. Kardinale getallen. Deel 1 15
5. Kardinale getallen. Deel 2 16
6. Ordinale getallen 17
7. Getallen. Breuken 17
8. Getallen. Eenvoudige berekeningen 17
9. Getallen. Diversen 17
10. De belangrijkste werkwoorden. Deel 1 18
11. De belangrijkste werkwoorden. Deel 2 19
12. De belangrijkste werkwoorden. Deel 3 20
13. De belangrijkste werkwoorden. Deel 4 21
14. Kleuren 22
15. Vragen 22
16. Voorzetsels 23
17. Functiewoorden. Bijwoorden. Deel 1 23
18. Functiewoorden. Bijwoorden. Deel 2 25

Basisbegrippen Deel 2 27

19. Tegenovergestelden 27
20. Dagen van de week 29
21. Uren. Dag en nacht 29
22. Maanden. Seizoenen 30
23. Tijd. Diversen 31
24. Lijnen en vormen 32
25. Meeteenheden 33
26. Containers 34
27. Materialen 35
28. Metalen 36

MENS 37
Mens. Het lichaam 37

29. Mensen. Basisbegrippen 37
30. Menselijke anatomie 37

31. Hoofd   38
32. Menselijk lichaam   39

Kleding en accessoires   40

33. Bovenkleding. Jassen   40
34. Heren & dames kleding   40
35. Kleding. Ondergoed   41
36. Hoofddeksels   41
37. Schoeisel   41
38. Textiel. Weefsel   42
39. Persoonlijke accessoires   42
40. Kleding. Diversen   43
41. Persoonlijke verzorging. Schoonheidsmiddelen   43
42. Juwelen   44
43. Horloges. Klokken   45

Voedsel. Voeding   46

44. Voedsel   46
45. Drankjes   47
46. Groenten   48
47. Vruchten. Noten   49
48. Brood. Snoep   50
49. Bereide gerechten   50
50. Kruiden   51
51. Maaltijden   52
52. Tafelschikking   53
53. Restaurant   53

Familie, verwanten en vrienden   54

54. Persoonlijke informatie. Formulieren   54
55. Familieleden. Verwanten   54
56. Vrienden. Collega's   55
57. Man. Vrouw   56
58. Leeftijd   56
59. Kinderen   57
60. Gehuwde paren. Gezinsleven   58

Karakter. Gevoelens. Emoties   59

61. Gevoelens. Emoties   59
62. Karakter. Persoonlijkheid   60
63. Slaap. Dromen   61
64. Humor. Gelach. Blijdschap   62
65. Discussie, conversatie. Deel 1   62
66. Discussie, conversatie. Deel 2   63
67. Discussie, conversatie. Deel 3   65
68. Overeenstemming. Weigering   65
69. Succes. Veel geluk. Mislukking   66
70. Ruzies. Negatieve emoties   67

Geneeskunde 69

71. Ziekten 69
72. Symptomen. Behandelingen. Deel 1 70
73. Symptomen. Behandelingen. Deel 2 71
74. Symptomen. Behandelingen. Deel 3 72
75. Artsen 73
76. Geneeskunde. Medicijnen. Accessoires 73
77. Roken. Tabaksproducten 74

HET MENSELIJKE LEEFGEBIED 75
Stad 75

78. Stad. Het leven in de stad 75
79. Stedelijke instellingen 76
80. Borden 77
81. Stedelijk vervoer 78
82. Bezienswaardigheden 79
83. Winkelen 80
84. Geld 81
85. Post. Postkantoor 82

Woning. Huis. Thuis 83

86. Huis. Woning 83
87. Huis. Ingang. Lift 84
88. Huis. Elektriciteit 84
89. Huis. Deuren. Sloten 84
90. Huis op het platteland 85
91. Villa. Herenhuis 85
92. Kasteel. Paleis 86
93. Appartement 86
94. Appartement. Schoonmaken 87
95. Meubels. Interieur 87
96. Beddengoed 88
97. Keuken 88
98. Badkamer 89
99. Huishoudelijke apparaten 90
100. Reparaties. Renovatie 90
101. Loodgieterswerk 91
102. Brand. Vuurzee 91

MENSELIJKE ACTIVITEITEN 93
Baan. Business. Deel 1 93

103. Kantoor. Op kantoor werken 93
104. Bedrijfsprocessen. Deel 1 94
105. Bedrijfsprocessen. Deel 2 95
106. Productie. Werken 96
107. Contract. Overeenstemming 97
108. Import & Export 98

109. Financiën   98
110. Marketing   99
111. Reclame   100
112. Bankieren   100
113. Telefoon. Telefoongesprek   101
114. Mobiele telefoon   102
115. Schrijfbehoeften   102
116. Verschillende soorten documenten 102
117. Soorten bedrijven   104

Baan. Business. Deel 2   106

118. Show. Tentoonstelling   106
119. Massamedia   107
120. Landbouw   108
121. Gebouw. Bouwproces   109
122. Wetenschap. Onderzoek. Wetenschappers 110

Beroepen en ambachten   111

123. Zoeken naar werk. Ontslag   111
124. Zakenmensen   111
125. Dienstverlenende beroepen   112
126. Militaire beroepen en rangen   113
127. Ambtenaren. Priesters   114
128. Agrarische beroepen   114
129. Kunst beroepen   115
130. Verschillende beroepen   115
131. Beroepen. Sociale status   117

Sport   118

132. Soorten sporten. Sporters   118
133. Soorten sporten. Diversen   119
134. Fitnessruimte   119
135. Hockey   120
136. Voetbal   120
137. Alpine skiën   122
138. Tennis. Golf   122
139. Schaken   123
140. Boksen   123
141. Sporten. Diversen   124

Onderwijs   126

142. School   126
143. Hogeschool. Universiteit   127
144. Wetenschappen. Disciplines   128
145. Schrift. Spelling   128
146. Vreemde talen   129

147. Sprookjesfiguren 130
148. Dierenriem 131

Kunst 132

149. Theater 132
150. Bioscoop 133
151. Schilderij 134
152. Literatuur & Poëzie 135
153. Circus 135
154. Muziek. Popmuziek 136

Rusten. Entertainment. Reizen 138

155. Trip. Reizen 138
156. Hotel 138
157. Boeken. Lezen 139
158. Jacht. Vissen 141
159. Spellen. Biljart 141
160. Spellen. Speelkaarten 142
161. Casino. Roulette 142
162. Rusten. Spellen. Diversen 143
163. Fotografie 143
164. Strand. Zwemmen 144

TECHNISCHE APPARATUUR. VERVOER 146
Technische apparatuur 146

165. Computer 146
166. Internet. E-mail 147
167. Elektriciteit 148
168. Gereedschappen 148

Vervoer 151

169. Vliegtuig 151
170. Trein 152
171. Schip 153
172. Vliegveld 154
173. Fiets. Motorfiets 155

Auto's 156

174. Soorten auto's 156
175. Auto's. Carrosserie 156
176. Auto's. Passagiersruimte 157
177. Auto's. Motor 158
178. Auto's. Botsing. Reparatie 159
179. Auto's. Weg 160
180. Verkeersborden 161

MENSEN. GEBEURTENISSEN IN HET LEVEN   162

181. Vakanties. Evenement   162
182. Begrafenissen. Begrafenis   163
183. Oorlog. Soldaten   163
184. Oorlog. Militaire acties. Deel 1   164
185. Oorlog. Militaire acties. Deel 2   166
186. Wapens   167
187. Oude mensen   169
188. Middeleeuwen   170
189. Leider. Baas. Autoriteiten   171
190. Weg. Weg. Routebeschrijving   172
191. De wet overtreden. Criminelen. Deel 1   173
192. De wet overtreden. Criminelen. Deel 2   174
193. Politie. Wet. Deel 1   175
194. Politie. Wet. Deel 2   176

NATUUR   178
De Aarde. Deel 1   178

195. De kosmische ruimte   178
196. De Aarde   179
197. Windrichtingen   180
198. Zee. Oceaan   180
199. Namen van zeeën en oceanen   181
200. Bergen   182
201. Bergen namen   183
202. Rivieren   183
203. Namen van rivieren   184
204. Bos   184
205. Natuurlijke hulpbronnen   185

De Aarde. Deel 2   187

206. Weer   187
207. Zwaar weer. Natuurrampen   188
208. Geluiden. Geluiden   188
209. Winter   189

Fauna   191

210. Zoogdieren. Roofdieren   191
211. Wilde dieren   191
212. Huisdieren   192
213. Honden. Hondenrassen   193
214. Dierengeluiden   194
215. Jonge dieren   194
216. Vogels   195
217. Vogels. Zingen en geluiden   196
218. Vis. Zeedieren   196
219. Amfibieën. Reptielen   197
220. Insecten   198

221. Dieren. Lichaamsdelen 198
222. Acties van de dieren 199
223. Dieren. Leefomgevingen 200
224. Dierverzorging 200
225. Dieren. Diversen 201
226. Paarden 201

Flora 203

227. Bomen 203
228. Heesters 203
229. Champignons 204
230. Vruchten. Bessen 204
231. Bloemen. Planten 205
232. Granen, graankorrels 206
233. Groenten. Groene groenten 207

REGIONALE AARDRIJKSKUNDE 208

234. West-Europa 208
235. Centraal- en Oost-Europa 210
236. Voormalige USSR landen 211
237. Azië 212
238. Noord-Amerika 214
239. Midden- en Zuid-Amerika 214
240. Afrika 215
241. Australië. Oceanië 216
242. Steden 216
243. Politiek. Overheid. Deel 1 217
244. Politiek. Overheid. Deel 2 219
245. Landen. Diversen 220
246. Grote religieuze groepen. Bekentenissen 220
247. Religies. Priesters 222
248. Geloof. Christendom. Islam 222

DIVERSEN 225

249. Diverse nuttige woorden 225
250. Beperkende bijwoorden. Bijvoeglijke naamwoorden. Deel 1 226
251. Beperkende bijwoorden. Bijvoeglijke naamwoorden. Deel 2 228

DE 500 BELANGRIJKSTE WERKWOORDEN 231

252. Werkwoorden A-C 231
253. Werkwoorden D-K 233
254. Werkwoorden L-R 235
255. Verbs S-V 238
256. Verbs V-Z 240

UITSPRAAKGIDS

Letter	Estisch voorbeeld	T&P fonetisch alfabet	Nederlands voorbeeld

Klinkers

a	vana	[ɑ]	acht
aa	poutaa	[ɑ:]	maart
e	ema	[e]	delen, spreken
ee	Ameerika	[e:]	twee, ongeveer
i	ilus	[i]	bidden, tint
ii	viia	[i:]	team, portier
o	orav	[o]	overeenkomst
oo	antiloop	[o:]	rood, knoop
u	surma	[u]	hoed, doe
uu	arbuus	[u:]	fuut, uur
õ	võõras	[ɔʊ]	snowboard,
ä	pärn	[æ]	Nederlands Nedersaksisch - dät, Engels - cat
ö	köha	[ø]	neus, beu
ü	üks	[y]	fuut, uur

Medeklinkers

b	tablett	[b]	hebben
d	delfiin	[d]	Dank u, honderd
f	faasan	[f]	feestdag, informeren
g	flamingo	[g]	goal, tango
h	haamer	[h]	het, herhalen
j	harjumus	[j]	New York, januari
k	helikopter	[k]	kennen, kleur
l	ingel	[l]	delen, luchter
m	magnet	[m]	morgen, etmaal
n	nöör	[n]	nemen, zonder
p	poolsaar	[p]	parallel, koper
r	ripse	[r]	roepen, breken
s	sõprus	[s]	spreken, kosten
š	šotlane	[ʃ]	shampoo, machine
t	tantsima	[t]	tomaat, taart
v	pilves	[ʋ]	als in Noord-Nederlands - water
z	zookauplus	[z]	zeven, zesde
ž [1]	žonglöör	[ʒ]	garage, journalist, Engels - pleasure

Opmerkingen

[1] alleen in leenwoorden

AFKORTINGEN
gebruikt in de woordenschat

Nederlandse afkortingen

abn	-	als bijvoeglijk naamwoord
bijv.	-	bijvoorbeeld
bn	-	bijvoeglijk naamwoord
bw	-	bijwoord
enk.	-	enkelvoud
enz.	-	enzovoort
form.	-	formele taal
inform.	-	informele taal
mann.	-	mannelijk
mil.	-	militair
mv.	-	meervoud
on.ww.	-	onovergankelijk werkwoord
ontelb.	-	ontelbaar
ov.	-	over
ov.ww.	-	overgankelijk werkwoord
telb.	-	telbaar
vn	-	voornaamwoord
vrouw.	-	vrouwelijk
vw	-	voegwoord
vz	-	voorzetsel
wisk.	-	wiskunde
ww	-	werkwoord

Nederlandse artikelen

de	-	gemeenschappelijk geslacht
de/het	-	gemeenschappelijk geslacht, onzijdig
het	-	onzijdig

BASISBEGRIPPEN

Basisbegrippen Deel 1

1. Voornaamwoorden

ik	mina	[mina]
jij, je	sina	[sina]
hij	tema	[tema]
zij, ze	tema	[tema]
het	see	[se:]
wij, we	meie	[meje]
jullie	teie	[teje]
zij, ze	nemad	[nemat]

2. Begroetingen. Begroetingen. Afscheid

Hallo! Dag!	Tere!	[tere!]
Hallo!	Tere!	[tere!]
Goedemorgen!	Tere hommikust!	[tere hommikusit!]
Goedemiddag!	Tere päevast!	[tere pæeuasit!]
Goedenavond!	Tere õhtust!	[tere ɜhtusit!]

gedag zeggen (groeten)	teretama	[teretama]
Hoi!	Tervist!	[teruisit!]
groeten (het)	tervitus	[teruitus]
verwelkomen (ww)	tervitama	[teruitama]
Hoe gaat het?	Kuidas läheb?	[kuidas lʲæheb?]
Is er nog nieuws?	Mis uudist?	[mis u:disit?]

Dag! Tot ziens!	Nägemist!	[nægemisit!]
Tot snel! Tot ziens!	Kohtumiseni!	[kohtumiseni!]
Vaarwel!	Hüvasti!	[hʉuasiti!]
afscheid nemen (ww)	hüvasti jätma	[hʉuasiti jætma]
Tot kijk!	Hüva!	[hʉua!]

Dank u!	Aitäh!	[aitæh!]
Dank u wel!	Suur tänu!	[su:r tænu!]
Graag gedaan	Palun.	[palun]
Geen dank!	Pole tänu väärt.	[pole tænu uæ:rt]
Geen moeite.	Pole tänu väärt.	[pole tænu uæ:rt]

Excuseer me, ... (inform.)	Vabanda!	[uabanda!]
Excuseer me, ... (form.)	Vabandage!	[uabandage!]
excuseren (verontschuldigen)	vabandama	[uabandama]

zich verontschuldigen	vabandama	[ʋabandama]
Mijn excuses.	Minu kaastunne	[minu ka:sʲtunne]
Het spijt me!	Andke andeks!	[andke andeks!]
vergeven (ww)	andeks andma	[andeks andma]
Maakt niet uit!	Pole hullu!	[pole hulʲu]
alsjeblieft	palun	[palun]

Vergeet het niet!	Pidage meeles!	[pidage me:les!]
Natuurlijk!	Muidugi!	[mujdugi!]
Natuurlijk niet!	Muidugi mitte!	[mujdugi mitte!]
Akkoord!	Ma olen nõus!	[ma olen nɔus!]
Zo is het genoeg!	Aitab küll!	[aitab kɵlʲ!]

3. Hoe aan te spreken

Excuseer me, ...	Vabandage, ...	[ʋabandage, ...]
meneer	Härra	[hærra]
mevrouw	Proua	[proua]
juffrouw	Preili	[prejli]
jongeman	Noormees	[no:rme:s]
jongen	Poiss	[pojss]
meisje	Tüdruk	[tɵdruk]

4. Kardinale getallen. Deel 1

nul	null	[nulʲ]
een	üks	[ɵks]
twee	kaks	[kaks]
drie	kolm	[kolʲm]
vier	neli	[neli]

vijf	viis	[ʋi:s]
zes	kuus	[ku:s]
zeven	seitse	[sejtse]
acht	kaheksa	[kaheksa]
negen	üheksa	[ɵheksa]

tien	kümme	[kɵmme]
elf	üksteist	[ɵksʲtejsʲt]
twaalf	kaksteist	[kaksʲtejsʲt]
dertien	kolmteist	[kolʲmtejsʲt]
veertien	neliteist	[nelitejsʲt]

vijftien	viisteist	[ʋi:sʲtejsʲt]
zestien	kuusteist	[ku:sʲtejsʲt]
zeventien	seitseteist	[sejtsetejsʲt]
achttien	kaheksateist	[kaheksatejsʲt]
negentien	üheksateist	[ɵheksatejsʲt]

twintig	kakskümmend	[kakskɵmment]
eenentwintig	kakskümmend üks	[kakskɵmment ɵks]
tweeëntwintig	kakskümmend kaks	[kakskɵmment kaks]

drieëntwintig	kakskümmend kolm	[kakskʉmment kolʲm]
dertig	kolmkümmend	[kolʲmkʉmment]
eenendertig	kolmkümmend üks	[kolʲmkʉmment ʉks]
tweeëndertig	kolmkümmend kaks	[kolʲmkʉmment kaks]
drieëndertig	kolmkümmend kolm	[kolʲmkʉmment kolʲm]
veertig	nelikümmend	[nelikʉmment]
eenenveertig	nelikümmend üks	[nelikʉmment ʉks]
tweeënveertig	nelikümmend kaks	[nelikʉmment kaks]
drieënveertig	nelikümmend kolm	[nelikʉmment kolʲm]
vijftig	viiskümmend	[ʋiːskʉmment]
eenenvijftig	viiskümmend üks	[ʋiːskʉmment ʉks]
tweeënvijftig	viiskümmend kaks	[ʋiːskʉmment kaks]
drieënvijftig	viiskümmend kolm	[ʋiːskʉmment kolʲm]
zestig	kuuskümmend	[kuːskʉmment]
eenenzestig	kuuskümmend üks	[kuːskʉmment ʉks]
tweeënzestig	kuuskümmend kaks	[kuːskʉmment kaks]
drieënzestig	kuuskümmend kolm	[kuːskʉmment kolʲm]
zeventig	seitsekümmend	[sejtsekʉmment]
eenenzeventig	seitsekümmend üks	[sejtsekʉmment ʉks]
tweeënzeventig	seitsekümmend kaks	[sejtsekʉmment kaks]
drieënzeventig	seitsekümmend kolm	[sejtsekʉmment kolʲm]
tachtig	kaheksakümmend	[kaheksakʉmment]
eenentachtig	kaheksakümmend üks	[kaheksakʉmment ʉks]
tweeëntachtig	kaheksakümmend kaks	[kaheksakʉmment kaks]
drieëntachtig	kaheksakümmend kolm	[kaheksakʉmment kolʲm]
negentig	üheksakümmend	[ʉheksakʉmment]
eenennegentig	üheksakümmend üks	[ʉheksakʉmment ʉks]
tweeënnegentig	üheksakümmend kaks	[ʉheksakʉmment kaks]
drieënnegentig	üheksakümmend kolm	[ʉheksakʉmment kolʲm]

5. Kardinale getallen. Deel 2

honderd	sada	[sada]
tweehonderd	kakssada	[kakssada]
driehonderd	kolmsada	[kolʲmsada]
vierhonderd	nelisada	[nelisada]
vijfhonderd	viissada	[ʋiːssada]
zeshonderd	kuussada	[kuːssada]
zevenhonderd	seitsesada	[sejtsesada]
achthonderd	kaheksasada	[kaheksasada]
negenhonderd	üheksasada	[ʉheksasada]
duizend	tuhat	[tuhat]
tweeduizend	kaks tuhat	[kaks tuhat]
drieduizend	kolm tuhat	[kolʲm tuhat]
tienduizend	kümme tuhat	[kʉmme tuhat]
honderdduizend	sada tuhat	[sada tuhat]

miljoen (het)	miljon	[miljon]
miljard (het)	miljard	[miljart]

6. Ordinale getallen

eerste (bn)	esimene	[esimene]
tweede (bn)	teine	[tejne]
derde (bn)	kolmas	[kolⁱmas]
vierde (bn)	neljas	[neljas]
vijfde (bn)	viies	[ʋi:es]

zesde (bn)	kuues	[ku:es]
zevende (bn)	seitsmes	[sejtsmes]
achtste (bn)	kaheksas	[kaheksas]
negende (bn)	üheksas	[ʉheksas]
tiende (bn)	kümnes	[kʉmnes]

7. Getallen. Breuken

breukgetal (het)	murd	[murt]
half	pool	[po:lⁱ]
een derde	kolmandik	[kolⁱmandik]
kwart	neljandik	[neljandik]

een achtste	kaheksandik	[kaheksandik]
een tiende	kümnendik	[kʉmnendik]
twee derde	kaks kolmandikku	[kaks kolⁱmandikku]
driekwart	kolm neljandikku	[kolⁱm neljandikku]

8. Getallen. Eenvoudige berekeningen

aftrekking (de)	lahutamine	[lahutamine]
aftrekken (ww)	lahutama	[lahutama]
deling (de)	jagamine	[jagamine]
delen (ww)	jagama	[jagama]

optelling (de)	liitmine	[li:tmine]
erbij optellen	liitma	[li:tma]
(bij elkaar voegen)		
optellen (ww)	lisama	[lisama]
vermenigvuldiging (de)	korrutamine	[korrutamine]
vermenigvuldigen (ww)	korrutama	[korrutama]

9. Getallen. Diversen

cijfer (het)	number	[number]
nummer (het)	arv	[arʋ]
telwoord (het)	arvsõna	[arʋsɜna]

minteken (het)	miinus	[mi:nus]
plusteken (het)	pluss	[pluss]
formule (de)	valem	[ʋalem]

berekening (de)	arvutamine	[arʋutamine]
tellen (ww)	lugema	[lugema]
bijrekenen (ww)	arvestama	[arʋesˈtama]
vergelijken (ww)	võrdlema	[ʋɜrtlema]

| Hoeveel? (ontelb.) | Kui palju? | [kui palju?] |
| Hoeveel? (telb.) | Mitu? | [mitu?] |

som (de), totaal (het)	summa	[summa]
uitkomst (de)	tulemus	[tulemus]
rest (de)	jääk	[jæ:k]

enkele (bijv. ~ minuten)	mõni	[mɜni]
weinig (bw)	natuke	[natuke]
restant (het)	ülejäänud	[ɥlejæ:nut]
anderhalf	poolteist	[po:lˈtejsˈt]
dozijn (het)	tosin	[tosin]

middendoor (bw)	pooleks	[po:leks]
even (bw)	võrdselt	[ʋɜrdselˈt]
helft (de)	pool	[po:lˈ]
keer (de)	üks kord	[ɥks kort]

10. De belangrijkste werkwoorden. Deel 1

aanbevelen (ww)	soovitama	[so:ʋitama]
aandringen (ww)	nõudma	[nɜudma]
aankomen (per auto, enz.)	saabuma	[sa:buma]
aanraken (ww)	puudutama	[pu:dutama]
adviseren (ww)	soovitama	[so:ʋitama]

afdalen (on.ww.)	laskuma	[laskuma]
afslaan (naar rechts ~)	pöörama	[pø:rama]
antwoorden (ww)	vastama	[ʋasˈtama]
bang zijn (ww)	kartma	[kartma]
bedreigen (bijv. met een pistool)	ähvardama	[æhʋardama]

bedriegen (ww)	petma	[petma]
beëindigen (ww)	lõpetama	[lɜpetama]
beginnen (ww)	alustama	[alusˈtama]
begrijpen (ww)	aru saama	[aru sa:ma]
beheren (managen)	juhtima	[juhtima]

beledigen (met scheldwoorden)	solvama	[solˈʋama]
beloven (ww)	lubama	[lubama]
bereiden (koken)	süüa tegema	[sɥ:a tegema]
bespreken (spreken over)	arutama	[arutama]
bestellen (eten ~)	tellima	[telˈima]

bestraffen (een stout kind ~)	karistama	[karis¹tama]
betalen (ww)	maksma	[maksma]
betekenen (beduiden)	tähendama	[tæhendama]
betreuren (ww)	kahetsema	[kahetsema]

bevallen (prettig vinden)	meeldima	[me:l¹dima]
bevelen (mil.)	käskima	[kæskima]
bevrijden (stad, enz.)	vabastama	[ʋabas¹tama]
bewaren (ww)	säilitama	[sæjlitama]
bezitten (ww)	valdama	[ʋal¹dama]

bidden (praten met God)	palvetama	[pal¹ʋetama]
binnengaan (een kamer ~)	sisse tulema	[sisse tulema]
breken (ww)	murdma	[murdma]
controleren (ww)	kontrollima	[kontrol¹ima]
creëren (ww)	looma	[lo:ma]

deelnemen (ww)	osa võtma	[osa ʋɜtma]
denken (ww)	mõtlema	[mɜtlema]
doden (ww)	tapma	[tapma]
doen (ww)	tegema	[tegema]
dorst hebben (ww)	juua tahtma	[ju:a tahtma]

11. De belangrijkste werkwoorden. Deel 2

een hint geven	vihjama	[ʋihjama]
eisen (met klem vragen)	nõudma	[nɜudma]
excuseren (vergeven)	vabandama	[ʋabandama]
existeren (bestaan)	olemas olema	[olemas olema]
gaan (te voet)	minema	[minema]

gaan zitten (ww)	istuma	[is¹tuma]
gaan zwemmen	suplema	[suplema]
geven (ww)	andma	[andma]
glimlachen (ww)	naeratama	[naeratama]
goed raden (ww)	ära arvama	[æra arʋama]

grappen maken (ww)	nalja tegema	[nalja tegema]
graven (ww)	kaevama	[kaeʋama]

hebben (ww)	omama	[omama]
helpen (ww)	aitama	[aitama]
herhalen (opnieuw zeggen)	kordama	[kordama]
honger hebben (ww)	süüa tahtma	[sʉ:a tahtma]

hopen (ww)	lootma	[lo:tma]
horen	kuulma	[ku:l¹ma]
(waarnemen met het oor)		
huilen (wenen)	nutma	[nutma]
huren (huis, kamer)	üürima	[ʉ:rima]
informeren (informatie geven)	teavitama	[teaʋitama]

instemmen (akkoord gaan)	nõustuma	[nɜus¹tuma]
jagen (ww)	jahil käima	[jahil¹ kæjma]

kennen (kennis hebben van iemand)	tundma	[tundma]
kiezen (ww)	valima	[ʋalima]
klagen (ww)	kaebama	[kaebama]

kosten (ww)	maksma	[maksma]
kunnen (ww)	võima	[ʋɜima]
lachen (ww)	naerma	[naerma]
laten vallen (ww)	pillama	[piljæma]
lezen (ww)	lugema	[lugema]

liefhebben (ww)	armastama	[armasjtama]
lunchen (ww)	lõunat sööma	[lɜunat sø:ma]
nemen (ww)	võtma	[ʋɜtma]
nodig zijn (ww)	tarvis olema	[tarʋis olema]

12. De belangrijkste werkwoorden. Deel 3

onderschatten (ww)	alahindama	[alahindama]
ondertekenen (ww)	allkirjastama	[aljkirjasjtama]
ontbijten (ww)	hommikust sööma	[hommikusjt sø:ma]
openen (ww)	lahti tegema	[lahti tegema]
ophouden (ww)	katkestama	[katkesjtama]
opmerken (zien)	märkama	[mærkama]

opscheppen (ww)	kiitlema	[ki:tlema]
opschrijven (ww)	üles kirjutama	[ɥles kirjutama]
plannen (ww)	planeerima	[plane:rima]
prefereren (verkiezen)	eelistama	[e:lisjtama]
proberen (trachten)	proovima	[pro:ʋima]
redden (ww)	päästma	[pæ:sjtma]

rekenen op ...	lootma ...	[lo:tma ...]
rennen (ww)	jooksma	[jo:ksma]
reserveren (een hotelkamer ~)	reserveerima	[reserʋe:rima]
roepen (om hulp)	kutsuma	[kutsuma]
schieten (ww)	tulistama	[tulisjtama]
schreeuwen (ww)	karjuma	[karjuma]

schrijven (ww)	kirjutama	[kirjutama]
souperen (ww)	õhtust sööma	[ɜhtusjt sø:ma]
spelen (kinderen)	mängima	[mængima]
spreken (ww)	rääkima	[ræ:kima]
stelen (ww)	varastama	[ʋarasjtama]
stoppen (pauzeren)	peatuma	[peatuma]

studeren (Nederlands ~)	uurima	[u:rima]
sturen (zenden)	saatma	[sa:tma]
tellen (optellen)	lugema	[lugema]
toebehoren aan ...	kuuluma	[ku:luma]
toestaan (ww)	lubama	[lubama]
tonen (ww)	näitama	[næjtama]
twijfelen (onzeker zijn)	kahtlema	[kahtlema]

uitgaan (ww)	välja tulema	[ʋælja tulema]
uitnodigen (ww)	kutsuma	[kutsuma]
uitspreken (ww)	hääldama	[hæːlʲdama]
uitvaren tegen (ww)	sõimama	[sɜimama]

13. De belangrijkste werkwoorden. Deel 4

vallen (ww)	kukkuma	[kukkuma]
vangen (ww)	püüdma	[puːdma]
veranderen (anders maken)	muutma	[muːtma]
verbaasd zijn (ww)	imestama	[imesʲtama]
verbergen (ww)	peitma	[pejtma]

verdedigen (je land ~)	kaitsma	[kaitsma]
verenigen (ww)	ühendama	[ɥhendama]
vergelijken (ww)	võrdlema	[ʋɜrtlema]
vergeten (ww)	unustama	[unusʲtama]
vergeven (ww)	andeks andma	[andeks andma]

verklaren (uitleggen)	seletama	[seletama]
verkopen (per stuk ~)	müüma	[mɥːma]
vermelden (praten over)	meelde tuletama	[meːlʲde tuletama]
versieren (decoreren)	ehtima	[ehtima]
vertalen (ww)	tõlkima	[tɜlʲkima]

vertrouwen (ww)	usaldama	[usalʲdama]
vervolgen (ww)	jätkama	[jætkama]
verwarren (met elkaar ~)	segi ajama	[segi ajama]
verzoeken (ww)	paluma	[paluma]
verzuimen (school, enz.)	puuduma	[puːduma]

vinden (ww)	leidma	[lejdma]
vliegen (ww)	lendama	[lendama]
volgen (ww)	järgnema ...	[jærgnema ...]
voorstellen (ww)	pakkuma	[pakkuma]
voorzien (verwachten)	ette nägema	[ette nægema]
vragen (ww)	küsima	[kɥsima]

waarnemen (ww)	jälgima	[jælʲgima]
waarschuwen (ww)	hoiatama	[hojatama]
wachten (ww)	ootama	[oːtama]
weerspreken (ww)	vastu vaidlema	[ʋasʲtu ʋaitlema]
weigeren (ww)	keelduma	[keːlʲduma]

werken (ww)	töötama	[tøːtama]
weten (ww)	teadma	[teadma]
willen (verlangen)	tahtma	[tahtma]
zeggen (ww)	ütlema	[ɥtlema]
zich haasten (ww)	kiirustama	[kiːrusʲtama]

zich interesseren voor ...	huvi tundma	[huʋi tundma]
zich vergissen (ww)	eksima	[eksima]
zich verontschuldigen	vabandama	[ʋabandama]
zien (ww)	nägema	[nægema]

zoeken (ww)	otsima ...	[otsima ...]
zwemmen (ww)	ujuma	[ujuma]
zwijgen (ww)	vaikima	[ʋaikima]

14. Kleuren

kleur (de)	värv	[ʋærʋ]
tint (de)	varjund	[ʋarjunt]
kleurnuance (de)	toon	[toːn]
regenboog (de)	vikerkaar	[ʋikerkaːr]

wit (bn)	valge	[ʋalʲge]
zwart (bn)	must	[musʲt]
grijs (bn)	hall	[halʲ]

groen (bn)	roheline	[roheline]
geel (bn)	kollane	[kolʲæne]
rood (bn)	punane	[punane]

blauw (bn)	sinine	[sinine]
lichtblauw (bn)	helesinine	[helesinine]
roze (bn)	roosa	[roːsa]
oranje (bn)	oranž	[oranʒ]
violet (bn)	violetne	[ʋioletne]
bruin (bn)	pruun	[pruːn]

| goud (bn) | kuldne | [kulʲdne] |
| zilverkleurig (bn) | hõbedane | [hɜbedane] |

beige (bn)	beež	[beːʒ]
roomkleurig (bn)	kreemjas	[kreːmjas]
turkoois (bn)	türkiissinine	[turkiːssinine]
kersrood (bn)	kirsipunane	[kirsipunane]
lila (bn)	lilla	[lilʲæ]
karmijnrood (bn)	vaarikpunane	[ʋaːrikpunane]

licht (bn)	hele	[hele]
donker (bn)	tume	[tume]
fel (bn)	erk	[erk]

kleur-, kleurig (bn)	värvipliiats	[ʋærʋipliːats]
kleuren- (abn)	värvi-	[ʋærʋi-]
zwart-wit (bn)	must-valge	[musʲt-ʋalʲge]
eenkleurig (bn)	ühevärviline	[ɯheʋærʋiline]
veelkleurig (bn)	mitmevärviline	[mitmeʋærʋiline]

15. Vragen

Wie?	Kes?	[kes?]
Wat?	Mis?	[mis?]
Waar?	Kus?	[kus?]
Waarheen?	Kuhu?	[kuhu?]

Waarvandaan?	Kust?	[kusʲt?]
Wanneer?	Millal?	[milʲæl?]
Waarom?	Milleks?	[milʲeks?]
Waarom?	Miks?	[miks?]

Waarvoor dan ook?	Mille jaoks?	[milʲe jaoks?]
Hoe?	Kuidas?	[kuidas?]
Wat voor ...?	Missugune?	[missugune?]
Welk?	Mis?	[mis?]

Aan wie?	Kellele?	[kelʲele?]
Over wie?	Kellest?	[kelʲesʲt?]
Waarover?	Millest?	[milʲesʲt?]
Met wie?	Kellega?	[kelʲega?]

Hoeveel? (ontelb.)	Kui palju?	[kui palju?]
Van wie?	Kelle?	[kelʲe?]

16. Voorzetsels

met (bijv. ~ beleg)	koos	[koːs]
zonder (~ accent)	ilma	[ilʲma]
naar (in de richting van)	sisse	[sisse]
over (praten ~)	kohta	[kohta]
voor (in tijd)	enne	[enne]
voor (aan de voorkant)	ees	[eːs]

onder (lager dan)	all	[alʲ]
boven (hoger dan)	kohal	[kohalʲ]
op (bovenop)	peal	[pealʲ]
van (uit, afkomstig van)	seest	[seːsʲt]
van (gemaakt van)	millest tehtud	[milʲesʲt tehtut]

over (bijv. ~ een uur)	pärast	[pærasʲt]
over (over de bovenkant)	läbi	[lʲæbi]

17. Functiewoorden. Bijwoorden. Deel 1

Waar?	Kus?	[kus?]
hier (bw)	siin	[siːn]
daar (bw)	seal	[sealʲ]

ergens (bw)	kuskil	[kuskilʲ]
nergens (bw)	mitte kuskil	[mitte kuskilʲ]

bij ... (in de buurt)	juures	[juːres]
bij het raam	akna juures	[akna juːres]

Waarheen?	Kuhu?	[kuhu?]
hierheen (bw)	siia	[siːa]
daarheen (bw)	sinna	[sinna]
hiervandaan (bw)	siit	[siːt]

daarvandaan (bw)	sealt	[sealⁱt]
dichtbij (bw)	lähedal	[lⁱæhedalⁱ]
ver (bw)	kaugel	[kaugelⁱ]

in de buurt (van ...)	kõrval	[kɜrʋalⁱ]
dichtbij (bw)	lähedal	[lⁱæhedalⁱ]
niet ver (bw)	lähedale	[lⁱæhedale]

linker (bn)	vasak	[ʋasak]
links (bw)	vasakul	[ʋasakulⁱ]
linksaf, naar links (bw)	vasakule	[ʋasakule]

rechter (bn)	parem	[parem]
rechts (bw)	paremal	[paremalⁱ]
rechtsaf, naar rechts (bw)	paremale	[paremale]

vooraan (bw)	eest	[e:sⁱt]
voorste (bn)	eesmine	[e:smine]
vooruit (bw)	edasi	[edasi]

achter (bw)	taga	[taga]
van achteren (bw)	tagant	[tagant]
achteruit (naar achteren)	tagasi	[tagasi]

| midden (het) | keskkoht | [keskkoht] |
| in het midden (bw) | keskel | [keskelⁱ] |

opzij (bw)	kõrvalt	[kɜrʋalⁱt]
overal (bw)	igal pool	[igalⁱ po:lⁱ]
omheen (bw)	ümberringi	[ʉmberringi]

binnenuit (bw)	seest	[se:sⁱt]
naar ergens (bw)	kuhugi	[kuhugi]
rechtdoor (bw)	otse	[otse]
terug (bijv. ~ komen)	tagasi	[tagasi]

ergens vandaan (bw)	kuskilt	[kuskilⁱt]
ergens vandaan	kuskilt	[kuskilⁱt]
(en dit geld moet ~ komen)		

ten eerste (bw)	esiteks	[esiteks]
ten tweede (bw)	teiseks	[tejseks]
ten derde (bw)	kolmandaks	[kolⁱmandaks]

plotseling (bw)	äkki	[ækki]
in het begin (bw)	alguses	[alⁱguses]
voor de eerste keer (bw)	esimest korda	[esimesⁱt korda]
lang voor ... (bw)	enne ...	[enne ...]
opnieuw (bw)	uuesti	[u:esⁱti]
voor eeuwig (bw)	päriseks	[pæriseks]

nooit (bw)	mitte kunagi	[mitte kunagi]
weer (bw)	jälle	[jælⁱe]
nu (bw)	nüüd	[nʉ:t]
vaak (bw)	sageli	[sageli]
toen (bw)	siis	[si:s]

| urgent (bw) | kiiresti | [ki:resⁱti] |
| meestal (bw) | tavaliselt | [tavaliselⁱt] |

trouwens, ...	muuseas, ...	[mu:seas, ...]
(tussen haakjes)		
mogelijk (bw)	võimalik	[vɔimalik]
waarschijnlijk (bw)	tõenäoliselt	[tɜenæoliselⁱt]
misschien (bw)	võib olla	[vɔib olⁱæ]
trouwens (bw)	peale selle ...	[peale selⁱe ...]
daarom ...	sellepärast	[selⁱepæerasⁱt]
in weerwil van ...	... vaatamata	[... va:tamata]
dankzij ...	tänu ...	[tænu ...]

wat (vn)	mis	[mis]
dat (vw)	et	[et]
iets (vn)	miski	[miski]
iets	miski	[miski]
niets (vn)	mitte midagi	[mitte midagi]

wie (~ is daar?)	kes	[kes]
iemand (een onbekende)	keegi	[ke:gi]
iemand	keegi	[ke:gi]
(een bepaald persoon)		

niemand (vn)	mitte keegi	[mitte ke:gi]
nergens (bw)	mitte kuhugi	[mitte kuhugi]
niemands (bn)	ei kellegi oma	[ej kelⁱegi oma]
iemands (bn)	kellegi oma	[kelⁱegi oma]

zo (Ik ben ~ blij)	nii	[ni:]
ook (evenals)	samuti	[samuti]
alsook (eveneens)	ka	[ka]

18. Functiewoorden. Bijwoorden. Deel 2

Waarom?	Miks?	[miks?]
om een bepaalde reden	millegi pärast	[milⁱegi pæerasⁱt]
omdat ...	sest ...	[sesⁱt ...]
voor een bepaald doel	millekski	[milⁱekski]

en (vw)	ja	[ja]
of (vw)	või	[vɔi]
maar (vw)	kuid	[kuit]
voor (vz)	jaoks	[jaoks]

te (~ veel mensen)	liiga	[li:ga]
alleen (bw)	ainult	[ainulⁱt]
precies (bw)	täpselt	[tæpselⁱt]
ongeveer (~ 10 kg)	umbes	[umbes]

omstreeks (bw)	ligikaudu	[ligikaudu]
bij benadering (bn)	ligikaudne	[ligikaudne]
bijna (bw)	peaaegu	[pea:egu]
rest (de)	ülejäänud	[ʉlejæe:nut]

de andere (tweede)	teine	[tejne]
ander (bn)	teiste	[tejsʲte]
elk (bn)	iga	[iga]
om het even welk	mis tahes	[mis tahes]
veel (grote hoeveelheid)	palju	[palju]
veel mensen	paljud	[paljut]
iedereen (alle personen)	kõik	[kɜik]

in ruil voor ...	... vastu	[... ʋasʲtu]
in ruil (bw)	asemele	[asemele]
met de hand (bw)	käsitsi	[kæsitsi]
onwaarschijnlijk (bw)	vaevalt	[ʋaeʋalʲt]

waarschijnlijk (bw)	vist	[ʋisʲt]
met opzet (bw)	meelega	[meːlega]
toevallig (bw)	juhuslikult	[juhuslikulʲt]

zeer (bw)	väga	[ʋæga]
bijvoorbeeld (bw)	näiteks	[næjteks]
tussen (~ twee steden)	vahel	[ʋahelʲ]
tussen (te midden van)	keskel	[keskelʲ]
zoveel (bw)	niipalju	[niːpalju]
vooral (bw)	eriti	[eriti]

Basisbegrippen Deel 2

19. Tegenovergestelden

rijk (bn)	rikas	[rikas]
arm (bn)	vaene	[ʋaene]
ziek (bn)	haige	[haige]
gezond (bn)	terve	[terʋe]
groot (bn)	suur	[su:r]
klein (bn)	väike	[ʋæjke]
snel (bw)	kiiresti	[ki:resʲti]
langzaam (bw)	aeglaselt	[aeglaselʲt]
snel (bn)	kiire	[ki:re]
langzaam (bn)	aeglane	[aeglane]
vrolijk (bn)	lõbus	[lɔbus]
treurig (bn)	kurb	[kurb]
samen (bw)	koos	[ko:s]
apart (bw)	eraldi	[eralʲdi]
hardop (~ lezen)	valjusti	[ʋaljusʲti]
stil (~ lezen)	omaette	[omaette]
hoog (bn)	kõrge	[kɔrge]
laag (bn)	madal	[madalʲ]
diep (bn)	sügav	[sʉgaʋ]
ondiep (bn)	madal	[madalʲ]
ja	jaa	[ja:]
nee	ei	[ej]
ver (bn)	kauge	[kauge]
dicht (bn)	lähedane	[lʲæhedane]
ver (bw)	kaugel	[kaugelʲ]
dichtbij (bw)	lähedal	[lʲæhedalʲ]
lang (bn)	pikk	[pikk]
kort (bn)	lühike	[lʉhike]
vriendelijk (goedhartig)	hea	[hea]
kwaad (bn)	kuri	[kuri]

| gehuwd (mann.) | abielus | [abielus] |
| ongehuwd (mann.) | vallaline | [ualʲæline] |

| verbieden (ww) | keelama | [ke:lama] |
| toestaan (ww) | lubama | [lubama] |

| einde (het) | lõpp | [lɜpp] |
| begin (het) | algus | [alʲgus] |

| linker (bn) | vasak | [uasak] |
| rechter (bn) | parem | [parem] |

| eerste (bn) | esimene | [esimene] |
| laatste (bn) | viimane | [ui:mane] |

| misdaad (de) | kuritegu | [kuritegu] |
| bestraffing (de) | karistus | [karisˈtus] |

| bevelen (ww) | käskima | [kæskima] |
| gehoorzamen (ww) | alluma | [alʲuma] |

| recht (bn) | sirge | [sirge] |
| krom (bn) | kõver | [k3uer] |

| paradijs (het) | paradiis | [paradi:s] |
| hel (de) | põrgu | [p3rgu] |

| geboren worden (ww) | sündima | [sundima] |
| sterven (ww) | surema | [surema] |

| sterk (bn) | tugev | [tugeu] |
| zwak (bn) | nõrk | [n3rk] |

| oud (bn) | vana | [uana] |
| jong (bn) | noor | [no:r] |

| oud (bn) | vana | [uana] |
| nieuw (bn) | uus | [u:s] |

| hard (bn) | kõva | [k3ua] |
| zacht (bn) | pehme | [pehme] |

| warm (bn) | soe | [soe] |
| koud (bn) | külm | [kulʲm] |

| dik (bn) | paks | [paks] |
| dun (bn) | kõhn | [k3hn] |

| smal (bn) | kitsas | [kitsas] |
| breed (bn) | lai | [lai] |

| goed (bn) | hea | [hea] |
| slecht (bn) | halb | [halʲb] |

| moedig (bn) | vapper | [uapper] |
| laf (bn) | arg | [arg] |

20. Dagen van de week

maandag (de)	esmaspäev	[esmaspæəʋ]
dinsdag (de)	teisipäev	[tejsipæəʋ]
woensdag (de)	kolmapäev	[kolʲmapæəʋ]
donderdag (de)	neljapäev	[neljapæəʋ]
vrijdag (de)	reede	[re:de]
zaterdag (de)	laupäev	[laupæəʋ]
zondag (de)	pühapäev	[pʉhapæəʋ]

vandaag (bw)	täna	[tæna]
morgen (bw)	homme	[homme]
overmorgen (bw)	ülehomme	[ʉlehomme]
gisteren (bw)	eile	[ejle]
eergisteren (bw)	üleeile	[ʉle:jle]

dag (de)	päev	[pæəʋ]
werkdag (de)	tööpäev	[tø:pæəʋ]
feestdag (de)	pidupäev	[pidupæəʋ]
verlofdag (de)	puhkepäev	[puhkepæəʋ]
weekend (het)	nädalavahetus	[nædalaʋahetus]

de hele dag (bw)	terve päev	[terʋe pæəʋ]
de volgende dag (bw)	järgmiseks päevaks	[jærgmiseks pæəʋaks]
twee dagen geleden	kaks päeva tagasi	[kaks pæəʋa tagasi]
aan de vooravond (bw)	eile õhtul	[ejle ɜhtulʲ]
dag-, dagelijks (bn)	igapäevane	[igapæəʋane]
elke dag (bw)	iga päev	[iga pæəʋ]

week (de)	nädal	[nædalʲ]
vorige week (bw)	möödunud nädalal	[mø:dunut nædalalʲ]
volgende week (bw)	järgmisel nädalal	[jærgmiselʲ nædalalʲ]
wekelijks (bn)	iganädalane	[iganædalane]
elke week (bw)	igal nädalal	[igalʲ nædalalʲ]
twee keer per week	kaks korda nädalas	[kaks korda nædalas]
elke dinsdag	igal teisipäeval	[igalʲ tejsipæəʋalʲ]

21. Uren. Dag en nacht

morgen (de)	hommik	[hommik]
's morgens (bw)	hommikul	[hommikulʲ]
middag (de)	keskpäev	[keskpæəʋ]
's middags (bw)	pärast lõunat	[pærasʲt lɜunat]

avond (de)	õhtu	[ɜhtu]
's avonds (bw)	õhtul	[ɜhtulʲ]
nacht (de)	öö	[ø:]
's nachts (bw)	öösel	[ø:selʲ]
middernacht (de)	kesköö	[keskø:]

seconde (de)	sekund	[sekunt]
minuut (de)	minut	[minut]
uur (het)	tund	[tunt]

halfuur (het)	pool tundi	[po:lʲ tundi]
kwartier (het)	veerand tundi	[ʋe:rant tundi]
vijftien minuten	viisteist minutit	[ʋi:sʲtejsʲt minutit]
etmaal (het)	ööpäev	[ø:pæəʋ]

zonsopgang (de)	päikesetõus	[pæjkesetɜus]
dageraad (de)	koit	[kojt]
vroege morgen (de)	varahommik	[ʋarahommik]
zonsondergang (de)	loojang	[lo:jang]

's morgens vroeg (bw)	hommikul vara	[hommikulʲ ʋara]
vanmorgen (bw)	täna hommikul	[tæna hommikulʲ]
morgenochtend (bw)	homme hommikul	[homme hommikulʲ]

vanmiddag (bw)	täna päeval	[tæna pæəʋalʲ]
's middags (bw)	pärast lõunat	[pærasʲt lɜunat]
morgenmiddag (bw)	homme pärast lõunat	[homme pærasʲt lɜunat]

| vanavond (bw) | täna õhtul | [tæna ɜhtulʲ] |
| morgenavond (bw) | homme õhtul | [homme ɜhtulʲ] |

klokslag drie uur	täpselt kell kolm	[tæpselʲt kelʲ kolʲm]
ongeveer vier uur	umbes kell neli	[umbes kelʲ neli]
tegen twaalf uur	kella kaheteistkümneks	[kelʲæ kahetejsʲtkumneks]

over twintig minuten	kahekümne minuti pärast	[kahekumne minuti pærasʲt]
over een uur	tunni aja pärast	[tunni aja pærasʲt]
op tijd (bw)	õigeks ajaks	[ɜigeks ajaks]

kwart voor ...	kolmveerand	[kolʲmʋe:rant]
binnen een uur	tunni aja jooksul	[tunni aja jo:ksulʲ]
elk kwartier	iga viiteist minuti tagant	[iga ʋi:etejsʲt minuti tagant]
de klok rond	terve ööpäev	[terʋe ø:pæəʋ]

22. Maanden. Seizoenen

januari (de)	jaanuar	[ja:nuar]
februari (de)	veebruar	[ʋe:bruar]
maart (de)	märts	[mærts]
april (de)	aprill	[aprilʲ]
mei (de)	mai	[mai]
juni (de)	juuni	[ju:ni]

juli (de)	juuli	[ju:li]
augustus (de)	august	[augusʲt]
september (de)	september	[september]
oktober (de)	oktoober	[okto:ber]
november (de)	november	[noʋember]
december (de)	detsember	[detsember]

lente (de)	kevad	[keʋat]
in de lente (bw)	kevadel	[keʋadelʲ]
lente- (abn)	kevadine	[keʋadine]
zomer (de)	suvi	[suʋi]

in de zomer (bw)	suvel	[suvelʲ]
zomer-, zomers (bn)	suvine	[suvine]

herfst (de)	sügis	[sʉgis]
in de herfst (bw)	sügisel	[sʉgiselʲ]
herfst- (abn)	sügisene	[sʉgisene]

winter (de)	talv	[talʲʊ]
in de winter (bw)	talvel	[talʲʊelʲ]
winter- (abn)	talvine	[talʲʊine]
maand (de)	kuu	[ku:]
deze maand (bw)	selles kuus	[selʲes ku:s]
volgende maand (bw)	järgmises kuus	[jærgmises ku:s]
vorige maand (bw)	möödunud kuus	[mø:dunut ku:s]

een maand geleden (bw)	kuu aega tagasi	[ku: aega tagasi]
over een maand (bw)	kuu aja pärast	[ku: aja pærasʲt]
over twee maanden (bw)	kahe kuu pärast	[kahe ku: pærasʲt]
de hele maand (bw)	terve kuu	[terʋe ku:]
een volle maand (bw)	terve kuu	[terʋe ku:]

maand-, maandelijks (bn)	igakuine	[igakuine]
maandelijks (bw)	igas kuus	[igas ku:s]
elke maand (bw)	iga kuu	[iga ku:]
twee keer per maand	kaks korda kuus	[kaks korda ku:s]

jaar (het)	aasta	[a:sʲta]
dit jaar (bw)	sel aastal	[selʲ a:sʲtalʲ]
volgend jaar (bw)	järgmisel aastal	[jærgmiselʲ a:sʲtalʲ]
vorig jaar (bw)	möödunud aastal	[mø:dunut a:sʲtalʲ]
een jaar geleden (bw)	aasta tagasi	[a:sʲta tagasi]
over een jaar	aasta pärast	[a:sʲta pærasʲt]
over twee jaar	kahe aasta pärast	[kahe a:sʲta pærasʲt]
het hele jaar	kogu aasta	[kogu a:sʲta]
een vol jaar	terve aasta	[terʋe a:sʲta]

elk jaar	igal aastal	[igalʲ a:sʲtalʲ]
jaar-, jaarlijks (bn)	iga-aastane	[iga-a:sʲtane]
jaarlijks (bw)	igal aastal	[igalʲ a:sʲtalʲ]
4 keer per jaar	neli korda aastas	[neli korda a:sʲtas]

datum (de)	kuupäev	[ku:pææʋ]
datum (de)	kuupäev	[ku:pææʋ]
kalender (de)	kalender	[kalender]

een half jaar	pool aastat	[po:lʲ a:sʲtat]
zes maanden	poolaasta	[po:la:sʲta]
seizoen (bijv. lente, zomer)	hooaeg	[ho:aeg]
eeuw (de)	sajand	[sajant]

23. Tijd. Diversen

tijd (de)	aeg	[aeg]
ogenblik (het)	hetk	[hetk]

moment (het)	silmapilk	[sil'mapil'k]
ogenblikkelijk (bn)	silmapilkselt	[sil'mapil'ksel't]
tijdsbestek (het)	ajavahemik	[ajaʋahemik]
leven (het)	elu	[elu]
eeuwigheid (de)	igavik	[igaʋik]

epoche (de), tijdperk (het)	ajastu	[ajas'tu]
era (de), tijdperk (het)	ajajärk	[ajajærk]
cyclus (de)	tsükkel	[tsʉkkel']
periode (de)	periood	[perio:t]
termijn (vastgestelde periode)	tähtaeg	[tæhtaeg]

toekomst (de)	tulevik	[tuleʋik]
toekomstig (bn)	tulevane	[tuleʋane]
de volgende keer	järgmine kord	[jærgmine kort]
verleden (het)	minevik	[mineʋik]
vorig (bn)	möödunud	[mø:dunut]
de vorige keer	eelmine kord	[e:l'mine kort]
later (bw)	hiljem	[hiljem]
na (~ het diner)	pärast	[pæras't]
tegenwoordig (bw)	praegu	[praegu]
nu (bw)	nüüd	[nʉ:t]
onmiddellijk (bw)	kohe	[kohe]
snel (bw)	varsti	[ʋars'ti]
bij voorbaat (bw)	varakult	[ʋarakul't]

lang geleden (bw)	ammu	[ammu]
kort geleden (bw)	hiljuti	[hiljuti]
noodlot (het)	saatus	[sa:tus]
herinneringen (mv.)	mälestused	[mæles'tuset]
archief (het)	arhiiv	[arhi:ʋ]
tijdens … (ten tijde van)	… ajal	[… ajal']
lang (bw)	kaua	[kaua]
niet lang (bw)	lühikest aega	[lʉhikes't aega]
vroeg (bijv. ~ in de ochtend)	vara	[ʋara]
laat (bw)	hilja	[hilja]

voor altijd (bw)	alatiseks	[alatiseks]
beginnen (ww)	alustama	[alus'tama]
uitstellen (ww)	edasi lükkama	[edasi lʉkkama]

tegelijkertijd (bw)	üheaegselt	[ʉheaegsel't]
voortdurend (bw)	pidevalt	[pideʋal't]
voortdurend	pidev	[pideʋ]
tijdelijk (bn)	ajutine	[ajutine]

soms (bw)	mõnikord	[mɜnikort]
zelden (bw)	harva	[harʋa]
vaak (bw)	sageli	[sageli]

24. Lijnen en vormen

vierkant (het)	ruut	[ru:t]
vierkant (bn)	kandiline	[kandiline]

cirkel (de)	ring	[ring]
rond (bn)	ümmargune	[ʉmmargune]
driehoek (de)	kolmnurk	[kolʲmnurk]
driehoekig (bn)	kolmnurkne	[kolʲmnurkne]

ovaal (het)	ovaal	[ova:lʲ]
ovaal (bn)	ovaalne	[ova:lʲne]
rechthoek (de)	ristkülik	[risʲtkʉlik]
rechthoekig (bn)	ristkülikuline	[risʲtkʉlikuline]

piramide (de)	püramiid	[pʉrami:t]
ruit (de)	romb	[romb]
trapezium (het)	trapets	[trapets]
kubus (de)	kuup	[ku:p]
prisma (het)	prisma	[prisma]

omtrek (de)	ringjoon	[ringjo:n]
bol, sfeer (de)	sfäär	[sfæ:r]
bal (de)	kera	[kera]
diameter (de)	diameeter	[diame:ter]
straal (de)	raadius	[ra:dius]
omtrek (~ van een cirkel)	ümbermõõt	[ʉbermɜ:t]
middelpunt (het)	keskpunkt	[keskpunkt]

horizontaal (bn)	horisontaalne	[horisonta:lʲne]
verticaal (bn)	vertikaalne	[vertika:lʲne]
parallel (de)	paralleel	[paralʲe:lʲ]
parallel (bn)	paralleelne	[paralʲe:lʲne]

lijn (de)	joon	[jo:n]
streep (de)	joon	[jo:n]
rechte lijn (de)	sirgjoon	[sirgjo:n]
kromme (de)	kõver	[kɜver]
dun (bn)	peenike	[pe:nike]
omlijning (de)	kontuur	[kontu:r]

snijpunt (het)	läbilõige	[lʲæbilɜige]
rechte hoek (de)	täisnurk	[tæjsnurk]
segment (het)	segment	[segment]
sector (de)	sektor	[sektor]
zijde (de)	külg	[kʉlʲg]
hoek (de)	nurk	[nurk]

25. Meeteenheden

gewicht (het)	kaal	[ka:lʲ]
lengte (de)	pikkus	[pikkus]
breedte (de)	laius	[laius]
hoogte (de)	kõrgus	[kɜrgus]
diepte (de)	sügavus	[sʉgavus]
volume (het)	maht	[maht]
oppervlakte (de)	pindala	[pindala]
gram (het)	gramm	[gramm]
milligram (het)	milligramm	[milʲigramm]

kilogram (het)	kilogramm	[kilogramm]
ton (duizend kilo)	tonn	[tonn]
pond (het)	nael	[naelʲ]
ons (het)	unts	[unts]

meter (de)	meeter	[me:ter]
millimeter (de)	millimeeter	[milʲime:ter]
centimeter (de)	sentimeeter	[sentime:ter]
kilometer (de)	kilomeeter	[kilome:ter]
mijl (de)	miil	[mi:lʲ]

duim (de)	toll	[tolʲ]
voet (de)	jalg	[jalʲg]
yard (de)	jard	[jart]

| vierkante meter (de) | ruutmeeter | [ru:tme:ter] |
| hectare (de) | hektar | [hektar] |

liter (de)	liiter	[li:ter]
graad (de)	kraad	[kra:t]
volt (de)	volt	[ʋolʲt]
ampère (de)	amper	[amper]
paardenkracht (de)	hobujõud	[hobujɜut]

hoeveelheid (de)	hulk	[hulʲk]
een beetje ...	veidi ...	[ʋejdi ...]
helft (de)	pool	[po:lʲ]
dozijn (het)	tosin	[tosin]
stuk (het)	tükk	[tʉkk]

| afmeting (de) | suurus | [su:rus] |
| schaal (bijv. ~ van 1 op 50) | mastaap | [masʲta:p] |

minimaal (bn)	minimaalne	[minima:lʲne]
minste (bn)	kõige väiksem	[kɜige ʋæjksem]
medium (bn)	keskmine	[keskmine]
maximaal (bn)	maksimaalne	[maksima:lʲne]
grootste (bn)	kõige suurem	[kɜige su:rem]

26. Containers

glazen pot (de)	klaaspurk	[kla:spurk]
blik (conserven~)	plekkpurk	[plekkpurk]
emmer (de)	ämber	[æmber]
ton (bijv. regenton)	tünn	[tʉnn]

ronde waterbak (de)	pesukauss	[pesukauss]
tank (bijv. watertank-70-ltr)	paak	[pa:k]
heupfles (de)	plasku	[plasku]
jerrycan (de)	kanister	[kanisʲter]
tank (bijv. ketelwagen)	tsistern	[tsisʲtern]

| beker (de) | kruus | [kru:s] |
| kopje (het) | tass | [tass] |

schoteltje (het)	alustass	[alusᵗtass]
glas (het)	klaas	[kla:s]
wijnglas (het)	veiniklaas	[ʋejnikla:s]
pan (de)	pott	[pott]

fles (de)	pudel	[pudelʲ]
flessenhals (de)	pudelikael	[pudelikaelʲ]

karaf (de)	karahvin	[karahʋin]
kruik (de)	kann	[kann]
vat (het)	nõu	[nɜu]
pot (de)	pott	[pott]
vaas (de)	vaas	[ʋa:s]

flacon (de)	pudel	[pudelʲ]
flesje (het)	rohupudel	[rohupudelʲ]
tube (bijv. ~ tandpasta)	tuub	[tu:b]

zak (bijv. ~ aardappelen)	kott	[kott]
tasje (het)	kilekott	[kilekott]
pakje (~ sigaretten, enz.)	pakk	[pakk]

doos (de)	karp	[karp]
kist (de)	kast	[kasʲt]
mand (de)	korv	[korʋ]

27. Materialen

materiaal (het)	materjal	[materjalʲ]
hout (het)	puu	[pu:]
houten (bn)	puust	[pu:sʲt]

glas (het)	klaas	[kla:s]
glazen (bn)	klaas-	[kla:s-]

steen (de)	kivi	[kiʋi]
stenen (bn)	kivist	[kiʋisʲt]

plastic (het)	plastik	[plasʲtik]
plastic (bn)	plastik-	[plasʲtik-]

rubber (het)	kumm	[kumm]
rubber-, rubberen (bn)	kummi-	[kummi-]

stof (de)	kangas	[kangas]
van stof (bn)	riidest	[ri:desʲt]

papier (het)	paber	[paber]
papieren (bn)	paber-	[paber-]

karton (het)	papp	[papp]
kartonnen (bn)	papp-	[papp-]
polyethyleen (het)	polüetüleen	[polʉetʉle:n]
cellofaan (het)	tsellofaan	[tselʲofa:n]

multiplex (het)	vineer	[ʋineːr]
porselein (het)	portselan	[portselan]
porseleinen (bn)	portselan-	[portselan-]
klei (de)	savi	[saʋi]
klei-, van klei (bn)	savi-	[saʋi-]
keramiek (de)	keraamika	[keraːmika]
keramieken (bn)	keraamiline	[keraːmiline]

28. Metalen

metaal (het)	metall	[metalʲ]
metalen (bn)	metall-	[metalʲ-]
legering (de)	sulam	[sulam]

goud (het)	kuld	[kulʲt]
gouden (bn)	kuldne	[kulʲdne]
zilver (het)	hõbe	[hɜbe]
zilveren (bn)	hõbedane	[hɜbedane]

ijzer (het)	raud	[raut]
ijzeren	raudne	[raudne]
staal (het)	teras	[teras]
stalen (bn)	teras-	[teras-]
koper (het)	vask	[ʋask]
koperen (bn)	vaskne	[ʋaskne]

aluminium (het)	alumiinium	[alumiːnium]
aluminium (bn)	alumiinium-	[alumiːnium-]
brons (het)	pronks	[pronks]
bronzen (bn)	pronks-	[pronks-]

messing (het)	valgevask	[ʋalʲgeʋask]
nikkel (het)	nikkel	[nikkelʲ]
platina (het)	plaatina	[plaːtina]
kwik (het)	elavhõbe	[elaʋhɜbe]
tin (het)	tina	[tina]
lood (het)	seatina	[seatina]
zink (het)	tsink	[tsink]

MENS

Mens. Het lichaam

mens (de)	**inimene**	[inimene]
man (de)	**mees**	[me:s]
vrouw (de)	**naine**	[naine]
kind (het)	**laps**	[laps]
meisje (het)	**tüdruk**	[tʉdruk]
jongen (de)	**poiss**	[pojss]
tiener, adolescent (de)	**nooruk**	[no:ruk]
oude man (de)	**vanamees**	[ʋaname:s]
oude vrouw (de)	**vanaeit**	[ʋanaejt]

30. Menselijke anatomie

organisme (het)	**organism**	[organism]
hart (het)	**süda**	[sʉda]
bloed (het)	**veri**	[ʋeri]
slagader (de)	**arter**	[arter]
ader (de)	**veen**	[ʋe:n]
hersenen (mv.)	**aju**	[aju]
zenuw (de)	**närv**	[næru]
zenuwen (mv.)	**närvid**	[næruit]
wervel (de)	**selgroolüli**	[selʲgro:lʉli]
ruggengraat (de)	**selgroog**	[selʲgro:g]
maag (de)	**magu**	[magu]
darmen (mv.)	**soolestik**	[so:lesʲtik]
darm (de)	**soolikas**	[so:likas]
lever (de)	**maks**	[maks]
nier (de)	**neer**	[ne:r]
been (deel van het skelet)	**luu**	[lu:]
skelet (het)	**luukere**	[lu:kere]
rib (de)	**roie**	[roje]
schedel (de)	**pealuu**	[pealu:]
spier (de)	**lihas**	[lihas]
biceps (de)	**biitseps**	[bi:tseps]
triceps (de)	**kolmpealihas**	[kolʲmpealihas]
pees (de)	**köölus**	[kɜ:lus]
gewricht (het)	**liiges**	[li:ges]

longen (mv.)	kops	[kops]
geslachtsorganen (mv.)	suguelundid	[suguelundit]
huid (de)	nahk	[nahk]

31. Hoofd

hoofd (het)	pea	[pea]
gezicht (het)	nägu	[nægu]
neus (de)	nina	[nina]
mond (de)	suu	[su:]

oog (het)	silm	[silʲm]
ogen (mv.)	silmad	[silʲmat]
pupil (de)	silmatera	[silʲmatera]
wenkbrauw (de)	kulm	[kulʲm]
wimper (de)	ripse	[ripse]
ooglid (het)	silmalaug	[silʲmalaug]

tong (de)	keel	[ke:lʲ]
tand (de)	hammas	[hammas]
lippen (mv.)	huuled	[hu:let]
jukbeenderen (mv.)	põsesarnad	[pɜsesarnat]
tandvlees (het)	ige	[ige]
gehemelte (het)	suulagi	[su:lagi]

neusgaten (mv.)	sõõrmed	[sɜ:rmet]
kin (de)	lõug	[lɜug]
kaak (de)	lõualuu	[lɜualu:]
wang (de)	põsk	[pɜsk]

voorhoofd (het)	laup	[laup]
slaap (de)	meelekoht	[me:lekoht]
oor (het)	kõrv	[kɜrʊ]
achterhoofd (het)	kukal	[kukalʲ]
hals (de)	kael	[kaelʲ]
keel (de)	kõri	[kɜri]

haren (mv.)	juuksed	[ju:kset]
kapsel (het)	soeng	[soeng]
haarsnit (de)	juukselõikus	[ju:kselɜikus]
pruik (de)	parukas	[parukas]

snor (de)	vuntsid	[ʊuntsit]
baard (de)	habe	[habe]
dragen (een baard, enz.)	kandma	[kandma]
vlecht (de)	pats	[pats]
bakkebaarden (mv.)	bakenbardid	[bakenbardit]

ros (roodachtig, rossig)	punapea	[punapea]
grijs (~ haar)	hall	[halʲ]
kaal (bn)	kiilas	[ki:las]
kale plek (de)	kiilaspea	[ki:laspea]
paardenstaart (de)	hobusesaba	[hobusesaba]
pony (de)	tukk	[tukk]

32. Menselijk lichaam

hand (de)	**käelaba**	[kæelaba]
arm (de)	**käsi**	[kæsi]
vinger (de)	**sõrm**	[sɜrm]
teen (de)	**varvas**	[ʋarʋas]
duim (de)	**pöial**	[pøialʲ]
pink (de)	**väike sõrm**	[ʋæjke sɜrm]
nagel (de)	**küüs**	[kʉːs]
vuist (de)	**rusikas**	[rusikas]
handpalm (de)	**peopesa**	[peopesa]
pols (de)	**ranne**	[ranne]
voorarm (de)	**küünarvars**	[kʉːnarʋars]
elleboog (de)	**küünarnukk**	[kʉːnarnukk]
schouder (de)	**õlg**	[ɜlʲg]
been (rechter ~)	**säär**	[sæːr]
voet (de)	**jalalaba**	[jalalaba]
knie (de)	**põlv**	[pɜlʲʋ]
kuit (de)	**sääremari**	[sæːremari]
heup (de)	**puus**	[puːs]
hiel (de)	**kand**	[kant]
lichaam (het)	**keha**	[keha]
buik (de)	**kõht**	[kɜht]
borst (de)	**rind**	[rint]
borst (de)	**rind**	[rint]
zijde (de)	**külg**	[kʉlʲg]
rug (de)	**selg**	[selʲg]
lage rug (de)	**ristluud**	[risʲtluːt]
taille (de)	**talje**	[talje]
navel (de)	**naba**	[naba]
billen (mv.)	**tuharad**	[tuharat]
achterwerk (het)	**tagumik**	[tagumik]
huidvlek (de)	**sünnimärk**	[sʉnnimærk]
moedervlek (de)	**sünnimärk**	[sʉnnimærk]
tatoeage (de)	**tätoveering**	[tætoʋeːring]
litteken (het)	**arm**	[arm]

Kleding en accessoires

33. Bovenkleding. Jassen

kleren (mv.)	riided	[ri:det]
bovenkleding (de)	üleriided	[ʉleri:det]
winterkleding (de)	talveriided	[talʲʋeri:det]

jas (de)	mantel	[mantelʲ]
bontjas (de)	kasukas	[kasukas]
bontjasje (het)	poolkasukas	[po:lʲkasukas]
donzen jas (de)	sulejope	[sulejope]

jasje (bijv. een leren ~)	jope	[jope]
regenjas (de)	vihmamantel	[ʋihmamantelʲ]
waterdicht (bn)	veekindel	[ʋe:kindelʲ]

34. Heren & dames kleding

overhemd (het)	särk	[særk]
broek (de)	püksid	[pʉksit]
jeans (de)	teksapüksid	[teksapʉksit]
colbert (de)	pintsak	[pintsak]
kostuum (het)	ülikond	[ʉlikont]

jurk (de)	kleit	[klejt]
rok (de)	seelik	[se:lik]
blouse (de)	pluus	[plu:s]
wollen vest (de)	villane jakk	[ʋilʲæne jakk]
blazer (kort jasje)	pluus	[plu:s]

T-shirt (het)	T-särk	[t-særk]
shorts (mv.)	põlvpüksid	[pɔlʲʋpʉksit]
trainingspak (het)	dress	[dress]
badjas (de)	hommikumantel	[hommikumantelʲ]
pyjama (de)	pidžaama	[pidʒa:ma]

| sweater (de) | sviiter | [sʋi:ter] |
| pullover (de) | pullover | [pulʲoʋer] |

gilet (het)	vest	[ʋesʲt]
rokkostuum (het)	frakk	[frakk]
smoking (de)	smoking	[smoking]

uniform (het)	vormiriietus	[ʋormiri:etus]
werkkleding (de)	tööriietus	[tø:ri:etus]
overall (de)	kombinesoon	[kombineso:n]
doktersjas (de)	kittel	[kittelʲ]

35. Kleding. Ondergoed

ondergoed (het)	pesu	[pesu]
herenslip (de)	trussikud	[trussikut]
slipjes (mv.)	trussikud	[trussikut]
onderhemd (het)	alussärk	[alussærk]
sokken (mv.)	sokid	[sokit]
nachthemd (het)	öösärk	[ø:særk]
beha (de)	rinnahoidja	[rinnahojdja]
kniekousen (mv.)	põlvikud	[pɜlʲuikut]
panty (de)	sukkpüksid	[sukkpɵksit]
nylonkousen (mv.)	sukad	[sukat]
badpak (het)	trikoo	[triko:]

36. Hoofddeksels

hoed (de)	müts	[mɵts]
deukhoed (de)	kaabu	[ka:bu]
honkbalpet (de)	pesapallimüts	[pesapalʲimɵts]
kleppet (de)	soni	[soni]
baret (de)	barett	[barett]
kap (de)	kapuuts	[kapu:ts]
panamahoed (de)	panama	[panama]
gebreide muts (de)	kootud müts	[ko:tut mɵts]
hoofddoek (de)	rätik	[rætik]
dameshoed (de)	kübar	[kɵbar]
veiligheidshelm (de)	kiiver	[ki:ʋer]
veldmuts (de)	pilotka	[pilotka]
helm, valhelm (de)	lendurimüts	[lendurimɵts]
bolhoed (de)	kübar	[kɵbar]
hoge hoed (de)	silinder	[silinder]

37. Schoeisel

schoeisel (het)	jalatsid	[jalatsit]
schoenen (mv.)	poolsaapad	[po:lʲsa:pat]
vrouwenschoenen (mv.)	kingad	[kingat]
laarzen (mv.)	saapad	[sa:pat]
pantoffels (mv.)	sussid	[sussit]
sportschoenen (mv.)	tossud	[tossut]
sneakers (mv.)	ketsid	[ketsit]
sandalen (mv.)	sandaalid	[sanda:lit]
schoenlapper (de)	kingsepp	[kingsepp]
hiel (de)	konts	[konts]

paar (een ~ schoenen)	paar	[pa:r]
veter (de)	kingapael	[kingapaelʲ]
rijgen (schoenen ~)	kingapaelu siduma	[kingapaelu siduma]
schoenlepel (de)	kingalusikas	[kingalusikas]
schoensmeer (de/het)	kingakreem	[kingakre:m]

38. Textiel. Weefsel

katoen (de/het)	puuvill	[pu:ʋilʲ]
katoenen (bn)	puuvillane	[pu:ʋilʲæne]
vlas (het)	lina	[lina]
vlas-, van vlas (bn)	linane	[linane]

zijde (de)	siid	[si:t]
zijden (bn)	siidi-	[si:di-]
wol (de)	vill	[ʋilʲ]
wollen (bn)	villane	[ʋilʲæne]

fluweel (het)	samet	[samet]
suède (de)	seemisnahk	[se:misnahk]
ribfluweel (het)	velvet	[ʋelʲʋet]

nylon (de/het)	nailon	[nailon]
nylon-, van nylon (bn)	nailonist	[nailonisʲt]
polyester (het)	polüester	[polʉesʲter]
polyester- (abn)	polüestrist	[polʉesʲtrisʲt]

leer (het)	nahk	[nahk]
leren (van leer gemaak)	nahast	[nahasʲt]
bont (het)	karusnahk	[karusnahk]
bont- (abn)	karusnahkne	[karusnahkne]

39. Persoonlijke accessoires

handschoenen (mv.)	sõrmkindad	[sɜrmkindat]
wanten (mv.)	labakindad	[labakindat]
sjaal (fleece ~)	sall	[salʲ]

bril (de)	prillid	[prilʲit]
brilmontuur (het)	prilliraamid	[prilʲira:mit]
paraplu (de)	vihmavari	[ʋihmaʋari]
wandelstok (de)	jalutuskepp	[jalutuskepp]
haarborstel (de)	juuksehari	[ju:ksehari]
waaier (de)	lehvik	[lehʋik]

das (de)	lips	[lips]
strikje (het)	kikilips	[kikilips]
bretels (mv.)	traksid	[traksit]
zakdoek (de)	taskurätik	[taskurætik]

| kam (de) | kamm | [kamm] |
| haarspeldje (het) | juukseklamber | [ju:kseklamber] |

| schuifspeldje (het) | juuksenõel | [ju:ksenʒelʲ] |
| gesp (de) | pannal | [pannalʲ] |

| broekriem (de) | vöö | [ʋøː] |
| draagriem (de) | rihm | [rihm] |

handtas (de)	kott	[kott]
damestas (de)	käekott	[kæəkott]
rugzak (de)	seljakott	[seljakott]

40. Kleding. Diversen

mode (de)	mood	[moːt]
de mode (bn)	moodne	[moːdne]
kledingstilist (de)	moekunstnik	[moekunsʲtnik]

kraag (de)	krae	[krae]
zak (de)	tasku	[tasku]
zak- (abn)	tasku-	[tasku-]
mouw (de)	varrukas	[ʋarrukas]
lusje (het)	tripp	[tripp]
gulp (de)	püksiauk	[pʉksiauk]

rits (de)	tõmblukk	[tɜmblukk]
sluiting (de)	kinnis	[kinnis]
knoop (de)	nööp	[nøːp]
knoopsgat (het)	nööpauk	[nøːpauk]
losraken (bijv. knopen)	eest ära tulema	[eːsʲt æra tulema]

naaien (kleren, enz.)	õmblema	[ɜmblema]
borduren (ww)	tikkima	[tikkima]
borduursel (het)	tikkimine	[tikkimine]
naald (de)	nõel	[nɜelʲ]
draad (de)	niit	[niːt]
naad (de)	õmblus	[ɜmblus]

vies worden (ww)	ära määrima	[æra mæːrima]
vlek (de)	plekk	[plekk]
gekreukt raken (ov. kleren)	kortsu minema	[kortsu minema]
scheuren (ov.ww.)	katki minema	[katki minema]
mot (de)	koi	[koj]

41. Persoonlijke verzorging. Schoonheidsmiddelen

tandpasta (de)	hambapasta	[hambapasʲta]
tandenborstel (de)	hambahari	[hambahari]
tanden poetsen (ww)	hambaid pesema	[hambait pesema]

scheermes (het)	pardel	[pardelʲ]
scheerschuim (het)	habemeajamiskreem	[habemeajamiskreːm]
zich scheren (ww)	habet ajama	[habet ajama]
zeep (de)	seep	[seːp]

shampoo (de)	šampoon	[ʃampo:n]
schaar (de)	käärid	[kæ:rit]
nagelvijl (de)	küüneviil	[ku:neui:lʲ]
nagelknipper (de)	küünekäärid	[ku:nekæ:rit]
pincet (het)	pintsett	[pintsett]

cosmetica (mv.)	kosmeetika	[kosme:tika]
masker (het)	mask	[mask]
manicure (de)	maniküür	[maniku:r]
manicure doen	maniküüri tegema	[maniku:ri tegema]
pedicure (de)	pediküür	[pediku:r]

cosmetica tasje (het)	kosmeetikakott	[kosme:tikakott]
poeder (de/het)	puuder	[pu:der]
poederdoos (de)	puudritoos	[pu:drito:s]
rouge (de)	põsepuna	[pɜsepuna]

parfum (de/het)	lõhnaõli	[lɜhnaɜli]
eau de toilet (de)	tualettvesi	[tualettuesi]
lotion (de)	näovesi	[næouesi]
eau de cologne (de)	odekolonn	[odekolonn]

oogschaduw (de)	lauvärv	[lauuæru]
oogpotlood (het)	silmapliiats	[silʲmapli:ats]
mascara (de)	ripsmetušš	[ripsmetuʃʃ]

lippenstift (de)	huulepulk	[hu:lepulʲk]
nagellak (de)	küünelakk	[ku:nelakk]
haarlak (de)	juukselakk	[ju:kselakk]
deodorant (de)	desodorant	[desodorant]

crème (de)	kreem	[kre:m]
gezichtscrème (de)	näokreem	[næokre:m]
handcrème (de)	kätekreem	[kætekre:m]
antirimpelcrème (de)	kortsudevastane kreem	[kortsudeuasʲtane kre:m]
dagcrème (de)	päevakreem	[pæeuakre:m]
nachtcrème (de)	öökreem	[ø:kre:m]
dag- (abn)	päeva-	[pæeua-]
nacht- (abn)	öö-	[ø:-]

tampon (de)	tampoon	[tampo:n]
toiletpapier (het)	tualettpaber	[tualettpaber]
föhn (de)	föön	[fø:n]

42. Juwelen

sieraden (mv.)	väärtesemed	[uæ:rtesemet]
edel (bijv. ~ stenen)	väärtuslik	[uæ:rtuslik]
keurmerk (het)	proov	[pro:u]

ring (de)	sõrmus	[sɜrmus]
trouwring (de)	laulatussõrmus	[laulatussɜrmus]
armband (de)	käevõru	[kæeuɜru]
oorringen (mv.)	kõrvarõngad	[kɜruarɜngat]

44

halssnoer (het)	kaelakee	[kaelake:]
kroon (de)	kroon	[kro:n]
kralen snoer (het)	helmed	[helʲmet]

diamant (de)	briljant	[briljant]
smaragd (de)	smaragd	[smaragt]
robijn (de)	rubiin	[rubi:n]
saffier (de)	safiir	[safi:r]
parel (de)	pärlid	[pærlit]
barnsteen (de)	merevaik	[mereʋaik]

43. Horloges. Klokken

polshorloge (het)	käekell	[kæækelʲ]
wijzerplaat (de)	sihverplaat	[sihʋerpla:t]
wijzer (de)	osuti	[osuti]
metalen horlogeband (de)	kellarihm	[kelʲærihm]
horlogebandje (het)	kellarihm	[kelʲærihm]

batterij (de)	patarei	[patarej]
leeg zijn (ww)	tühjaks saama	[tɐhjaks sa:ma]
batterij vervangen	patareid vahetama	[patarejt ʋahetama]
voorlopen (ww)	ette käima	[ette kæjma]
achterlopen (ww)	taha jääma	[taha jæ:ma]

wandklok (de)	seinakell	[sejnakelʲ]
zandloper (de)	liivakell	[li:ʋakelʲ]
zonnewijzer (de)	päiksekell	[pæjksekelʲ]
wekker (de)	äratuskell	[æratuskelʲ]
horlogemaker (de)	kellassepp	[kelʲæssepp]
repareren (ww)	parandama	[parandama]

Voedsel. Voeding

44. Voedsel

vlees (het)	liha	[liha]
kip (de)	kana	[kana]
kuiken (het)	kanapoeg	[kanapoeg]
eend (de)	part	[part]
gans (de)	hani	[hani]
wild (het)	metslinnud	[metslinnut]
kalkoen (de)	kalkun	[kalʲkun]
varkensvlees (het)	sealiha	[sealiha]
kalfsvlees (het)	vasikaliha	[ʋasikaliha]
schapenvlees (het)	lambaliha	[lambaliha]
rundvlees (het)	loomaliha	[lo:maliha]
konijnenvlees (het)	küülik	[kʉ:lik]
worst (de)	vorst	[ʋorsʲt]
saucijs (de)	viiner	[ʋi:ner]
spek (het)	peekon	[pe:kon]
ham (de)	sink	[sink]
gerookte achterham (de)	sink	[sink]
paté (de)	pasteet	[pasʲte:t]
lever (de)	maks	[maks]
gehakt (het)	hakkliha	[hakkliha]
tong (de)	keel	[ke:lʲ]
ei (het)	muna	[muna]
eieren (mv.)	munad	[munat]
eiwit (het)	munavalge	[munaʋalʲge]
eigeel (het)	munakollane	[munakolʲæne]
vis (de)	kala	[kala]
zeevruchten (mv.)	mereannid	[mereannit]
schaaldieren (mv.)	koorikloomad	[ko:riklo:mat]
kaviaar (de)	kalamari	[kalamari]
krab (de)	krabi	[krabi]
garnaal (de)	krevett	[kreʋett]
oester (de)	auster	[ausʲter]
langoest (de)	langust	[langusʲt]
octopus (de)	kaheksajalg	[kaheksajalʲg]
inktvis (de)	kalmaar	[kalʲma:r]
steur (de)	tuurakala	[tu:rakala]
zalm (de)	lõhe	[lɜhe]
heilbot (de)	paltus	[palʲtus]
kabeljauw (de)	tursk	[tursk]

makreel (de)	skumbria	[skumbria]
tonijn (de)	tuunikala	[tu:nikala]
paling (de)	angerjas	[angerjas]
forel (de)	forell	[forelʲ]
sardine (de)	sardiin	[sardi:n]
snoek (de)	haug	[haug]
haring (de)	heeringas	[he:ringas]
brood (het)	leib	[lejb]
kaas (de)	juust	[ju:sʲt]
suiker (de)	suhkur	[suhkur]
zout (het)	sool	[so:lʲ]
rijst (de)	riis	[ri:s]
pasta (de)	makaronid	[makaronit]
noedels (mv.)	lintnuudlid	[lintnu:tlit]
boter (de)	või	[vɜi]
plantaardige olie (de)	taimeõli	[taimeɜli]
zonnebloemolie (de)	päevalilleõli	[pæevaliĺeɜli]
margarine (de)	margariin	[margari:n]
olijven (mv.)	oliivid	[oli:vit]
olijfolie (de)	oliivõli	[oli:vɜli]
melk (de)	piim	[pi:m]
gecondenseerde melk (de)	kondenspiim	[kondenspi:m]
yoghurt (de)	jogurt	[jogurt]
zure room (de)	hapukoor	[hapuko:r]
room (de)	koor	[ko:r]
mayonaise (de)	majonees	[majone:s]
crème (de)	kreem	[kre:m]
graan (het)	tangud	[tangut]
meel (het), bloem (de)	jahu	[jahu]
conserven (mv.)	konservid	[konservit]
maïsvlokken (mv.)	maisihelbed	[maisihelʲbet]
honing (de)	mesi	[mesi]
jam (de)	džemm	[ʤemm]
kauwgom (de)	närimiskumm	[nærimiskumm]

45. Drankjes

water (het)	vesi	[vesi]
drinkwater (het)	joogivesi	[jo:givesi]
mineraalwater (het)	mineraalvesi	[minera:lʲvesi]
zonder gas	gaasita	[ga:sita]
koolzuurhoudend (bn)	gaseeritud	[gase:ritut]
bruisend (bn)	gaasiga	[ga:siga]
ijs (het)	jää	[jæ:]

47

met ijs	jääga	[jæ:ga]
alcohol vrij (bn)	alkoholivaba	[alʲkoholiʋaba]
alcohol vrije drank (de)	alkoholivaba jook	[alʲkoholiʋaba jo:k]
frisdrank (de)	karastusjook	[karasʲtusjo:k]
limonade (de)	limonaad	[limona:t]

alcoholische dranken (mv.)	alkohoolsed joogid	[alʲkoho:lʲset jo:git]
wijn (de)	vein	[ʋejn]
witte wijn (de)	valge vein	[ʋalʲge ʋejn]
rode wijn (de)	punane vein	[punane ʋejn]

likeur (de)	liköör	[likø:r]
champagne (de)	šampus	[ʃampus]
vermout (de)	vermut	[ʋermut]

whisky (de)	viski	[ʋiski]
wodka (de)	viin	[ʋi:n]
gin (de)	džinn	[dʒinn]
cognac (de)	konjak	[konjak]
rum (de)	rumm	[rumm]

koffie (de)	kohv	[kohʋ]
zwarte koffie (de)	must kohv	[musʲt kohʋ]
koffie (de) met melk	piimaga kohv	[pi:maga kohʋ]
cappuccino (de)	koorega kohv	[ko:rega kohʋ]
oploskoffie (de)	lahustuv kohv	[lahusʲtuʋ kohʋ]

melk (de)	piim	[pi:m]
cocktail (de)	kokteil	[koktejlʲ]
milkshake (de)	piimakokteil	[pi:makoktejlʲ]

sap (het)	mahl	[mahlʲ]
tomatensap (het)	tomatimahl	[tomatimahlʲ]
sinaasappelsap (het)	apelsinimahl	[apelʲsinimahlʲ]
vers geperst sap (het)	värskelt pressitud mahl	[ʋærskelʲt pressitut mahlʲ]

bier (het)	õlu	[ɜlu]
licht bier (het)	hele õlu	[hele ɜlu]
donker bier (het)	tume õlu	[tume ɜlu]

thee (de)	tee	[te:]
zwarte thee (de)	must tee	[musʲt te:]
groene thee (de)	roheline tee	[roheline te:]

46. Groenten

| groenten (mv.) | juurviljad | [ju:rʋiljat] |
| verse kruiden (mv.) | maitseroheline | [maitseroheline] |

tomaat (de)	tomat	[tomat]
augurk (de)	kurk	[kurk]
wortel (de)	porgand	[porgant]
aardappel (de)	kartul	[kartulʲ]
ui (de)	sibul	[sibulʲ]

knoflook (de)	küüslauk	[kʉ:slauk]
kool (de)	kapsas	[kapsas]
bloemkool (de)	lillkapsas	[lilʲkapsas]
spruitkool (de)	brüsseli kapsas	[brʉsseli kapsas]
broccoli (de)	brokkoli	[brokkoli]

rode biet (de)	peet	[pe:t]
aubergine (de)	baklažaan	[baklaʒa:n]
courgette (de)	suvikõrvits	[suʋikɜrʋits]
pompoen (de)	kõrvits	[kɜrʋits]
raap (de)	naeris	[naeris]

peterselie (de)	petersell	[peterselʲ]
dille (de)	till	[tilʲ]
sla (de)	salat	[salat]
selderij (de)	seller	[selʲer]
asperge (de)	aspar	[aspar]
spinazie (de)	spinat	[spinat]

erwt (de)	hernes	[hernes]
bonen (mv.)	oad	[oat]
maïs (de)	mais	[mais]
nierboon (de)	aedoad	[aedoat]

peper (de)	pipar	[pipar]
radijs (de)	redis	[redis]
artisjok (de)	artišokk	[artiʃokk]

47. Vruchten. Noten

vrucht (de)	puuvili	[pu:ʋili]
appel (de)	õun	[ɜun]
peer (de)	pirn	[pirn]
citroen (de)	sidrun	[sidrun]
sinaasappel (de)	apelsin	[apelʲsin]
aardbei (de)	aedmaasikas	[aedma:sikas]

mandarijn (de)	mandariin	[mandari:n]
pruim (de)	ploom	[plo:m]
perzik (de)	virsik	[ʋirsik]
abrikoos (de)	aprikoos	[apriko:s]
framboos (de)	vaarikas	[ʋa:rikas]
ananas (de)	ananass	[ananass]

banaan (de)	banaan	[bana:n]
watermeloen (de)	arbuus	[arbu:s]
druif (de)	viinamarjad	[ʋi:namarjat]
zure kers (de)	kirss	[kirss]
zoete kers (de)	murel	[murelʲ]
meloen (de)	melon	[melon]

grapefruit (de)	greip	[grejp]
avocado (de)	avokaado	[aʋoka:do]
papaja (de)	papaia	[papaia]

| mango (de) | mango | [mango] |
| granaatappel (de) | granaatõun | [grana:tȝun] |

rode bes (de)	punane sõstar	[punane sȝsⁱtar]
zwarte bes (de)	must sõstar	[musⁱt sȝsⁱtar]
kruisbes (de)	karusmari	[karusmari]
blauwe bosbes (de)	mustikas	[musⁱtikas]
braambes (de)	põldmari	[pȝlⁱdmari]

rozijn (de)	rosinad	[rosinat]
vijg (de)	ingver	[inguer]
dadel (de)	dattel	[dattelⁱ]

pinda (de)	maapähkel	[ma:pæhkelⁱ]
amandel (de)	mandlipähkel	[mantlipæhkelⁱ]
walnoot (de)	kreeka pähkel	[kre:ka pæhkelⁱ]
hazelnoot (de)	sarapuupähkel	[sarapu:pæhkelⁱ]
kokosnoot (de)	kookospähkel	[ko:kospæhkelⁱ]
pistaches (mv.)	pistaatsiapähkel	[pisⁱta:tsiapæhkelⁱ]

48. Brood. Snoep

suikerbakkerij (de)	kondiitritooted	[kondi:trito:tet]
brood (het)	leib	[lejb]
koekje (het)	küpsis	[kupsis]

chocolade (de)	šokolaad	[ʃokola:t]
chocolade- (abn)	šokolaadi-	[ʃokola:di-]
snoepje (het)	komm	[komm]
cakeje (het)	kook	[ko:k]
taart (bijv. verjaardags~)	tort	[tort]

| pastei (de) | pirukas | [pirukas] |
| vulling (de) | täidis | [tæjdis] |

confituur (de)	moos	[mo:s]
marmelade (de)	marmelaad	[marmela:t]
wafel (de)	vahvlid	[uahulit]
ijsje (het)	jäätis	[jæ:tis]

49. Bereide gerechten

gerecht (het)	roog	[ro:g]
keuken (bijv. Franse ~)	köök	[kø:k]
recept (het)	retsept	[retsept]
portie (de)	portsjon	[portsjon]

| salade (de) | salat | [salat] |
| soep (de) | supp | [supp] |

| bouillon (de) | puljong | [puljong] |
| boterham (de) | võileib | [uȝjlejb] |

spiegelei (het)	munaroog	[munaro:g]
hamburger (de)	hamburger	[hamburger]
biefstuk (de)	biifsteek	[bi:fs'te:k]

garnering (de)	lisand	[lisant]
spaghetti (de)	spagetid	[spagetit]
aardappelpuree (de)	kartulipüree	[kartulipʉre:]
pizza (de)	pitsa	[pitsa]
pap (de)	puder	[puder]
omelet (de)	omlett	[omlett]

gekookt (in water)	keedetud	[ke:detut]
gerookt (bn)	suitsutatud	[suitsutatut]
gebakken (bn)	praetud	[praetut]
gedroogd (bn)	kuivatatud	[kuiʋatatut]
diepvries (bn)	külmutatud	[kʉlʲmutatut]
gemarineerd (bn)	marineeritud	[marine:ritut]

zoet (bn)	magus	[magus]
gezouten (bn)	soolane	[so:lane]
koud (bn)	külm	[kʉlʲm]
heet (bn)	kuum	[ku:m]
bitter (bn)	mõru	[mɜru]
lekker (bn)	maitsev	[maitseʋ]

koken (in kokend water)	keetma	[ke:tma]
bereiden (avondmaaltijd ~)	süüa tegema	[sʉ:a tegema]
bakken (ww)	praadima	[pra:dima]
opwarmen (ww)	soojendama	[so:jendama]

zouten (ww)	soolama	[so:lama]
peperen (ww)	pipardama	[pipardama]
raspen (ww)	riivima	[ri:ʋima]
schil (de)	koor	[ko:r]
schillen (ww)	koorima	[ko:rima]

50. Kruiden

zout (het)	sool	[so:lʲ]
gezouten (bn)	soolane	[so:lane]
zouten (ww)	soolama	[so:lama]

zwarte peper (de)	must pipar	[musʲt pipar]
rode peper (de)	punane pipar	[punane pipar]
mosterd (de)	sinep	[sinep]
mierikswortel (de)	mädarõigas	[mædarɜigas]

condiment (het)	maitseaine	[maitseaine]
specerij, kruiderij (de)	vürts	[ʋʉrts]
saus (de)	kaste	[kasʲte]
azijn (de)	äädikas	[æ:dikas]

| anijs (de) | aniis | [ani:s] |
| basilicum (de) | basiilik | [basi:lik] |

kruidnagel (de)	nelk	[nelʲk]
gember (de)	ingver	[inguer]
koriander (de)	koriander	[koriander]
kaneel (de/het)	kaneel	[kane:lʲ]

sesamzaad (het)	seesamiseemned	[se:samise:mnet]
laurierblad (het)	loorber	[lo:rber]
paprika (de)	paprika	[paprika]
komijn (de)	köömned	[kø:mnet]
saffraan (de)	safran	[safran]

51. Maaltijden

eten (het)	söök	[sø:k]
eten (ww)	sööma	[sø:ma]

ontbijt (het)	hommikusöök	[hommikusø:k]
ontbijten (ww)	hommikust sööma	[hommikusʲt sø:ma]
lunch (de)	lõuna	[lɜuna]
lunchen (ww)	lõunat sööma	[lɜunat sø:ma]
avondeten (het)	õhtusöök	[ɜhtusø:k]
souperen (ww)	õhtust sööma	[ɜhtusʲt sø:ma]

eetlust (de)	söögiisu	[sø:gi:su]
Eet smakelijk!	Head isu!	[heat isu!]

openen (een fles ~)	avama	[auama]
morsen (koffie, enz.)	maha valama	[maha ualama]
zijn gemorst	maha voolama	[maha uo:lama]

koken (water kookt bij 100°C)	keema	[ke:ma]
koken (Hoe om water te ~)	keetma	[ke:tma]
gekookt (~ water)	keedetud	[ke:detut]

afkoelen (koeler maken)	jahutama	[jahutama]
afkoelen (koeler worden)	jahtuma	[jahtuma]

smaak (de)	maitse	[maitse]
nasmaak (de)	kõrvalmaitse	[kɜrualʲmaitse]

volgen een dieet	kaalus alla võtma	[ka:lus alʲæ uɜtma]
dieet (het)	dieet	[die:t]
vitamine (de)	vitamiin	[uitami:n]
calorie (de)	kalor	[kalor]

vegetariër (de)	taimetoitlane	[taimetojtlane]
vegetarisch (bn)	taimetoitluslik	[taimetojtluslik]

vetten (mv.)	rasvad	[rasuat]
eiwitten (mv.)	valgud	[ualʲgut]
koolhydraten (mv.)	süsivesikud	[süsiuesikut]
snede (de)	viil	[ui:lʲ]
stuk (bijv. een ~ taart)	tükk	[tükk]
kruimel (de)	puru	[puru]

52. Tafelschikking

lepel (de)	lusikas	[lusikas]
mes (het)	nuga	[nuga]
vork (de)	kahvel	[kahᴜelʲ]
kopje (het)	tass	[tass]
bord (het)	taldrik	[talʲdrik]
schoteltje (het)	alustass	[alusʲtass]
servet (het)	salvrätik	[salʲᴜrætik]
tandenstoker (de)	hambaork	[hambaork]

53. Restaurant

restaurant (het)	restoran	[resʲtoran]
koffiehuis (het)	kohvituba	[kohᴜituba]
bar (de)	baar	[ba:r]
tearoom (de)	teesalong	[te:salong]
kelner, ober (de)	kelner	[kelʲner]
serveerster (de)	ettekandja	[ettekandja]
barman (de)	baarimees	[ba:rime:s]
menu (het)	menüü	[menᴜ:]
wijnkaart (de)	veinikaart	[ᴜejnika:rt]
een tafel reserveren	lauda kinni panema	[lauda kinni panema]
gerecht (het)	roog	[ro:g]
bestellen (eten ~)	tellima	[telʲima]
een bestelling maken	tellimust andma	[telʲimusʲt andma]
aperitief (de/het)	aperitiiv	[aperiti:ᴜ]
voorgerecht (het)	suupiste	[su:pisʲte]
dessert (het)	magustoit	[magusʲtojt]
rekening (de)	arve	[arᴜe]
de rekening betalen	arvet maksma	[arᴜet maksma]
wisselgeld teruggeven	raha tagasi andma	[raha tagasi andma]
fooi (de)	jootraha	[jo:traha]

Familie, verwanten en vrienden

54. Persoonlijke informatie. Formulieren

naam (de)	**eesnimi**	[eːsnimi]
achternaam (de)	**perekonnnimi**	[perekonnnimi]
geboortedatum (de)	**sünniaeg**	[sʉnniaeg]
geboorteplaats (de)	**sünnikoht**	[sʉnnikoht]
nationaliteit (de)	**rahvus**	[rahʊus]
woonplaats (de)	**elukoht**	[elukoht]
land (het)	**riik**	[riːk]
beroep (het)	**elukutse**	[elukutse]
geslacht (ov. het vrouwelijk ~)	**sugu**	[sugu]
lengte (de)	**kasv**	[kasʊ]
gewicht (het)	**kaal**	[kaːlⁱ]

55. Familieleden. Verwanten

moeder (de)	**ema**	[ema]
vader (de)	**isa**	[isa]
zoon (de)	**poeg**	[poeg]
dochter (de)	**tütar**	[tʉtar]
jongste dochter (de)	**noorem tütar**	[noːrem tʉtar]
jongste zoon (de)	**noorem poeg**	[noːrem poeg]
oudste dochter (de)	**vanem tütar**	[ʊanem tʉtar]
oudste zoon (de)	**vanem poeg**	[ʊanem poeg]
broer (de)	**vend**	[ʊent]
oudere broer (de)	**vanem vend**	[ʊanem ʊent]
jongere broer (de)	**noorem vend**	[noːrem ʊent]
zuster (de)	**õde**	[ɜde]
oudere zuster (de)	**vanem õde**	[ʊanem ɜde]
jongere zuster (de)	**noorem õde**	[noːrem ɜde]
neef (zoon van oom, tante)	**onupoeg**	[onupoeg]
nicht (dochter van oom, tante)	**onutütar**	[onutʉtar]
mama (de)	**mamma**	[mamma]
papa (de)	**papa**	[papa]
ouders (mv.)	**vanemad**	[ʊanemat]
kind (het)	**laps**	[laps]
kinderen (mv.)	**lapsed**	[lapset]
oma (de)	**vanaema**	[ʊanaema]
opa (de)	**vanaisa**	[ʊanaisa]

kleinzoon (de)	lapselaps	[lapselaps]
kleindochter (de)	lapselaps	[lapselaps]
kleinkinderen (mv.)	lapselapsed	[lapselapset]

oom (de)	onu	[onu]
tante (de)	tädi	[tædi]
neef (zoon van broer, zus)	vennapoeg	[ʋennapoeg]
nicht (dochter van broer, zus)	vennatütar	[ʋennatʉtar]

schoonmoeder (de)	ämm	[æmm]
schoonvader (de)	äi	[æj]
schoonzoon (de)	väimees	[ʋæjmeːs]
stiefmoeder (de)	võõrasema	[ʋɜːrasema]
stiefvader (de)	võõrasisa	[ʋɜːrasisa]

zuigeling (de)	rinnalaps	[rinnalaps]
wiegenkind (het)	imik	[imik]
kleuter (de)	väikelaps	[ʋæjkelaps]

vrouw (de)	naine	[naine]
man (de)	mees	[meːs]
echtgenoot (de)	abikaasa	[abikaːsa]
echtgenote (de)	abikaasa	[abikaːsa]

gehuwd (mann.)	abielus	[abielus]
gehuwd (vrouw.)	abielus	[abielus]
ongehuwd (mann.)	vallaline	[ʋalʲæline]
vrijgezel (de)	vanapoiss	[ʋanapojss]
gescheiden (bn)	lahutatud	[lahutatut]
weduwe (de)	lesk	[lesk]
weduwnaar (de)	lesk	[lesk]

familielid (het)	sugulane	[sugulane]
dichte familielid (het)	lähedane sugulane	[lʲæhedane sugulane]
verre familielid (het)	kaugelt sugulane	[kaugelʲt sugulane]
familieleden (mv.)	sugulased	[sugulaset]

wees (de), weeskind (het)	orb	[orb]
voogd (de)	eestkostja	[eːsʲtkosʲtja]
adopteren (een jongen te ~)	lapsendama	[lapsendama]
adopteren (een meisje te ~)	lapsendama	[lapsendama]

56. Vrienden. Collega's

vriend (de)	sõber	[sɜber]
vriendin (de)	sõbranna	[sɜbranna]
vriendschap (de)	sõprus	[sɜprus]
bevriend zijn (ww)	sõber olla	[sɜber olʲæ]

makker (de)	sõber	[sɜber]
vriendin (de)	sõbranna	[sɜbranna]
partner (de)	partner	[partner]
chef (de)	šeff	[ʃeff]
baas (de)	ülemus	[ʉlemus]

55

eigenaar (de)	omanik	[omanik]
ondergeschikte (de)	alluv	[alʲuʊ]
collega (de)	kolleeg	[kolʲeːg]

kennis (de)	tuttav	[tuttaʊ]
medereiziger (de)	teekaaslane	[teːkaːslane]
klasgenoot (de)	klassikaaslane	[klassika:slane]

buurman (de)	naaber	[na:ber]
buurvrouw (de)	naabrinaine	[na:brinaine]
buren (mv.)	naabrid	[na:brit]

57. Man. Vrouw

vrouw (de)	naine	[naine]
meisje (het)	tütarlaps	[tʉtarlaps]
bruid (de)	pruut	[pruːt]

mooi(e) (vrouw, meisje)	ilus	[ilus]
groot, grote (vrouw, meisje)	pikka kasvu	[pikka kasʊu]
slank(e) (vrouw, meisje)	sale	[sale]
korte, kleine (vrouw, meisje)	lühikest kasvu	[lʉhikesʲt kasʊu]

| blondine (de) | blondiin | [blondi:n] |
| brunette (de) | brünett | [brʉnett] |

dames- (abn)	daamide	[da:mide]
maagd (de)	neitsi	[nejtsi]
zwanger (bn)	rase	[rase]

man (de)	mees	[meːs]
blonde man (de)	blondiin	[blondi:n]
bruinharige man (de)	brünett	[brʉnett]
groot (bn)	pikka kasvu	[pikka kasʊu]
klein (bn)	lühikest kasvu	[lʉhikesʲt kasʊu]

onbeleefd (bn)	jõhker	[jзhker]
gedrongen (bn)	jässakas	[jæssakas]
robuust (bn)	vastupidav	[ʊasʲtupidaʊ]
sterk (bn)	tugev	[tugeʊ]
sterkte (de)	jõud	[jзut]

mollig (bn)	täidlane	[tæjtlane]
getaand (bn)	tõmmu	[tзmmu]
slank (bn)	sihvakas	[sihʊakas]
elegant (bn)	elegantne	[elegantne]

58. Leeftijd

leeftijd (de)	vanus	[ʊanus]
jeugd (de)	noorus	[no:rus]
jong (bn)	noor	[no:r]

| jonger (bn) | noorem | [no:rem] |
| ouder (bn) | vanem | [ʋanem] |

jongen (de)	noormees	[no:rme:s]
tiener, adolescent (de)	nooruk	[no:ruk]
kerel (de)	poiss	[pojss]

| oude man (de) | vanamees | [ʋaname:s] |
| oude vrouw (de) | vanaeit | [ʋanaejt] |

volwassen (bn)	täiskasvanud	[tæjskasʋanut]
van middelbare leeftijd (bn)	keskealine	[keskealine]
bejaard (bn)	eakas	[eakas]
oud (bn)	vana	[ʋana]

pensioen (het)	pension	[pension]
met pensioen gaan	pensionile minema	[pensionile minema]
gepensioneerde (de)	pensionär	[pensionær]

59. Kinderen

kind (het)	laps	[laps]
kinderen (mv.)	lapsed	[lapset]
tweeling (de)	kaksikud	[kaksikut]

wieg (de)	häll	[hælʲ]
rammelaar (de)	kõristi	[kɜrisʲti]
luier (de)	mähe	[mæhe]

speen (de)	lutt	[lutt]
kinderwagen (de)	lapsevanker	[lapseʋanker]
kleuterschool (de)	lasteaed	[lasʲteaet]
babysitter (de)	lapsehoidja	[lapsehojdja]

kindertijd (de)	lapsepõlv	[lapsepɜlʲʋ]
pop (de)	nukk	[nukk]
speelgoed (het)	mänguasi	[mænguasi]
bouwspeelgoed (het)	konstruktor	[konsʲtruktor]

welopgevoed (bn)	hästikasvatatud	[hæsʲtikasʋatatut]
onopgevoed (bn)	kasvatamatu	[kasʋatamatu]
verwend (bn)	hellitatud	[helʲitatut]

stout zijn (ww)	mürama	[murama]
stout (bn)	vallatu	[ʋalʲætu]
stoutheid (de)	vallatus	[ʋalʲætus]
stouterd (de)	vallatu jõmpsikas	[ʋalʲætu jɜmpsikas]

| gehoorzaam (bn) | kuulekas | [ku:lekas] |
| ongehoorzaam (bn) | sõnakuulmatu | [sɜnaku:lʲmatu] |

braaf (bn)	mõistlik	[mɜisʲtlik]
slim (verstandig)	tark	[tark]
wonderkind (het)	imelaps	[imelaps]

60. Gehuwde paren. Gezinsleven

kussen (een kus geven)	suudlema	[su:tlema]
elkaar kussen (ww)	suudlema	[su:tlema]
gezin (het)	perekond	[perekont]
gezins- (abn)	perekondlik	[perekontlik]
paar (het)	abielupaar	[abielupa:r]
huwelijk (het)	abielu	[abielu]
thuis (het)	kodukolle	[kodukolʲe]
dynastie (de)	dünastia	[dʉnasʲtia]
date (de)	kohtamine	[kohtamine]
zoen (de)	suudlus	[su:tlus]
liefde (de)	armastus	[armasʲtus]
liefhebben (ww)	armastama	[armasʲtama]
geliefde (bn)	kallim	[kalʲim]
tederheid (de)	õrnus	[ɜrnus]
teder (bn)	õrn	[ɜrn]
trouw (de)	truudus	[tru:dus]
trouw (bn)	truu	[tru:]
zorg (bijv. bejaarden~)	hoolitsus	[ho:litsus]
zorgzaam (bn)	hoolitsev	[ho:litseʋ]
jonggehuwden (mv.)	pruutpaar	[pru:tpa:r]
wittebroodsweken (mv.)	mesinädalad	[mesinædalat]
trouwen (vrouw)	mehele minema	[mehele minema]
trouwen (man)	naist võtma	[naisʲt ʋɜtma]
bruiloft (de)	pulmad	[pulʲmat]
gouden bruiloft (de)	kuldpulm	[kulʲtpulʲm]
verjaardag (de)	aastapäev	[a:sʲtapæəʋ]
minnaar (de)	armuke	[armuke]
minnares (de)	armuke	[armuke]
overspel (het)	petmine	[petmine]
overspel plegen (ww)	petma	[petma]
jaloers (bn)	armukade	[armukade]
jaloers zijn (echtgenoot, enz.)	armukadetsema	[armukadetsema]
echtscheiding (de)	lahutus	[lahutus]
scheiden (ww)	lahutama	[lahutama]
ruzie hebben (ww)	tülitsema	[tʉlitsema]
vrede sluiten (ww)	leppima	[leppima]
samen (bw)	koos	[ko:s]
seks (de)	seks	[seks]
geluk (het)	õnn	[ɜnn]
gelukkig (bn)	õnnelik	[ɜnnelik]
ongeluk (het)	õnnetus	[ɜnnetus]
ongelukkig (bn)	õnnetu	[ɜnnetu]

Karakter. Gevoelens. Emoties

gevoel (het)	tunne	[tunne]
gevoelens (mv.)	tunded	[tundet]
voelen (ww)	tundma	[tundma]
honger (de)	nälg	[næl'g]
honger hebben (ww)	süüa tahtma	[sʉ:a tahtma]
dorst (de)	janu	[janu]
dorst hebben	juua tahtma	[ju:a tahtma]
slaperigheid (de)	unisus	[unisus]
willen slapen	magada tahtma	[magada tahtma]
moeheid (de)	väsimus	[ʋæsimus]
moe (bn)	väsinud	[ʋæsinut]
vermoeid raken (ww)	väsima	[ʋæsima]
stemming (de)	tuju	[tuju]
verveling (de)	igavus	[igaʋus]
zich vervelen (ww)	igavlema	[igaʋlema]
afzondering (de)	üksindus	[ʉksindus]
zich afzonderen (ww)	üksi olema	[ʉksi olema]
bezorgd maken	muret tegema	[muret tegema]
bezorgd zijn (ww)	muretsema	[muretsema]
zorg (bijv. geld~en)	rahutus	[rahutus]
ongerustheid (de)	häire	[hæjre]
ongerust (bn)	muretsev	[muretseʋ]
zenuwachtig zijn (ww)	närveerima	[nærʋe:rima]
in paniek raken	paanikasse sattuma	[pa:nikasse sattuma]
hoop (de)	lootus	[lo:tus]
hopen (ww)	lootma	[lo:tma]
zekerheid (de)	enesekindlus	[enesekintlus]
zeker (bn)	enesekindel	[enesekindel']
onzekerheid (de)	ebakindlus	[ebakintlus]
onzeker (bn)	ebakindel	[ebakindel']
dronken (bn)	purjus	[purjus]
nuchter (bn)	kaine	[kaine]
zwak (bn)	nõrk	[nɔrk]
gelukkig (bn)	õnnelik	[ɜnnelik]
doen schrikken (ww)	ehmatama	[ehmatama]
toorn (de)	märatsushoog	[mæratsusho:g]
woede (de)	raev	[raeʋ]
depressie (de)	depressioon	[depressio:n]
ongemak (het)	ebamugavus	[ebamugaʋus]

gemak, comfort (het)	mugavus	[mugaʋus]
spijt hebben (ww)	kahetsema	[kahetsema]
spijt (de)	kahetsus	[kahetsus]
pech (de)	ebaõnnestumine	[eba3nnesˈtumine]
bedroefdheid (de)	kurvastus	[kurʋasˈtus]

schaamte (de)	häbi	[hæbi]
pret (de), plezier (het)	pidu	[pidu]
enthousiasme (het)	entusiasm	[entusiasm]
enthousiasteling (de)	entusiast	[entusiasʲt]
enthousiasme vertonen	entusiasmi üles näitama	[entusiasmi ʉles næjtama]

62. Karakter. Persoonlijkheid

karakter (het)	iseloom	[iselo:m]
karakterfout (de)	nõrkus	[n3rkus]
verstand (het)	mõistus	[m3isʲtus]
rede (de)	aru	[aru]

geweten (het)	südametunnistus	[sʉdametunnisʲtus]
gewoonte (de)	harjumus	[harjumus]
bekwaamheid (de)	võimed	[ʋ3imet]
kunnen (bijv., ~ zwemmen)	oskama	[oskama]

geduldig (bn)	kannatlik	[kannatlik]
ongeduldig (bn)	kannatamatu	[kannatamatu]
nieuwsgierig (bn)	uudishimulik	[u:dishimulik]
nieuwsgierigheid (de)	uudishimu	[u:dishimu]

bescheidenheid (de)	tagasihoidlikkus	[tagasihojtlikkus]
bescheiden (bn)	tagasihoidlik	[tagasihojtlik]
onbescheiden (bn)	taktitundetu	[taktitundetu]

luiheid (de)	laiskus	[laiskus]
lui (bn)	laisk	[laisk]
luiwammes (de)	laiskvorst	[laiskʋorsʲt]

sluwheid (de)	kavalus	[kaʋalus]
sluw (bn)	kaval	[kaʋalʲ]
wantrouwen (het)	umbusaldus	[umbusalʲdus]
wantrouwig (bn)	umbusklik	[umbusklik]

gulheid (de)	heldus	[helʲdus]
gul (bn)	helde	[helʲde]
talentrijk (bn)	andekas	[andekas]
talent (het)	anne	[anne]

moedig (bn)	julge	[julʲge]
moed (de)	julgus	[julʲgus]
eerlijk (bn)	aus	[aus]
eerlijkheid (de)	ausus	[ausus]

| voorzichtig (bn) | ettevaatlik | [etteʋa:tlik] |
| manhaftig (bn) | vapper | [ʋapper] |

| ernstig (bn) | tõsine | [tɜsine] |
| streng (bn) | range | [range] |

resoluut (bn)	otsustav	[otsusˈtaʋ]
onzeker, irresoluut (bn)	kõhklev	[kɜhkleʋ]
schuchter (bn)	kartlik	[kartlik]
schuchterheid (de)	kartlikkus	[kartlikkus]

vertrouwen (het)	usaldus	[usalʲdus]
vertrouwen (ww)	usaldama	[usalʲdama]
goedgelovig (bn)	usaldav	[usalʲdaʋ]

oprecht (bw)	siiralt	[siːralʲt]
oprecht (bn)	siiras	[siːras]
oprechtheid (de)	siirus	[siːrus]
open (bn)	aval	[aʋalʲ]

rustig (bn)	vaikne	[ʋaikne]
openhartig (bn)	avameelne	[aʋameːlʲne]
naïef (bn)	naiivne	[naiːʋne]
verstrooid (bn)	hajameelne	[hajameːlʲne]
leuk, grappig (bn)	naljakas	[naljakas]

gierigheid (de)	ahnus	[ahnus]
gierig (bn)	ahne	[ahne]
inhalig (bn)	kitsi	[kitsi]
kwaad (bn)	kuri	[kuri]
koppig (bn)	kangekaelne	[kangekaelʲne]
onaangenaam (bn)	ebameeldiv	[ebameːlʲdiʋ]

egoïst (de)	egoist	[egoisʲt]
egoïstisch (bn)	egoistlik	[egoisʲtlik]
lafaard (de)	argpüks	[argpʉks]
laf (bn)	arg	[arg]

63. Slaap. Dromen

slapen (ww)	magama	[magama]
slaap (in ~ vallen)	uni	[uni]
droom (de)	unenägu	[unenægu]
dromen (in de slaap)	und nägema	[unt nægema]
slaperig (bn)	unine	[unine]

bed (het)	voodi	[ʋoːdi]
matras (de)	madrats	[madrats]
deken (de)	tekk	[tekk]
kussen (het)	padi	[padi]
laken (het)	voodilina	[ʋoːdilina]

slapeloosheid (de)	unetus	[unetus]
slapeloos (bn)	unetu	[unetu]
slaapmiddel (het)	unerohi	[unerohi]
slaapmiddel innemen	unerohtu võtma	[unerohtu ʋɜtma]
willen slapen	magada tahtma	[magada tahtma]

geeuwen (ww)	haigutama	[haigutama]
gaan slapen	magama minema	[magama minema]
het bed opmaken	voodit üles tegema	[voːdit ʉles tegema]
inslapen (ww)	magama jääma	[magama jæːma]

nachtmerrie (de)	õudusunenägu	[ɜudusunenægu]
gesnurk (het)	norskamine	[norskamine]
snurken (ww)	norskama	[norskama]

wekker (de)	äratuskell	[æratuskelʲ]
wekken (ww)	äratama	[æratama]
wakker worden (ww)	ärkama	[ærkama]
opstaan (ww)	üles tõusma	[ʉles tɜusma]
zich wassen (ww)	nägu pesema	[nægu pesema]

64. Humor. Gelach. Blijdschap

humor (de)	huumor	[huːmor]
gevoel (het) voor humor	huumorimeel	[huːmorimeːlʲ]
plezier hebben (ww)	lõbutsema	[lɜbutsema]
vrolijk (bn)	lõbus	[lɜbus]
pret (de), plezier (het)	lust	[lusʲt]

glimlach (de)	naeratus	[naeratus]
glimlachen (ww)	naeratama	[naeratama]
beginnen te lachen (ww)	naerma hakkama	[naerma hakkama]
lachen (ww)	naerma	[naerma]
lach (de)	naer	[naer]

mop (de)	anekdoot	[anekdoːt]
grappig (een ~ verhaal)	naljakas	[naljakas]
grappig (~e clown)	naljakas	[naljakas]

grappen maken (ww)	nalja tegema	[nalja tegema]
grap (de)	nali	[nali]
blijheid (de)	rõõm	[rɜːm]
blij zijn (ww)	rõõmustama	[rɜːmusʲtama]
blij (bn)	rõõmus	[rɜːmus]

65. Discussie, conversatie. Deel 1

| communicatie (de) | suhtlemine | [suhtlemine] |
| communiceren (ww) | suhtlema | [suhtlema] |

conversatie (de)	vestlus	[ʋesʲtlus]
dialoog (de)	dialoog	[dialoːg]
discussie (de)	diskussioon	[diskussioːn]
debat (het)	vaidlus	[ʋaitlus]
debatteren, twisten (ww)	vaidlema	[ʋaitlema]

| gesprekspartner (de) | vestluskaaslane | [ʋesʲtluskaːslane] |
| thema (het) | teema | [teːma] |

standpunt (het)	seisukoht	[sejsukoht]
mening (de)	arvamus	[arʋamus]
toespraak (de)	kõne	[kɜne]

bespreking (de)	arutelu	[arutelu]
bespreken (spreken over)	arutama	[arutama]
gesprek (het)	vestlus	[ʋesˈtlus]
spreken (converseren)	vestlema	[ʋesˈtlema]
ontmoeting (de)	kohtumine	[kohtumine]
ontmoeten (ww)	kohtuma	[kohtuma]

spreekwoord (het)	vanasõna	[ʋanasɜna]
gezegde (het)	könekäänd	[kɜnekæːnt]
raadsel (het)	mõistatus	[mɜisˈtatus]
een raadsel opgeven	mõistatust andma	[mɜisˈtatusˈt andma]
wachtwoord (het)	parool	[paroːlʲ]
geheim (het)	saladus	[saladus]

eed (de)	tõotus	[tɜotus]
zweren (een eed doen)	tõotama	[tɜotama]
belofte (de)	lubadus	[lubadus]
beloven (ww)	lubama	[lubama]

advies (het)	nõu	[nɜu]
adviseren (ww)	soovitama	[soːʋitama]
advies volgen (iemands ~)	järgima nõuannet	[jærgima nɜuannet]
luisteren (gehoorzamen)	sõna kuulma	[sɜna kuːlʲma]

nieuws (het)	uudis	[uːdis]
sensatie (de)	sensatsioon	[sensatsioːn]
informatie (de)	andmed	[andmet]
conclusie (de)	kokkuvõte	[kokkuʋɜte]
stem (de)	hääl	[hæːlʲ]
compliment (het)	kompliment	[kompliment]
vriendelijk (bn)	armastusväärne	[armasˈtusʋæːrne]

woord (het)	sõna	[sɜna]
zin (de), zinsdeel (het)	väljend	[ʋæljent]
antwoord (het)	vastus	[ʋasˈtus]

| waarheid (de) | tõde | [tɜde] |
| leugen (de) | vale | [ʋale] |

gedachte (de)	mõte	[mɜte]
idee (de/het)	idee, mõte	[ideː, mɜte]
fantasie (de)	väljamõeldis	[ʋæljamɜelʲdis]

66. Discussie, conversatie. Deel 2

gerespecteerd (bn)	austatud	[ausˈtatut]
respecteren (ww)	austama	[ausˈtama]
respect (het)	austus	[ausˈtus]
Geachte ... (brief)	Lugupeetud ...	[lugupeːtut ...]
voorstellen (Mag ik jullie ~)	tutvustama	[tutʋusˈtama]

kennismaken (met ...)	tutvuma	[tutʊuma]
intentie (de)	kavatsus	[kaʋatsus]
intentie hebben (ww)	kavatsema	[kaʋatsema]
wens (de)	soov	[so:ʋ]
wensen (ww)	soovima	[so:ʋima]

verbazing (de)	imestus	[imesʲtus]
verbazen (verwonderen)	üllatama	[ʉlʲætama]
verbaasd zijn (ww)	imestama	[imesʲtama]

geven (ww)	andma	[andma]
nemen (ww)	võtma	[ʊɜtma]
teruggeven (ww)	tagastama	[tagasʲtama]
retourneren (ww)	tagasi andma	[tagasi andma]

zich verontschuldigen	vabandama	[ʋabandama]
verontschuldiging (de)	vabandus	[ʋabandus]
vergeven (ww)	andeks andma	[andeks andma]

spreken (ww)	rääkima	[ræ:kima]
luisteren (ww)	kuulama	[ku:lama]
aanhoren (ww)	ära kuulama	[æra ku:lama]
begrijpen (ww)	mõistma	[mɜisʲtma]

tonen (ww)	näitama	[næjtama]
kijken naar ...	... vaatama	[... ʋa:tama]
roepen (vragen te komen)	kutsuma	[kutsuma]
afleiden (storen)	häirida	[hæjrida]
storen (lastigvallen)	tülitama	[tʉlitama]
doorgeven (ww)	üle andma	[ʉle andma]

verzoek (het)	palve	[palʲʋe]
verzoeken (ww)	paluma	[paluma]
eis (de)	nõue	[nɜue]
eisen (met klem vragen)	nõudma	[nɜudma]

beledigen	narrima	[narrima]
(beledigende namen geven)		
uitlachen (ww)	pilkama	[pilʲkama]
spot (de)	pilge	[pilʲge]
bijnaam (de)	hüüdnimi	[hʉ:dnimi]

zinspeling (de)	vihje	[ʋihje]
zinspelen (ww)	vihjama	[ʋihjama]
impliceren (duiden op)	silmas pidama	[silʲmas pidama]

beschrijving (de)	kirjeldus	[kirjelʲdus]
beschrijven (ww)	kirjeldama	[kirjelʲdama]
lof (de)	kiitus	[ki:tus]
loven (ww)	kiitma	[ki:tma]

teleurstelling (de)	pettumus	[pettumus]
teleurstellen (ww)	petma	[petma]
teleurgesteld zijn (ww)	pettuma	[pettuma]
veronderstelling (de)	eeldus	[e:lʲdus]
veronderstellen (ww)	eeldama	[e:lʲdama]

| waarschuwing (de) | hoiatus | [hojatus] |
| waarschuwen (ww) | hoiatama | [hojatama] |

67. Discussie, conversatie. Deel 3

| aanpraten (ww) | veenma | [ʋe:nma] |
| kalmeren (kalm maken) | rahustama | [rahusˈtama] |

stilte (de)	vaikimine	[ʋaikimine]
zwijgen (ww)	vaikima	[ʋaikima]
fluisteren (ww)	sosistama	[sosisˈtama]
gefluister (het)	sosin	[sosin]

| open, eerlijk (bw) | avameelselt | [aʋame:lˈselʲt] |
| volgens mij ... | minu arvates ... | [minu arʋates ...] |

detail (het)	üksikasi	[ʉksikasi]
gedetailleerd (bn)	üksikasjalik	[ʉksikasjalik]
gedetailleerd (bw)	üksikasjalikult	[ʉksikasjalikulʲt]

| hint (de) | etteütlemine | [etteʉtlemine] |
| een hint geven | ette ütlema | [ette ʉtlema] |

blik (de)	pilk	[pilʲk]
een kijkje nemen	pilku heitma	[pilʲku hejtma]
strak (een ~ke blik)	liikumatu	[li:kumatu]
knipperen (ww)	pilgutama	[pilʲgutama]
knipogen (ww)	pilgutama	[pilʲgutama]
knikken (ww)	noogutama	[no:gutama]

zucht (de)	ohe	[ohe]
zuchten (ww)	ohkama	[ohkama]
huiveren (ww)	võpatama	[ʋɜpatama]
gebaar (het)	žest	[ʒesʲt]
aanraken (ww)	puudutama	[pu:dutama]
grijpen (ww)	haarama	[ha:rama]
een schouderklopje geven	patsutama	[patsutama]

Kijk uit!	Ettevaatust!	[etteʋa:tusʲt!]
Echt?	Kas tõesti?	[kas tɜesʲti?]
Bent je er zeker van?	Oled sa kindel?	[olet sa kindel?]
Succes!	Õnn kaasa!	[ɜnn ka:sa!]
Juist, ja!	Selge!	[selʲge!]
Wat jammer!	Kahju!	[kahju!]

68. Overeenstemming. Weigering

instemming (het)	nõusolek	[nɜusolek]
instemmen (akkoord gaan)	nõustuma	[nɜusˈtuma]
goedkeuring (de)	heakskiitmine	[heakski:tmine]
goedkeuren (ww)	heaks kiitma	[heaks ki:tma]
weigering (de)	keeldumine	[ke:lʲdumine]

weigeren (ww)	keelduma	[ke:lʲduma]
Geweldig!	Suurepärane!	[su:repærane!]
Goed!	Hästi!	[hæsʲti!]
Akkoord!	Hea küll!	[hea kʉlʲl!]

verboden (bn)	keelatud	[ke:latut]
het is verboden	ei tohi	[ej tohi]
het is onmogelijk	võimatu	[uɜimatu]
onjuist (bn)	vale	[uale]

afwijzen (ww)	tagasi lükkama	[tagasi lʉkkama]
steunen	toetama	[toetama]
(een goed doel, enz.)		
aanvaarden (excuses ~)	vastu võtma	[uasʲtu uɜtma]

bevestigen (ww)	kinnitama	[kinnitama]
bevestiging (de)	kinnitus	[kinnitus]
toestemming (de)	luba	[luba]
toestaan (ww)	lubama	[lubama]
beslissing (de)	otsus	[otsus]
z'n mond houden (ww)	vaikima	[uaikima]

voorwaarde (de)	tingimus	[tingimus]
smoes (de)	ettekääne	[ettekæ:ne]
lof (de)	kiitus	[ki:tus]
loven (ww)	kiitma	[ki:tma]

69. Succes. Veel geluk. Mislukking

succes (het)	edu	[edu]
succesvol (bw)	edukalt	[edukalʲt]
succesvol (bn)	edukas	[edukas]

geluk (het)	vedamine	[uedamine]
Succes!	Õnn kaasa!	[ɜnn ka:sa!]
geluks- (bn)	õnnestunud	[ɜnnesʲtunut]
gelukkig (fortuinlijk)	õnneseen	[ɜnnese:n]

mislukking (de)	äpardus	[æpardus]
tegenslag (de)	ebaõnn	[ebaɜnn]
pech (de)	ebaõnnestumine	[ebaɜnnesʲtumine]
zonder succes (bn)	ebaõnnestunud	[ebaɜnnesʲtunut]
catastrofe (de)	katastroof	[katasʲtro:f]

fierheid (de)	uhkus	[uhkus]
fier (bn)	uhke	[uhke]
fier zijn (ww)	uhkust tundma	[uhkusʲt tundma]

winnaar (de)	võitja	[uɜitja]
winnen (ww)	võitma	[uɜitma]
verliezen (ww)	kaotama	[kaotama]
poging (de)	katse	[katse]
pogen, proberen (ww)	püüdma	[pʉ:dma]
kans (de)	šanss	[ʃanss]

70. Ruzies. Negatieve emoties

schreeuw (de)	karje	[karje]
schreeuwen (ww)	karjuma	[karjuma]
beginnen te schreeuwen	karjuma hakkama	[karjuma hakkama]
ruzie (de)	tüli	[tɯli]
ruzie hebben (ww)	tülitsema	[tɯlitsema]
schandaal (het)	skandaal	[skanda:lʲ]
schandaal maken (ww)	skandaali tegema	[skanda:li tegema]
conflict (het)	konflikt	[konflikt]
misverstand (het)	arusaamatus	[arusa:matus]
belediging (de)	solvamine	[solʲuamine]
beledigen	solvama	[solʲuama]
(met scheldwoorden)		
beledigd (bn)	solvatud	[solʲuatut]
krenking (de)	solvumine	[solʲuumine]
krenken (beledigen)	solvama	[solʲuama]
gekwetst worden (ww)	solvuma	[solʲuuma]
verontwaardiging (de)	pahameel	[pahame:lʲ]
verontwaardigd zijn (ww)	pahane olema	[pahane olema]
klacht (de)	kaebus	[kaebus]
klagen (ww)	kaebama	[kaebama]
verontschuldiging (de)	vabandus	[uabandus]
zich verontschuldigen	vabandama	[uabandama]
excuus vragen	andeks paluma	[andeks paluma]
kritiek (de)	kriitika	[kri:tika]
bekritiseren (ww)	kritiseerima	[kritise:rima]
beschuldiging (de)	süüdistus	[sɯ:disʲtus]
beschuldigen (ww)	süüdistama	[sɯ:disʲtama]
wraak (de)	kättemaks	[kættemaks]
wreken (ww)	kätte maksma	[kætte maksma]
wraak nemen (ww)	kätte maksma	[kætte maksma]
minachting (de)	põlgus	[pɜlʲgus]
minachten (ww)	põlgama	[pɜlʲgama]
haat (de)	viha	[uiha]
haten (ww)	vihkama	[uihkama]
zenuwachtig (bn)	närviline	[næruiline]
zenuwachtig zijn (ww)	närveerima	[nærue:rima]
boos (bn)	vihane	[uihane]
boos maken (ww)	vihale ajama	[uihale ajama]
vernedering (de)	alandus	[alandus]
vernederen (ww)	alandama	[alandama]
zich vernederen (ww)	alandust taluma	[alandusʲt taluma]
schok (de)	šokk	[ʃokk]
schokken (ww)	šokeerima	[ʃoke:rima]

67

onaangenaamheid (de)	**ebameeldivus**	[ebame:lʲdiʊus]
onaangenaam (bn)	**ebameeldiv**	[ebame:lʲdiʊ]

vrees (de)	**hirm**	[hirm]
vreselijk (bijv. ~ onweer)	**hirmus**	[hirmus]
eng (bn)	**kole**	[kole]
gruwel (de)	**õudus**	[ɜudus]
vreselijk (~ nieuws)	**õudne**	[ɜudne]

beginnen te beven	**värisema hakkama**	[ʋærisema hakkama]
huilen (wenen)	**nutma**	[nutma]
beginnen te huilen (wenen)	**nutma hakkama**	[nutma hakkama]
traan (de)	**pisar**	[pisar]

schuld (~ geven aan)	**süü**	[sʉ:]
schuldgevoel (het)	**süütunne**	[sʉ:tunne]
schande (de)	**häbi**	[hæbi]
protest (het)	**protest**	[protesʲt]
stress (de)	**stress**	[sʲtress]

storen (lastigvallen)	**segama**	[segama]
kwaad zijn (ww)	**vihastama**	[ʊihasʲtama]
kwaad (bn)	**vihane**	[ʊihane]
beëindigen (een relatie ~)	**katkestama**	[katkesʲtama]
vloeken (ww)	**sõimama**	[sɜimama]

schrikken (schrik krijgen)	**ehmuma**	[ehmuma]
slaan (iemand ~)	**lööma**	[lø:ma]
vechten (ww)	**kaklema**	[kaklema]

regelen (conflict)	**korda ajama**	[korda ajama]
ontevreden (bn)	**rahulolematu**	[rahulolematu]
woedend (bn)	**raevukas**	[raeʊukas]

Dat is niet goed!	**See ei ole hea!**	[se: ej ole hea!]
Dat is slecht!	**See on halb!**	[se: on halʲb!]

Geneeskunde

ziekte (de)	**haigus**	[haigus]
ziek zijn (ww)	**haige olema**	[haige olema]
gezondheid (de)	**tervis**	[terʋis]
snotneus (de)	**nohu**	[nohu]
angina (de)	**angiin**	[angi:n]
verkoudheid (de)	**külmetus**	[kʉlʲmetus]
verkouden raken (ww)	**külmetuma**	[kʉlʲmetuma]
bronchitis (de)	**bronhiit**	[bronhi:t]
longontsteking (de)	**kopsupõletik**	[kopsupɜletik]
griep (de)	**gripp**	[gripp]
bijziend (bn)	**lühinägelik**	[lʉhinægelik]
verziend (bn)	**kaugenägelik**	[kaugenægelik]
scheelheid (de)	**kõõrdsilmsus**	[kɜ:rdsilʲmsus]
scheel (bn)	**kõõrdsilmne**	[kɜ:rdsilʲmne]
grauwe staar (de)	**katarakt**	[katarakt]
glaucoom (het)	**glaukoom**	[glauko:m]
beroerte (de)	**insult**	[insulʲt]
hartinfarct (het)	**infarkt**	[infarkt]
myocardiaal infarct (het)	**müokardi infarkt**	[mʉokardi infarkt]
verlamming (de)	**halvatus**	[halʲʋatus]
verlammen (ww)	**halvama**	[halʲʋama]
allergie (de)	**allergia**	[alʲergia]
astma (de/het)	**astma**	[asʲtma]
diabetes (de)	**diabeet**	[diabe:t]
tandpijn (de)	**hambavalu**	[hambaʋalu]
tandbederf (het)	**kaaries**	[ka:ries]
diarree (de)	**kõhulahtisus**	[kɜhulahtisus]
constipatie (de)	**kõhukinnisus**	[kɜhukinnisus]
maagstoornis (de)	**kõhulahtisus**	[kɜhulahtisus]
voedselvergiftiging (de)	**mürgitus**	[mʉrgitus]
voedselvergiftiging oplopen	**mürgitust saama**	[mʉrgitusʲt sa:ma]
artritis (de)	**artriit**	[artri:t]
rachitis (de)	**rahhiit**	[rahhi:t]
reuma (het)	**reuma**	[reuma]
arteriosclerose (de)	**ateroskleroos**	[aterosklero:s]
gastritis (de)	**gastriit**	[gasʲtri:t]
blindedarmontsteking (de)	**apenditsiit**	[apenditsi:t]

| galblaasontsteking (de) | koletsüstiit | [koletsusˈti:t] |
| zweer (de) | haavand | [ha:ʋant] |

mazelen (mv.)	leetrid	[le:trit]
rodehond (de)	punetised	[punetiset]
geelzucht (de)	kollatöbi	[kolʲætɜbi]
leverontsteking (de)	hepatiit	[hepati:t]

schizofrenie (de)	skisofreenia	[skisofre:nia]
dolheid (de)	marutaud	[marutaut]
neurose (de)	neuroos	[neuro:s]
hersenschudding (de)	ajuvapustus	[ajuʋapusˈtus]

kanker (de)	vähk	[ʋæhk]
sclerose (de)	skleroos	[sklero:s]
multiple sclerose (de)	hajameelne skleroos	[hajame:lʲne sklero:s]

alcoholisme (het)	alkoholism	[alʲkoholism]
alcoholicus (de)	alkohoolik	[alʲkoho:lik]
syfilis (de)	süüfilis	[su:filis]
AIDS (de)	AIDS	[aids]

tumor (de)	kasvaja	[kasʋaja]
kwaadaardig (bn)	pahaloomuline	[pahalo:muline]
goedaardig (bn)	healoomuline	[healo:muline]

koorts (de)	palavik	[palaʋik]
malaria (de)	malaaria	[mala:ria]
gangreen (het)	gangreen	[gangre:n]
zeeziekte (de)	merehaigus	[merehaigus]
epilepsie (de)	epilepsia	[epilepsia]

epidemie (de)	epideemia	[epide:mia]
tyfus (de)	tüüfus	[tu:fus]
tuberculose (de)	tuberkuloos	[tuberkulo:s]
cholera (de)	koolera	[ko:lera]
pest (de)	katk	[katk]

72. Symptomen. Behandelingen. Deel 1

symptoom (het)	sümptom	[sumptom]
temperatuur (de)	temperatuur	[temperatu:r]
verhoogde temperatuur (de)	kõrge palavik	[kɜrge palaʋik]
polsslag (de)	pulss	[pulʲss]

duizeling (de)	peapööritus	[peapø:ritus]
heet (erg warm)	kuum	[ku:m]
koude rillingen (mv.)	vappekülm	[ʋappekulʲm]
bleek (bn)	kahvatu	[kahʋatu]

hoest (de)	köha	[køha]
hoesten (ww)	köhima	[køhima]
niezen (ww)	aevastama	[aeʋasˈtama]
flauwte (de)	minestus	[minesˈtus]

flauwvallen (ww)	teadvust kaotama	[teaduusʲt kaotama]
blauwe plek (de)	sinikas	[sinikas]
buil (de)	muhk	[muhk]
zich stoten (ww)	ära lööma	[æra lø:ma]
kneuzing (de)	haiget saanud koht	[haiget sa:nut koht]
kneuzen (gekneusd zijn)	haiget saama	[haiget sa:ma]

hinken (ww)	lonkama	[lonkama]
verstuiking (de)	nihestus	[nihesʲtus]
verstuiken (enkel, enz.)	nihestama	[nihesʲtama]
breuk (de)	luumurd	[lu:murt]
een breuk oplopen	luud murdma	[lu:t murdma]

snijwond (de)	lõikehaav	[lɜikeha:u]
zich snijden (ww)	endale sisse lõikama	[endale sisse lɜikama]
bloeding (de)	verejooks	[uerejo:ks]

| brandwond (de) | põletushaav | [pɜletusha:u] |
| zich branden (ww) | end ära põletama | [ent æra pɜletama] |

prikken (ww)	torkama	[torkama]
zich prikken (ww)	end torkama	[ent torkama]
blesseren (ww)	kergelt haavama	[kergelʲt ha:uama]
blessure (letsel)	vigastus	[uigasʲtus]
wond (de)	haav	[ha:u]
trauma (het)	trauma	[trauma]

ijlen (ww)	sonima	[sonima]
stotteren (ww)	kokutama	[kokutama]
zonnesteek (de)	päiksepiste	[pæjksepisʲte]

73. Symptomen. Behandelingen. Deel 2

| pijn (de) | valu | [ualu] |
| splinter (de) | pind | [pint] |

zweet (het)	higi	[higi]
zweten (ww)	higistama	[higisʲtama]
braking (de)	okse	[okse]
stuiptrekkingen (mv.)	krambid	[krambit]

zwanger (bn)	rase	[rase]
geboren worden (ww)	sündima	[sɯndima]
geboorte (de)	sünnitus	[sɯnnitus]
baren (ww)	sünnitama	[sɯnnitama]
abortus (de)	abort	[abort]

ademhaling (de)	hingamine	[hingamine]
inademing (de)	sissehingamine	[sissehingamine]
uitademing (de)	väljahingamine	[uæljahingamine]
uitademen (ww)	välja hingama	[uælja hingama]
inademen (ww)	sisse hingama	[sisse hingama]
invalide (de)	invaliid	[inuali:t]
gehandicapte (de)	vigane	[uigane]

drugsverslaafde (de)	narkomaan	[narkoma:n]
doof (bn)	kurt	[kurt]
stom (bn)	tumm	[tumm]
doofstom (bn)	kurttumm	[kurttumm]

krankzinnig (bn)	hullumeelne	[hulʲume:lʲne]
krankzinnige (man)	vaimuhaige	[ʋaimuhaige]
krankzinnige (vrouw)	vaimuhaige	[ʋaimuhaige]
krankzinnig worden	hulluks minema	[hulʲuks minema]

gen (het)	geen	[ge:n]
immuniteit (de)	immuniteet	[immunite:t]
erfelijk (bn)	pärilik	[pærilik]
aangeboren (bn)	kaasasündinud	[ka:sasɯndinut]

virus (het)	viirus	[ʋi:rus]
microbe (de)	mikroob	[mikro:b]
bacterie (de)	bakter	[bakter]
infectie (de)	nakkus	[nakkus]

74. Symptomen. Behandelingen. Deel 3

| ziekenhuis (het) | haigla | [haigla] |
| patiënt (de) | patsient | [patsient] |

diagnose (de)	diagnoos	[diagno:s]
genezing (de)	iseravimine	[iseraʋimine]
medische behandeling (de)	ravimine	[raʋimine]
onder behandeling zijn	ennast ravima	[ennasʲt raʋima]
behandelen (ww)	ravima	[raʋima]
zorgen (zieken ~)	hoolitsema	[ho:litsema]
ziekenzorg (de)	hoolitsus	[ho:litsus]

operatie (de)	operatsioon	[operatsio:n]
verbinden (een arm ~)	siduma	[siduma]
verband (het)	sidumine	[sidumine]

vaccin (het)	vaktsineerimine	[ʋaktsine:rimine]
inenten (vaccineren)	vaktsineerima	[ʋaktsine:rima]
injectie (de)	süst	[sɯsʲt]
een injectie geven	süstima	[sɯsʲtima]

aanval (de)	haigushoog	[haigusho:g]
amputatie (de)	amputeerimine	[ampute:rimine]
amputeren (ww)	amputeerima	[ampute:rima]
coma (het)	kooma	[ko:ma]
in coma liggen	koomas olema	[ko:mas olema]
intensieve zorg, ICU (de)	reanimatsioon	[reanimatsio:n]

zich herstellen (ww)	terveks saama	[terʋeks sa:ma]
toestand (de)	seisund	[sejsunt]
bewustzijn (het)	teadvus	[teadʋus]
geheugen (het)	mälu	[mælu]
trekken (een kies ~)	hammast välja tõmbama	[hammasʲt ʋælja tɜmbama]

vulling (de)	plomm	[plomm]
vullen (ww)	plombeerima	[plombe:rima]

hypnose (de)	hüpnoos	[hʉpno:s]
hypnotiseren (ww)	hüpnotiseerima	[hʉpnotise:rima]

75. Artsen

dokter, arts (de)	arst	[arsʲt]
ziekenzuster (de)	medöde	[medɜde]
lijfarts (de)	isiklik arst	[isiklik arsʲt]

tandarts (de)	hambaarst	[hamba:rsʲt]
oogarts (de)	silmaarst	[silʲma:rsʲt]
therapeut (de)	sisearst	[sisearsʲt]
chirurg (de)	kirurg	[kirurg]

psychiater (de)	psühhiaater	[psʉhhia:ter]
pediater (de)	lastearst	[lasʲtearsʲt]
psycholoog (de)	psühholoog	[psʉhholo:g]
gynaecoloog (de)	naistearst	[naisʲtearsʲt]
cardioloog (de)	kardioloog	[kardiolo:g]

76. Geneeskunde. Medicijnen. Accessoires

geneesmiddel (het)	ravim	[raʋim]
middel (het)	vahend	[ʋahent]
voorschrijven (ww)	välja kirjutama	[ʋælja kirjutama]
recept (het)	retsept	[retsept]

tablet (de/het)	tablett	[tablett]
zalf (de)	salv	[salʲʋ]
ampul (de)	ampull	[ampulʲ]
drank (de)	mikstuur	[miksʲtu:r]
siroop (de)	siirup	[si:rup]
pil (de)	pill	[pilʲ]
poeder (de/het)	pulber	[pulʲber]

verband (het)	side	[side]
watten (mv.)	vatt	[ʋatt]
jodium (het)	jood	[jo:t]

pleister (de)	plaaster	[pla:sʲter]
pipet (de)	pipett	[pipett]
thermometer (de)	kraadiklaas	[kra:dikla:s]
spuit (de)	süstal	[sʉsʲtalʲ]

rolstoel (de)	invaliidikäru	[inʋali:dikæru]
krukken (mv.)	kargud	[kargut]

pijnstiller (de)	valuvaigisti	[ʋaluʋaigisʲti]
laxeermiddel (het)	kõhulahtisti	[kɜhulahtisʲti]

spiritus (de)	piiritus	[pi:ritus]
medicinale kruiden (mv.)	maarohud	[ma:rohut]
kruiden- (abn)	maarohtudest	[ma:rohtudesᵗt]

77. Roken. Tabaksproducten

tabak (de)	tubakas	[tubakas]
sigaret (de)	sigarett	[sigarett]
sigaar (de)	sigar	[sigar]
pijp (de)	piip	[pi:p]
pakje (~ sigaretten)	suitsupakk	[suitsupakk]

lucifers (mv.)	tikud	[tikut]
luciferdoosje (het)	tikutoos	[tikuto:s]
aansteker (de)	välgumihkel	[uælᵢgumihkelⁱ]
asbak (de)	tuhatoos	[tuhato:s]
sigarettendoosje (het)	portsigar	[portsigar]

| sigarettenpijpje (het) | munstükk | [munsᵢtɯkk] |
| filter (de/het) | filter | [filᵢter] |

roken (ww)	suitsetama	[suitsetama]
een sigaret opsteken	suitsetama hakkama	[suitsetama hakkama]
roken (het)	suitsetamine	[suitsetamine]
roker (de)	suitsetaja	[suitsetaja]

peuk (de)	koni	[koni]
rook (de)	suits	[suits]
as (de)	tuhk	[tuhk]

HET MENSELIJKE LEEFGEBIED

Stad

78. Stad. Het leven in de stad

stad (de)	linn	[linn]
hoofdstad (de)	pealinn	[pealinn]
dorp (het)	küla	[kʉla]
plattegrond (de)	linnaplaan	[linnapla:n]
centrum (ov. een stad)	kesklinn	[kesklinn]
voorstad (de)	linnalähedane asula	[linnalʲæhedane asula]
voorstads- (abn)	linnalähedane	[linnalʲæhedane]
randgemeente (de)	äärelinn	[æ:relinn]
omgeving (de)	ümbrus	[ʉmbrus]
blok (huizenblok)	kvartal	[kʋartalʲ]
woonwijk (de)	elamukvartal	[elamukʋartalʲ]
verkeer (het)	liiklus	[li:klus]
verkeerslicht (het)	valgusfoor	[ʋalʲgusfo:r]
openbaar vervoer (het)	linnatransport	[linnatransport]
kruispunt (het)	ristmik	[risʲtmik]
zebrapad (oversteekplaats)	ülekäik	[ʉlekæjk]
onderdoorgang (de)	jalakäijate tunnel	[jalakæjjate tunnelʲ]
oversteken (de straat ~)	üle tänava minema	[ʉle tænaʋa minema]
voetganger (de)	jalakäija	[jalakæjja]
trottoir (het)	kõnnitee	[kɜnnite:]
brug (de)	sild	[silʲt]
dijk (de)	kaldapealne	[kalʲdapealʲne]
fontein (de)	purskkaev	[purskkaeʋ]
allee (de)	allee	[alʲe:]
park (het)	park	[park]
boulevard (de)	puiestee	[puiesʲte:]
plein (het)	väljak	[ʋæljak]
laan (de)	prospekt	[prospekt]
straat (de)	tänav	[tænaʋ]
zijstraat (de)	põiktänav	[pɜiktænaʋ]
doodlopende straat (de)	umbtänav	[umbtænaʋ]
huis (het)	maja	[maja]
gebouw (het)	hoone	[ho:ne]
wolkenkrabber (de)	pilvelõhkuja	[pilʲʋelɜhkuja]
gevel (de)	fassaad	[fassa:t]
dak (het)	katus	[katus]

venster (het)	aken	[aken]
boog (de)	võlv	[ʋɔlʲʋ]
pilaar (de)	sammas	[sammas]
hoek (ov. een gebouw)	nurk	[nurk]

vitrine (de)	vaateaken	[ʋa:teaken]
gevelreclame (de)	silt	[silʲt]
affiche (de/het)	kuulutus	[ku:lutus]
reclameposter (de)	reklaamiplakat	[rekla:miplakat]
aanplakbord (het)	reklaamikilp	[rekla:mikilʲp]

vuilnis (de/het)	prügi	[prʉgi]
vuilnisbak (de)	prügiurn	[prʉgiurn]
afval weggooien (ww)	prahti maha viskama	[prahti maha ʋiskama]
stortplaats (de)	prügimägi	[prʉgimægi]

telefooncel (de)	telefoniputka	[telefoniputka]
straatlicht (het)	laternapost	[laternaposʲt]
bank (de)	pink	[pink]

politieagent (de)	politseinik	[politsejnik]
politie (de)	politsei	[politsej]
zwerver (de)	kerjus	[kerjus]
dakloze (de)	pätt	[pætt]

79. Stedelijke instellingen

winkel (de)	kauplus	[kauplus]
apotheek (de)	apteek	[apte:k]
optiek (de)	optika	[optika]
winkelcentrum (het)	kaubanduskeskus	[kaubanduskeskus]
supermarkt (de)	supermarket	[supermarket]

bakkerij (de)	leivapood	[lejʋapo:t]
bakker (de)	pagar	[pagar]
banketbakkerij (de)	kondiitripood	[kondi:tripo:t]
kruidenier (de)	toidupood	[tojdupo:t]
slagerij (de)	lihakarn	[lihakarn]

| groentewinkel (de) | juurviljapood | [ju:rʋiljapo:t] |
| markt (de) | turg | [turg] |

koffiehuis (het)	kohvik	[kohʋik]
restaurant (het)	restoran	[resʲtoran]
bar (de)	õllebaar	[ɜlʲeba:r]
pizzeria (de)	pitsabaar	[pitsaba:r]

kapperssalon (de/het)	juuksurisalong	[ju:ksurisalong]
postkantoor (het)	postkontor	[posʲtkontor]
stomerij (de)	keemiline puhastus	[ke:miline puhasʲtus]
fotostudio (de)	fotoateljee	[fotoatelje:]

| schoenwinkel (de) | kingapood | [kingapo:t] |
| boekhandel (de) | raamatukauplus | [ra:matukauplus] |

sportwinkel (de)	sporditarvete kauplus	[sporditaruete kauplus]
kledingreparatie (de)	riieteparandus	[ri:eteparandus]
kledingverhuur (de)	riietelaenutus	[ri:etelaenutus]
videotheek (de)	filmilaenutus	[filʲmilaenutus]

circus (de/het)	tsirkus	[tsirkus]
dierentuin (de)	loomaaed	[lo:ma:et]
bioscoop (de)	kino	[kino]
museum (het)	muuseum	[mu:seum]
bibliotheek (de)	raamatukogu	[ra:matukogu]

theater (het)	teater	[teater]
opera (de)	ooper	[o:per]
nachtclub (de)	ööklubi	[ø:klubi]
casino (het)	kasiino	[kasi:no]

moskee (de)	mošee	[moʃe:]
synagoge (de)	sünagoog	[sʉnago:g]
kathedraal (de)	katedraal	[katedra:lʲ]
tempel (de)	pühakoda	[pʉhakoda]
kerk (de)	kirik	[kirik]

instituut (het)	instituut	[insʲtitu:t]
universiteit (de)	ülikool	[ʉliko:lʲ]
school (de)	kool	[ko:lʲ]

gemeentehuis (het)	linnaosa valitsus	[linnaosa ualitsus]
stadhuis (het)	linnavalitsus	[linnaualitsus]
hotel (het)	hotell	[hotelʲ]
bank (de)	pank	[pank]

ambassade (de)	suursaatkond	[su:rsa:tkont]
reisbureau (het)	reisibüroo	[rejsibʉro:]
informatieloket (het)	teadete büroo	[teadete bʉro:]
wisselkantoor (het)	rahavahetus	[rahauahetus]

| metro (de) | metroo | [metro:] |
| ziekenhuis (het) | haigla | [haigla] |

| benzinestation (het) | tankla | [tankla] |
| parking (de) | parkla | [parkla] |

80. Borden

gevelreclame (de)	silt	[silʲt]
opschrift (het)	pealkiri	[pealʲkiri]
poster (de)	plakat	[plakat]
wegwijzer (de)	teeviit	[te:ʋi:t]
pijl (de)	nool	[no:lʲ]

waarschuwing (verwittiging)	hoiatus	[hojatus]
waarschuwingsbord (het)	hoiatus	[hojatus]
waarschuwen (ww)	hoiatama	[hojatama]
vrije dag (de)	puhkepäev	[puhkepæəu]

dienstregeling (de)	**sõiduplaan**	[sɜidupla:n]
openingsuren (mv.)	**töötunnid**	[tø:tunnit]

WELKOM!	**TERE TULEMAST!**	[tere tulemasʲt!]
INGANG	**SISSEPÄÄS**	[sissepæ:s]
UITGANG	**VÄLJAPÄÄS**	[uæljapæ:s]

DUWEN	**LÜKKA**	[lʉkka]
TREKKEN	**TÕMBA**	[tɜmba]
OPEN	**AVATUD**	[auatut]
GESLOTEN	**SULETUD**	[suletut]

DAMES	**NAISTELE**	[naisʲtele]
HEREN	**MEESTELE**	[me:sʲtele]

KORTING	**SOODUSTUSED**	[so:dusʲtuset]
UITVERKOOP	**VÄLJAMÜÜK**	[uæljamʉ:k]
NIEUW!	**UUS KAUP!**	[u:s kaup!]
GRATIS	**TASUTA**	[tasuta]

PAS OP!	**ETTEVAATUST!**	[etteua:tusʲt!]
VOLGEBOEKT	**TÄIELIKULT**	[tæjelikulʲt
	BRONEERITUD	brone:ritut]
GERESERVEERD	**RESERVEERITUD**	[reserue:ritut]

ADMINISTRATIE	**JUHTKOND**	[juhtkont]
ALLEEN VOOR	**AINULT PERSONALILE**	[ainulʲt personalile]
PERSONEEL		

GEVAARLIJKE HOND	**KURI KOER**	[kuri koer]
VERBODEN TE ROKEN!	**MITTE SUITSETADA!**	[mitte suitsetada!]
NIET AANRAKEN!	**MITTE PUUTUDA!**	[mitte pu:tuda!]

GEVAARLIJK	**OHTLIK**	[ohtlik]
GEVAAR	**OHT**	[oht]
HOOGSPANNING	**KÕRGEPINGE**	[kɜrgepinge]
VERBODEN TE ZWEMMEN	**UJUMINE KEELATUD!**	[ujumine ke:latud!]
BUITEN GEBRUIK	**EI TÖÖTA**	[ej tø:ta]

ONTVLAMBAAR	**TULEOHTLIK**	[tuleohtlik]
VERBODEN	**KEELATUD**	[ke:latut]
DOORGANG VERBODEN	**LÄBIKÄIK KEELATUD**	[lʲæbikæjk ke:latut]
OPGELET PAS GEVERFD	**VÄRSKE VÄRV**	[uærske uæru]

81. Stedelijk vervoer

bus, autobus (de)	**buss**	[buss]
tram (de)	**tramm**	[tramm]
trolleybus (de)	**troll**	[trolʲ]
route (de)	**marsruut**	[marsru:t]
nummer (busnummer, enz.)	**number**	[number]

rijden met ...	**... sõitma**	[... sɜitma]
stappen (in de bus ~)	**sisenema**	[sisenema]

afstappen (ww)	maha minema	[maha minema]
halte (de)	peatus	[peatus]
volgende halte (de)	järgmine peatus	[jærgmine peatus]
eindpunt (het)	lõpp-peatus	[lɜpp-peatus]
dienstregeling (de)	sõiduplaan	[sɜidupla:n]
wachten (ww)	ootama	[o:tama]
kaartje (het)	pilet	[pilet]
reiskosten (de)	pileti hind	[pileti hint]
kassier (de)	kassiir	[kassi:r]
kaartcontrole (de)	piletikontroll	[piletikontrolʲ]
controleur (de)	kontrolör	[kontrolør]
te laat zijn (ww)	hilinema	[hilinema]
missen (de bus ~)	hiljaks jääma	[hiljaks jæ:ma]
zich haasten (ww)	ruttama	[ruttama]
taxi (de)	takso	[takso]
taxichauffeur (de)	taksojuht	[taksojuht]
met de taxi (bw)	taksoga	[taksoga]
taxistandplaats (de)	taksopeatus	[taksopeatus]
een taxi bestellen	taksot välja kutsuma	[taksot uælja kutsuma]
een taxi nemen	taksot võtma	[taksot uɜtma]
verkeer (het)	tänavaliiklus	[tænauali:klus]
file (de)	liiklusummik	[li:klusummik]
spitsuur (het)	tipptund	[tipptunt]
parkeren (on.ww.)	parkima	[parkima]
parkeren (ov.ww.)	parkima	[parkima]
parking (de)	parkla	[parkla]
metro (de)	metroo	[metro:]
halte (bijv. kleine treinhalte)	jaam	[ja:m]
de metro nemen	metrooga sõitma	[metro:ga sɜitma]
trein (de)	rong	[rong]
station (treinstation)	raudteejaam	[raudte:ja:m]

82. Bezienswaardigheden

monument (het)	mälestussammas	[mælesʲtussammas]
vesting (de)	kindlus	[kintlus]
paleis (het)	loss	[loss]
kasteel (het)	loss	[loss]
toren (de)	torn	[torn]
mausoleum (het)	mausoleum	[mausoleum]
architectuur (de)	arhitektuur	[arhitektu:r]
middeleeuws (bn)	keskaegne	[keskaegne]
oud (bn)	vanaaegne	[uana:egne]
nationaal (bn)	rahvuslik	[rahuuslik]
bekend (bn)	tuntud	[tuntut]
toerist (de)	turist	[turisʲt]
gids (de)	giid	[gi:t]

rondleiding (de)	ekskursioon	[ekskursio:n]
tonen (ww)	näitama	[næjtama]
vertellen (ww)	jutustama	[jutusᵗtama]

vinden (ww)	leidma	[lejdma]
verdwalen (de weg kwijt zijn)	ära kaduma	[æra kaduma]
plattegrond (~ van de metro)	skeem	[ske:m]
plattegrond (~ van de stad)	plaan	[pla:n]

souvenir (het)	suveniir	[suʋeni:r]
souvenirwinkel (de)	suveniirikauplus	[suʋeni:rikauplus]
foto's maken	pildistama	[pilᵈdisᵗtama]
zich laten fotograferen	laskma pildistada	[laskma pilᵈdisᵗtada]

83. Winkelen

kopen (ww)	ostma	[osᵗtma]
aankoop (de)	ost	[osᵗt]
winkelen (ww)	oste tegema	[osᵗte tegema]
winkelen (het)	šoppamine	[ʃoppamine]

| open zijn (ov. een winkel, enz.) | lahti olema | [lahti olema] |
| gesloten zijn (ww) | kinni olema | [kinni olema] |

schoeisel (het)	jalatsid	[jalatsit]
kleren (mv.)	riided	[ri:det]
cosmetica (mv.)	kosmeetika	[kosme:tika]
voedingswaren (mv.)	toiduained	[tojduainet]
geschenk (het)	kingitus	[kingitus]

| verkoper (de) | müüja | [mʉ:ja] |
| verkoopster (de) | müüja | [mʉ:ja] |

kassa (de)	kassa	[kassa]
spiegel (de)	peegel	[pe:gelʲ]
toonbank (de)	lett	[lett]
paskamer (de)	proovikabiin	[pro:ʋikabi:n]

aanpassen (ww)	selga proovima	[selᵍga pro:ʋima]
passen (ov. kleren)	paras olema	[paras olema]
bevallen (prettig vinden)	meeldima	[me:lʲdima]

prijs (de)	hind	[hint]
prijskaartje (het)	hinnalipik	[hinnalipik]
kosten (ww)	maksma	[maksma]
Hoeveel?	Kui palju?	[kui palju?]
korting (de)	allahindlus	[alʲæhintlus]

niet duur (bn)	odav	[odaʋ]
goedkoop (bn)	odav	[odaʋ]
duur (bn)	kallis	[kalʲis]
Dat is duur.	See on kallis.	[se: on kalʲis]
verhuur (de)	laenutus	[laenutus]

huren (smoking, enz.)	laenutama	[laenutama]
krediet (het)	pangalaen	[pangalaen]
op krediet (bw)	krediiti võtma	[kredi:ti ʋɜtma]

84. Geld

geld (het)	raha	[raha]
ruil (de)	vahetus	[ʋahetus]
koers (de)	kurss	[kurss]
geldautomaat (de)	pangaautomaat	[panga:utoma:t]
muntstuk (de)	münt	[mʉnt]

dollar (de)	dollar	[dolʲær]
euro (de)	euro	[euro]

lire (de)	liir	[li:r]
Duitse mark (de)	mark	[mark]
frank (de)	frank	[frank]
pond sterling (het)	naelsterling	[naelʲsʲterling]
yen (de)	jeen	[je:n]

schuld (geldbedrag)	võlg	[ʋɜlʲg]
schuldenaar (de)	võlgnik	[ʋɜlʲgnik]
uitlenen (ww)	võlgu andma	[ʋɜlʲgu andma]
lenen (geld ~)	võlgu võtma	[ʋɜlʲgu ʋɜtma]

bank (de)	pank	[pank]
bankrekening (de)	pangakonto	[pangakonto]
storten (ww)	panema	[panema]
op rekening storten	arvele panema	[arʋele panema]
opnemen (ww)	arvelt võtma	[arʋelʲt ʋɜtma]

kredietkaart (de)	krediidikaart	[kredi:dika:rt]
baar geld (het)	sularaha	[sularaha]
cheque (de)	tšekk	[tʃekk]
een cheque uitschrijven	tšekki välja kirjutama	[tʃekki ʋælja kirjutama]
chequeboekje (het)	tšekiraamat	[tʃekira:mat]

portefeuille (de)	rahatasku	[rahatasku]
geldbeugel (de)	rahakott	[rahakott]
safe (de)	seif	[sejf]

erfgenaam (de)	pärija	[pærija]
erfenis (de)	pärandus	[pærandus]
fortuin (het)	varandus	[ʋarandus]

huur (de)	rent	[rent]
huurprijs (de)	korteriüür	[korteriʉ:r]
huren (huis, kamer)	üürima	[ʉ:rima]

prijs (de)	hind	[hint]
kostprijs (de)	maksumus	[maksumus]
som (de)	summa	[summa]
uitgeven (geld besteden)	raiskama	[raiskama]

kosten (mv.)	kulutused	[kulutuset]
bezuinigen (ww)	kokku hoidma	[kokku hojdma]
zuinig (bn)	kokkuhoidlik	[kokkuhojtlik]
betalen (ww)	tasuma	[tasuma]
betaling (de)	maksmine	[maksmine]
wisselgeld (het)	tagasiantav raha	[tagasiantau raha]
belasting (de)	maks	[maks]
boete (de)	trahv	[trahu]
beboeten (bekeuren)	trahvima	[trahuima]

85. Post. Postkantoor

postkantoor (het)	postkontor	[posʲtkontor]
post (de)	post	[posʲt]
postbode (de)	postiljon	[posʲtiljon]
openingsuren (mv.)	töötunnid	[tø:tunnit]
brief (de)	kiri	[kiri]
aangetekende brief (de)	tähitud kiri	[tæhitut kiri]
briefkaart (de)	postkaart	[posʲtka:rt]
telegram (het)	telegramm	[telegramm]
postpakket (het)	pakk	[pakk]
overschrijving (de)	rahaülekanne	[rahaulekanne]
ontvangen (ww)	kätte saama	[kætte sa:ma]
sturen (zenden)	saatma	[sa:tma]
verzending (de)	saatmine	[sa:tmine]
adres (het)	aadress	[a:dress]
postcode (de)	indeks	[indeks]
verzender (de)	saatja	[sa:tja]
ontvanger (de)	saaja	[sa:ja]
naam (de)	eesnimi	[e:snimi]
achternaam (de)	perekonnanimi	[perekonnanimi]
tarief (het)	tariif	[tari:f]
standaard (bn)	harilik	[harilik]
zuinig (bn)	soodustariif	[so:dusʲtari:f]
gewicht (het)	kaal	[ka:lʲ]
afwegen (op de weegschaal)	kaaluma	[ka:luma]
envelop (de)	ümbrik	[umbrik]
postzegel (de)	mark	[mark]
een postzegel plakken op	marki peale kleepima	[marki peale kle:pima]

Woning. Huis. Thuis

86. Huis. Woning

huis (het)	maja	[maja]
thuis (bw)	kodus	[kodus]
cour (de)	õu	[ɜu]
omheining (de)	tara	[tara]

baksteen (de)	telliskivi	[telʲiskiʋi]
van bakstenen	telliskivist	[telʲiskiʋisʲt]
steen (de)	kivi	[kiʋi]
stenen (bn)	kivist	[kiʋisʲt]
beton (het)	betoon	[beto:n]
van beton	betoonist	[beto:nisʲt]

nieuw (bn)	uus	[u:s]
oud (bn)	vana	[ʋana]
vervallen (bn)	kõdunenud	[kɜdunenut]
modern (bn)	kaasaegne	[ka:saegne]
met veel verdiepingen	mitmekorruseline	[mitmekorruseline]
hoog (bn)	kõrge	[kɜrge]

verdieping (de)	korrus	[korrus]
met een verdieping	ühekorruseline	[ʉhekorruseline]

laagste verdieping (de)	alumine korrus	[alumine korrus]
bovenverdieping (de)	ülemine korrus	[ʉlemine korrus]

dak (het)	katus	[katus]
schoorsteen (de)	korsten	[korsʲten]

dakpan (de)	katusekivi	[katusekiʋi]
pannen- (abn)	katusekivist	[katusekiʋisʲt]
zolder (de)	pööning	[pø:ning]

venster (het)	aken	[aken]
glas (het)	klaas	[kla:s]

vensterbank (de)	aknalaud	[aknalaut]
luiken (mv.)	aknaluugid	[aknalu:git]

muur (de)	sein	[sejn]
balkon (het)	rõdu	[rɜdu]
regenpijp (de)	vihmaveetoru	[ʋihmaʋe:toru]

boven (bw)	üleval	[ʉleʋalʲ]
naar boven gaan (ww)	trepist üles minema	[trepisʲt ʉles minema]
afdalen (on.ww.)	laskuma	[laskuma]
verhuizen (ww)	kolima	[kolima]

83

87. Huis. Ingang. Lift

ingang (de)	trepikoda	[trepikoda]
trap (de)	trepp	[trepp]
treden (mv.)	astmed	[as'tmet]
trapleuning (de)	käsipuu	[kæsipu:]
hal (de)	hall	[hal']

postbus (de)	postkast	[pos'tkas't]
vuilnisbak (de)	prügikonteiner	[prʉgikontejner]
vuilniskoker (de)	prügišaht	[prʉgiʃaht]

lift (de)	lift	[lift]
goederenlift (de)	veolift	[ʋeolift]
liftcabine (de)	kabiin	[kabi:n]
de lift nemen	liftiga sõitma	[liftiga sɜitma]

appartement (het)	korter	[korter]
bewoners (mv.)	elanikud	[elanikut]
buurman (de)	naaber	[na:ber]
buurvrouw (de)	naabrinaine	[na:brinaine]
buren (mv.)	naabrid	[na:brit]

88. Huis. Elektriciteit

elektriciteit (de)	elekter	[elekter]
lamp (de)	elektripirn	[elektripirn]
schakelaar (de)	lüliti	[lʉliti]
zekering (de)	kork	[kork]

draad (de)	juhe	[juhe]
bedrading (de)	juhtmestik	[juhtmes'tik]
elektriciteitsmeter (de)	arvesti	[arʋes'ti]
gegevens (mv.)	näit	[næjt]

89. Huis. Deuren. Sloten

deur (de)	uks	[uks]
toegangspoort (de)	värav	[ʋæraʋ]
deurkruk (de)	ukselink	[ukselink]
ontsluiten (ontgrendelen)	lukust lahti keerama	[lukus't lahti ke:rama]
openen (ww)	avama	[aʋama]
sluiten (ww)	sulgema	[sul'gema]

sleutel (de)	võti	[ʋɜti]
sleutelbos (de)	võtmekimp	[ʋɜtmekimp]
knarsen (bijv. scharnier)	kriuksuma	[kriuksuma]
knarsgeluid (het)	kriuks	[kriuks]
scharnier (het)	uksehing	[uksehing]
deurmat (de)	uksematt	[uksematt]
slot (het)	lukk	[lukk]

sleutelgat (het)	lukuauk	[lukuauk]
grendel (de)	riiv	[ri:ʋ]
schuif (de)	riiv	[ri:ʋ]
hangslot (het)	tabalukk	[tabalukk]

aanbellen (ww)	helistama	[helisʲtama]
bel (geluid)	uksekella helin	[uksekelʲæ helin]
deurbel (de)	uksekell	[uksekelʲ]
belknop (de)	kellanupp	[kelʲænupp]
geklop (het)	koputus	[koputus]
kloppen (ww)	koputama	[koputama]

code (de)	kood	[ko:t]
cijferslot (het)	koodlukk	[ko:tlukk]
parlofoon (de)	sisetelefon	[sisetelefon]
nummer (het)	number	[number]
naambordje (het)	tabel	[tabelʲ]
deurspion (de)	uksesilm	[uksesilʲm]

90. Huis op het platteland

dorp (het)	küla	[kʉla]
moestuin (de)	aiamaa	[aiama:]
hek (het)	tara	[tara]
houten hekwerk (het)	hekk	[hekk]
tuinpoortje (het)	aiavärav	[aiaʋæraʋ]

graanschuur (de)	ait	[ait]
wortelkelder (de)	kelder	[kelʲder]
schuur (de)	kuur	[ku:r]
waterput (de)	kaev	[kaeʋ]

kachel (de)	ahi	[ahi]
de kachel stoken	kütma	[kʉtma]
brandhout (het)	ahjupuud	[ahjupu:t]
houtblok (het)	puuhalg	[pu:halʲg]

veranda (de)	veranda	[ʋeranda]
terras (het)	terrass	[terrass]
bordes (het)	välistrepp	[ʋælisʲtrepp]
schommel (de)	kiik	[ki:k]

91. Villa. Herenhuis

landhuisje (het)	maamaja	[ma:maja]
villa (de)	villa	[ʋilʲæ]
vleugel (de)	välistrepp	[ʋælisʲtrepp]

tuin (de)	aed	[aet]
park (het)	park	[park]
oranjerie (de)	kasvuhoone	[kasʋuho:ne]
onderhouden (tuin, enz.)	hoolitsema	[ho:litsema]

zwembad (het)	bassein	[bassejn]
gym (het)	spordisaal	[spordisa:lʲ]
tennisveld (het)	tenniseväljak	[tenniseʋæljak]
bioscoopkamer (de)	kino	[kino]
garage (de)	garaaž	[gara:ʒ]
privé-eigendom (het)	eraomand	[eraomant]
eigen terrein (het)	eravaldus	[eraʋalʲdus]
waarschuwing (de)	hoiatus	[hojatus]
waarschuwingsbord (het)	kirjalik hoiatus	[kirjalik hojatus]
bewaking (de)	valve	[ʋalʲʋe]
bewaker (de)	turvamees	[turʋame:s]
inbraakalarm (het)	signalisatsioon	[signalisatsio:n]

92. Kasteel. Paleis

kasteel (het)	loss	[loss]
paleis (het)	loss	[loss]
vesting (de)	kindlus	[kintlus]
ringmuur (de)	kindlusemüür	[kintlusemʉ:r]
toren (de)	torn	[torn]
donjon (de)	peatorn	[peatorn]
valhek (het)	tõstetav värav	[tɜsʲtetaʋ ʋæraʋ]
onderaardse gang (de)	maa-alune käik	[ma:-alune kæjk]
slotgracht (de)	vallikraav	[ʋalʲikra:ʋ]
ketting (de)	kett	[kett]
schietgat (het)	laskeava	[laskeaʋa]
prachtig (bn)	suurepärane	[su:repærane]
majestueus (bn)	suursugune	[su:rsugune]
onneembaar (bn)	juurdepääsmatu	[ju:rdepæ:smatu]
middeleeuws (bn)	keskaegne	[keskaegne]

93. Appartement

appartement (het)	korter	[korter]
kamer (de)	tuba	[tuba]
slaapkamer (de)	magamistuba	[magamisʲtuba]
eetkamer (de)	söögituba	[sø:gituba]
salon (de)	külalistuba	[kʉlalisʲtuba]
studeerkamer (de)	kabinet	[kabinet]
gang (de)	esik	[esik]
badkamer (de)	vannituba	[ʋannituba]
toilet (het)	tualett	[tualett]
plafond (het)	lagi	[lagi]
vloer (de)	põrand	[pɜrant]
hoek (de)	nurk	[nurk]

94. Appartement. Schoonmaken

schoonmaken (ww)	korda tegema	[korda tegema]
opbergen (in de kast, enz.)	ära koristama	[æra koris'tama]
stof (het)	tolm	[tol'm]
stoffig (bn)	tolmune	[tol'mune]
stoffen (ww)	tolmu pühkima	[tol'mu puhkima]
stofzuiger (de)	tolmuimeja	[tol'muimeja]
stofzuigen (ww)	tolmuimejaga koristama	[tol'muimejaga koris'tama]
vegen (de vloer ~)	pühkima	[puhkima]
veegsel (het)	prügi	[prugi]
orde (de)	kord	[kort]
wanorde (de)	korralagedus	[korralagedus]
zwabber (de)	hari	[hari]
poetsdoek (de)	lapp	[lapp]
veger (de)	luud	[lu:t]
stofblik (het)	prügikühvel	[prugikuhvel']

95. Meubels. Interieur

meubels (mv.)	mööbel	[mø:bel']
tafel (de)	laud	[laut]
stoel (de)	tool	[to:l']
bed (het)	voodi	[uo:di]
bankstel (het)	diivan	[di:uan]
fauteuil (de)	tugitool	[tugito:l']
boekenkast (de)	raamatukapp	[ra:matukapp]
boekenrek (het)	raamaturiiul	[ra:maturi:ul']
kledingkast (de)	riidekapp	[ri:dekapp]
kapstok (de)	varn	[uarn]
staande kapstok (de)	nagi	[nagi]
commode (de)	kummut	[kummut]
salontafeltje (het)	diivanilaud	[di:uanilaut]
spiegel (de)	peegel	[pe:gel']
tapijt (het)	vaip	[uaip]
tapijtje (het)	uksematt	[uksematt]
haard (de)	kamin	[kamin]
kaars (de)	küünal	[ku:nal']
kandelaar (de)	küünlajalg	[ku:nlajal'g]
gordijnen (mv.)	külgkardinad	[kul'gkardinat]
behang (het)	tapeet	[tape:t]
jaloezie (de)	ribakardinad	[ribakardinat]
bureaulamp (de)	laualamp	[laualamp]
wandlamp (de)	valgusti	[ual'gus'ti]

| staande lamp (de) | põrandalamp | [pɜrandalamp] |
| luchter (de) | lühter | [lʉhter] |

poot (ov. een tafel, enz.)	jalg	[jalʲg]
armleuning (de)	käetugi	[kæətugi]
rugleuning (de)	seljatugi	[seljatugi]
la (de)	sahtel	[sahtelʲ]

96. Beddengoed

beddengoed (het)	voodipesu	[ʋo:dipesu]
kussen (het)	padi	[padi]
kussenovertrek (de)	padjapüür	[padjapʉːr]
deken (de)	tekk	[tekk]
laken (het)	voodilina	[ʋo:dilina]
sprei (de)	voodikate	[ʋo:dikate]

97. Keuken

keuken (de)	köök	[kø:k]
gas (het)	gaas	[ga:s]
gasfornuis (het)	gaasipliit	[ga:sipliːt]
elektrisch fornuis (het)	elektripliit	[elektripliːt]
oven (de)	praeahi	[praeahi]
magnetronoven (de)	mikrolaineahi	[mikrolaineahi]

koelkast (de)	külmkapp	[kʉlʲmkapp]
diepvriezer (de)	jääkapp	[jæ:kapp]
vaatwasmachine (de)	nõudepesumasin	[nɜudepesumasin]

vleesmolen (de)	hakklihamasin	[hakklihamasin]
vruchtenpers (de)	mahlapress	[mahlapress]
toaster (de)	röster	[røsʲter]
mixer (de)	mikser	[mikser]

koffiemachine (de)	kohvikeetja	[kohʋike:tja]
koffiepot (de)	kohvikann	[kohʋikann]
koffiemolen (de)	kohviveski	[kohʋiʋeski]

fluitketel (de)	veekeetja	[ʋe:ke:tja]
theepot (de)	teekann	[te:kann]
deksel (de/het)	kaas	[ka:s]
theezeefje (het)	teesõel	[te:sɜelʲ]

lepel (de)	lusikas	[lusikas]
theelepeltje (het)	teelusikas	[te:lusikas]
eetlepel (de)	supilusikas	[supilusikas]
vork (de)	kahvel	[kahʋelʲ]
mes (het)	nuga	[nuga]

| vaatwerk (het) | toidunõud | [tojdunɜut] |
| bord (het) | taldrik | [talʲdrik] |

schoteltje (het)	alustass	[alus¹tass]
likeurglas (het)	napsiklaas	[napsikla:s]
glas (het)	klaas	[kla:s]
kopje (het)	tass	[tass]
suikerpot (de)	suhkrutoos	[suhkruto:s]
zoutvat (het)	soolatoos	[so:lato:s]
pepervat (het)	pipratops	[pipratops]
boterschaaltje (het)	võitoos	[ʋɜito:s]
pan (de)	pott	[pott]
bakpan (de)	pann	[pann]
pollepel (de)	supikulp	[supikul¹p]
vergiet (de/het)	kurnkopsik	[kurnkopsik]
dienblad (het)	kandik	[kandik]
fles (de)	pudel	[pudel¹]
glazen pot (de)	klaaspurk	[kla:spurk]
blik (conserven~)	plekkpurk	[plekkpurk]
flesopener (de)	pudeliavaja	[pudeliaʋaja]
blikopener (de)	konserviavaja	[konserʋiaʋaja]
kurkentrekker (de)	korgitser	[korgitser]
filter (de/het)	filter	[fil¹ter]
filteren (ww)	filtreerima	[fil¹tre:rima]
huisvuil (het)	prügi	[prʉgi]
vuilnisemmer (de)	prügiämber	[prʉgiæmber]

98. Badkamer

badkamer (de)	vannituba	[ʋannituba]
water (het)	vesi	[ʋesi]
kraan (de)	kraan	[kra:n]
warm water (het)	soe vesi	[soe ʋesi]
koud water (het)	külm vesi	[kʉl¹m ʋesi]
tandpasta (de)	hambapasta	[hambapas¹ta]
tanden poetsen (ww)	hambaid pesema	[hambait pesema]
tandenborstel (de)	hambahari	[hambahari]
zich scheren (ww)	habet ajama	[habet ajama]
scheercrème (de)	habemeajamiskreem	[habemeajamiskre:m]
scheermes (het)	pardel	[pardel¹]
wassen (ww)	pesema	[pesema]
een bad nemen	ennast pesema	[ennas¹t pesema]
douche (de)	dušš	[duʃʃ]
een douche nemen	duši all käima	[duʃi al¹ kæjma]
bad (het)	vann	[ʋann]
toiletpot (de)	WC-pott	[ʋeʦe pott]
wastafel (de)	kraanikauss	[kra:nikauss]
zeep (de)	seep	[se:p]

zeepbakje (het)	seebikarp	[se:bikarp]
spons (de)	nuustik	[nu:sⁱtik]
shampoo (de)	šampoon	[ʃampo:n]
handdoek (de)	käterätik	[kæterætik]
badjas (de)	hommikumantel	[hommikumantelʲ]

was (bijv. handwas)	pesupesemine	[pesupesemine]
wasmachine (de)	pesumasin	[pesumasin]
de was doen	pesu pesema	[pesu pesema]
waspoeder (de)	pesupulber	[pesupulʲber]

99. Huishoudelijke apparaten

televisie (de)	televiisor	[televi:sor]
cassettespeler (de)	magnetofon	[magnetofon]
videorecorder (de)	videomagnetofon	[videomagnetofon]
radio (de)	raadio	[ra:dio]
speler (de)	pleier	[plejer]

videoprojector (de)	videoprojektor	[videoprojektor]
home theater systeem (het)	kodukino	[kodukino]
DVD-speler (de)	DVD-mängija	[dʊd-mængija]
versterker (de)	võimendi	[ʊ3imendi]
spelconsole (de)	mängukonsool	[mængukonso:lʲ]

videocamera (de)	videokaamera	[videoka:mera]
fotocamera (de)	fotoaparaat	[fotoapara:t]
digitale camera (de)	fotokaamera	[fotoka:mera]

stofzuiger (de)	tolmuimeja	[tolʲmuimeja]
strijkijzer (het)	triikraud	[tri:kraut]
strijkplank (de)	triikimislaud	[tri:kimislaut]

telefoon (de)	telefon	[telefon]
mobieltje (het)	mobiiltelefon	[mobi:lʲtelefon]
schrijfmachine (de)	kirjutusmasin	[kirjutusmasin]
naaimachine (de)	õmblusmasin	[3mblusmasin]

microfoon (de)	mikrofon	[mikrofon]
koptelefoon (de)	kõrvaklapid	[k3rʊaklapit]
afstandsbediening (de)	pult	[pulʲt]

CD (de)	CD-plaat	[tsede pla:t]
cassette (de)	kassett	[kassett]
vinylplaat (de)	heliplaat	[helipla:t]

100. Reparaties. Renovatie

renovatie (de)	remont	[remont]
renoveren (ww)	remonti tegema	[remonti tegema]
repareren (ww)	remontima	[remontima]
op orde brengen	korda tegema	[korda tegema]

overdoen (ww)	ümber tegema	[ʉmber tegema]
verf (de)	värv	[ʋæru]
verven (muur ~)	värvima	[ʋæruima]
schilder (de)	maaler	[maːler]
kwast (de)	pintsel	[pintselʲ]

| kalk (de) | lubivärv | [lubiʋæru] |
| kalken (ww) | valgendama | [ʋalʲgendama] |

behang (het)	tapeet	[tapeːt]
behangen (ww)	tapeeti panema	[tapeːti panema]
lak (de/het)	lakk	[lakk]
lakken (ww)	lakkima	[lakkima]

101. Loodgieterswerk

water (het)	vesi	[ʋesi]
warm water (het)	soe vesi	[soe ʋesi]
koud water (het)	külm vesi	[kʉlʲm ʋesi]
kraan (de)	kraan	[kraːn]

druppel (de)	tilk	[tilʲk]
druppelen (ww)	tilkuma	[tilʲkuma]
lekken (een lek hebben)	läbi jooksma	[lʲæbi joːksma]
lekkage (de)	leke	[leke]
plasje (het)	loik	[lojk]

buis, leiding (de)	toru	[toru]
stopkraan (de)	ventiil	[ʋentiːlʲ]
verstopt raken (ww)	umbe minema	[umbe minema]

gereedschap (het)	tööriistad	[tøːriːsʲtat]
Engelse sleutel (de)	mutrivõti	[mutriʋɔti]
losschroeven (ww)	lahti keerama	[lahti keːrama]
aanschroeven (ww)	kinni keerama	[kinni keːrama]

ontstoppen (riool, enz.)	puhastama	[puhasʲtama]
loodgieter (de)	torulukksepp	[torulukksepp]
kelder (de)	kelder	[kelʲder]
riolering (de)	kanalisatsioon	[kanalisatsioːn]

102. Brand. Vuurzee

brand (de)	tuli	[tuli]
vlam (de)	leek	[leːk]
vonk (de)	säde	[sæde]
rook (de)	suits	[suits]
fakkel (de)	tõrvik	[tɜruik]
kampvuur (het)	lõke	[lɜke]

| benzine (de) | bensiin | [bensiːn] |
| kerosine (de) | petrooleum | [petroːleum] |

brandbaar (bn) ontplofbaar (bn) VERBODEN TE ROKEN!	põlevaine plahvatusohtlik MITTE SUITSETADA!	[pзleuaine] [plahuatusohtlik] [mitte suitsetada!]
veiligheid (de) gevaar (het) gevaarlijk (bn)	tuleohutus oht ohtlik	[tuleohutus] [oht] [ohtlik]
in brand vliegen (ww) explosie (de) in brand steken (ww) brandstichter (de) brandstichting (de)	põlema minema plahvatus süütama süütaja süütamine	[pзlema minema] [plahuatus] [su:tama] [su:taja] [su:tamine]
vlammen (ww) branden (ww) afbranden (ww)	leegitsema põlema maha põlema	[le:gitsema] [pзlema] [maha pзlema]
de brandweer bellen brandweerman (de) brandweerwagen (de) brandweer (de) uitschuifbare ladder (de)	kutsuge tuletõrje tuletõrjuja tuletõrjeauto tuletõrjemeeskond redel	[kutsuge tuletзrje] [tuletзrjuja] [tuletзrjeauto] [tuletзrjeme:skont] [redelʲ]
brandslang (de) brandblusser (de) helm (de) sirene (de)	voolik tulekustuti kiiver sireen	[uo:lik] [tulekusʲtuti] [ki:uer] [sire:n]
roepen (ww) hulp roepen redder (de) redden (ww)	karjuma appi kutsuma päästja päästma	[karjuma] [appi kutsuma] [pæ:sʲtja] [pæ:sʲtma]
aankomen (per auto, enz.) blussen (ww) water (het) zand (het)	kohale sõitma kustutama vesi liiv	[kohale sзitma] [kusʲtutama] [uesi] [li:u]
ruïnes (mv.) instorten (gebouw, enz.) ineenstorten (ww) inzakken (ww)	varemed kokku kukkuma kokku langema kokku varisema	[uaremet] [kokku kukkuma] [kokku langema] [kokku uarisema]
brokstuk (het) as (de)	tükk tuhk	[tukk] [tuhk]
verstikken (ww) omkomen (ww)	lämbuma hukkuma	[lʲæmbuma] [hukkuma]

MENSELIJKE ACTIVITEITEN

Baan. Business. Deel 1

103. Kantoor. Op kantoor werken

kantoor (het)	kontor	[kontor]
kamer (de)	kabinet	[kabinet]
receptie (de)	vastuvõtulaud	[ʋasʲtuʋɔtulaut]
secretaris (de)	sekretär	[sekretær]
directeur (de)	direktor	[direktor]
manager (de)	juht	[juht]
boekhouder (de)	raamatupidaja	[raːmatupidaja]
werknemer (de)	töötaja	[tøːtaja]
meubilair (het)	mööbel	[møːbelʲ]
tafel (de)	laud	[laut]
bureaustoel (de)	tugitool	[tugitoːlʲ]
ladeblok (het)	kapp	[kapp]
kapstok (de)	nagi	[nagi]
computer (de)	arvuti	[arʋuti]
printer (de)	printer	[printer]
fax (de)	faks	[faks]
kopieerapparaat (het)	koopiamasin	[koːpiamasin]
papier (het)	paber	[paber]
kantoorartikelen (mv.)	kantseleikaubad	[kantselejkaubat]
muismat (de)	hiirevaip	[hiːreʋaip]
blad (het)	leht	[leht]
ordner (de)	mapp	[mapp]
catalogus (de)	kataloog	[kataloːg]
telefoongids (de)	teatmik	[teatmik]
documentatie (de)	dokumendid	[dokumendit]
brochure (de)	brošüür	[broʃuːr]
flyer (de)	lendleht	[lentleht]
monster (het), staal (de)	näidis	[næjdis]
training (de)	treening	[treːning]
vergadering (de)	nõupidamine	[nɔupidamine]
lunchpauze (de)	lõunavaheaeg	[lɜunaʋaheaeg]
een kopie maken	koopiat tegema	[koːpiat tegema]
de kopieën maken	paljundama	[paljundama]
een fax ontvangen	faksi saama	[faksi saːma]
een fax versturen	faksi saatma	[faksi saːtma]
opbellen (ww)	helistama	[helisʲtama]

| antwoorden (ww) | vastama | [ʋasˈtama] |
| doorverbinden (ww) | ühendama | [ɵhendama] |

afspreken (ww)	määrama	[mæ:rama]
demonstreren (ww)	demonstreerima	[demonsˈtre:rima]
absent zijn (ww)	puuduma	[pu:duma]
afwezigheid (de)	vahelejätmine	[ʋahelejætmine]

104. Bedrijfsprocessen. Deel 1

bedrijf (business)	äri	[æri]
zaak (de), beroep (het)	asi	[asi]
firma (de)	firma	[firma]
bedrijf (maatschap)	kompanii	[kompani:]
corporatie (de)	korporatsioon	[korporatsio:n]
onderneming (de)	ettevõte	[etteʋɤte]
agentschap (het)	agentuur	[agentu:r]

overeenkomst (de)	leping	[leping]
contract (het)	kontraht	[kontraht]
transactie (de)	tehing	[tehing]
bestelling (de)	tellimus	[telˈimus]
voorwaarde (de)	tingimus	[tingimus]

in het groot (bw)	hulgi	[hulˈgi]
groothandels- (abn)	hulgi-	[hulˈgi-]
groothandel (de)	hulgimüük	[hulˈgimɵ:k]
kleinhandels- (abn)	jae	[jae]
kleinhandel (de)	jaemüük	[jaemɵ:k]

concurrent (de)	konkurent	[konkurent]
concurrentie (de)	konkurents	[konkurents]
concurreren (ww)	konkureerima	[konkure:rima]

| partner (de) | partner | [partner] |
| partnerschap (het) | partnerlus | [partnerlus] |

crisis (de)	kriis	[kri:s]
bankroet (het)	pankrot	[pankrot]
bankroet gaan (ww)	pankrotistuma	[pankrotisˈtuma]
moeilijkheid (de)	raskus	[raskus]
probleem (het)	probleem	[proble:m]
catastrofe (de)	katastroof	[katasˈtro:f]

economie (de)	majandus	[majandus]
economisch (bn)	majanduslik	[majanduslik]
economische recessie (de)	majanduslangus	[majanduslangus]

| doel (het) | eesmärk | [e:smærk] |
| taak (de) | ülesanne | [ɵlesanne] |

handelen (handel drijven)	kauplema	[kauplema]
netwerk (het)	võrk	[ʋɤrk]
voorraad (de)	ladu	[ladu]

assortiment (het)	valik	[ʋalik]
leider (de)	liider	[li:der]
groot (bn)	suur	[su:r]
monopolie (het)	monopol	[monopolʲ]

theorie (de)	teooria	[teo:ria]
praktijk (de)	praktika	[praktika]
ervaring (de)	kogemus	[kogemus]
tendentie (de)	trend	[trent]
ontwikkeling (de)	areng	[areng]

105. Bedrijfsprocessen. Deel 2

| voordeel (het) | kasu | [kasu] |
| voordelig (bn) | kasulik | [kasulik] |

delegatie (de)	delegatsioon	[delegatsio:n]
salaris (het)	töötasu	[tø:tasu]
corrigeren (fouten ~)	parandama	[parandama]
zakenreis (de)	lähetus	[lʲæhetus]
commissie (de)	komisjon	[komisjon]

controleren (ww)	kontrollima	[kontrolʲima]
conferentie (de)	konverents	[konʋerents]
licentie (de)	litsents	[litsents]
betrouwbaar (partner, enz.)	usaldusväärne	[usalʲdusʋæ:rne]

aanzet (de)	algatus	[alʲgatus]
norm (bijv. ~ stellen)	norm	[norm]
omstandigheid (de)	asjaolu	[asjaolu]
taak, plicht (de)	kohustus	[kohusʲtus]

organisatie (bedrijf, zaak)	organisatsioon	[organisatsio:n]
organisatie (proces)	korraldamine	[korralʲdamine]
georganiseerd (bn)	organiseeritud	[organise:ritut]
afzegging (de)	ärajätmine	[ærajætmine]
afzeggen (ww)	ära jätma	[æra jætma]
verslag (het)	aruanne	[aruanne]

patent (het)	patent	[patent]
patenteren (ww)	patenti saama	[patenti sa:ma]
plannen (ww)	planeerima	[plane:rima]

premie (de)	preemia	[pre:mia]
professioneel (bn)	professionaalne	[professiona:lʲne]
procedure (de)	protseduur	[protsedu:r]

onderzoeken (contract, enz.)	läbi vaatama	[lʲæbi ʋa:tama]
berekening (de)	arvestus	[arʋesʲtus]
reputatie (de)	reputatsioon	[reputatsio:n]
risico (het)	risk	[risk]

| beheren (managen) | juhtima | [juhtima] |
| informatie (de) | andmed | [andmet] |

| eigendom (bezit) | omand | [omant] |
| unie (de) | liit | [li:t] |

levensverzekering (de)	elukindlustus	[elukintlusⁱtus]
verzekeren (ww)	kindlustama	[kintlusⁱtama]
verzekering (de)	kindlustus	[kintlusⁱtus]

veiling (de)	oksjon	[oksjon]
verwittigen (ww)	teavitama	[teaʋitama]
beheer (het)	juhtimine	[juhtimine]
dienst (de)	teenus	[te:nus]

forum (het)	foorum	[fo:rum]
functioneren (ww)	funktsioneerima	[funktsione:rima]
stap, etappe (de)	etapp	[etapp]
juridisch (bn)	juriidiline	[juri:diline]
jurist (de)	jurist	[jurisⁱt]

106. Productie. Werken

industriële installatie (fabriek)	tehas	[tehas]
fabriek (de)	vabrik	[ʋabrik]
werkplaatsruimte (de)	tsehh	[tsehh]
productielocatie (de)	tootmine	[to:tmine]

industrie (de)	tööstus	[tø:sⁱtus]
industrieel (bn)	tööstuslik	[tø:sⁱtuslik]
zware industrie (de)	rasketööstus	[rasketø:sⁱtus]
lichte industrie (de)	kergetööstus	[kergetø:sⁱtus]

productie (de)	toodang	[to:dang]
produceren (ww)	tootma	[to:tma]
grondstof (de)	tooraine	[to:raine]

voorman, ploegbaas (de)	brigadir	[brigadir]
ploeg (de)	brigaad	[briga:t]
arbeider (de)	tööline	[tø:line]

werkdag (de)	tööpäev	[tø:pææʋ]
pauze (de)	seisak	[sejsak]
samenkomst (de)	koosolek	[ko:solek]
bespreken (spreken over)	arutama	[arutama]

plan (het)	plaan	[pla:n]
het plan uitvoeren	plaani täitma	[pla:ni tæjtma]
productienorm (de)	norm	[norm]
kwaliteit (de)	kvaliteet	[kʋalite:t]
controle (de)	kontroll	[kontrolʲ]
kwaliteitscontrole (de)	kvaliteedikontroll	[kʋalite:dikontrolʲ]

arbeidsveiligheid (de)	tööohutus	[tø:ohutus]
discipline (de)	distsipliin	[disⁱtsipli:n]
overtreding (de)	rikkumine	[rikkumine]
overtreden (ww)	rikkuma	[rikkuma]

staking (de)	**streik**	[sⁱtrejk]
staker (de)	**streikija**	[sⁱtrejkija]
staken (ww)	**streikima**	[sⁱtrejkima]
vakbond (de)	**ametiühing**	[ametiühing]

uitvinden (machine, enz.)	**leiutama**	[lejutama]
uitvinding (de)	**leiutis**	[lejutis]
onderzoek (het)	**uurimine**	[u:rimine]
verbeteren (beter maken)	**parendama**	[parendama]
technologie (de)	**tehnoloogia**	[tehnolo:gia]
technische tekening (de)	**joonis**	[jo:nis]

vracht (de)	**koorem**	[ko:rem]
lader (de)	**laadija**	[la:dija]
laden (vrachtwagen)	**laadima**	[la:dima]
laden (het)	**laadimine**	[la:dimine]
lossen (ww)	**maha laadima**	[maha la:dima]
lossen (het)	**mahalaadimine**	[mahala:dimine]

transport (het)	**transport**	[transport]
transportbedrijf (de)	**transpordikompanii**	[transpordikompani:]
transporteren (ww)	**transportima**	[transportima]

goederenwagon (de)	**vagun**	[ʋagun]
tank (bijv. ketelwagen)	**tsistern**	[tsisⁱtern]
vrachtwagen (de)	**veoauto**	[ʋeoauto]

machine (de)	**tööpink**	[tø:pink]
mechanisme (het)	**mehhanism**	[mehhanism]

industrieel afval (het)	**jäätmed**	[jæ:tmet]
verpakking (de)	**pakkimine**	[pakkimine]
verpakken (ww)	**pakkima**	[pakkima]

107. Contract. Overeenstemming

contract (het)	**kontraht**	[kontraht]
overeenkomst (de)	**kokkulepe**	[kokkulepe]
bijlage (de)	**lisa**	[lisa]

een contract sluiten	**kontrahti sõlmima**	[kontrahti sɜlⁱmima]
handtekening (de)	**allkiri**	[alⁱkiri]
ondertekenen (ww)	**allkirjastama**	[alⁱkirjasⁱtama]
stempel (de)	**pitsat**	[pitsat]

voorwerp (het) van de overeenkomst	**lepingu objekt**	[lepingu objekt]
clausule (de)	**punkt**	[punkt]
partijen (mv.)	**osapooled**	[osapo:let]
vestigingsadres (het)	**juriidiline aadress**	[juri:diline a:dress]

het contract verbreken (overtreden)	**kontrahti rikkuma**	[kontrahti rikkuma]
verplichting (de)	**kohustus**	[kohusⁱtus]

verantwoordelijkheid (de)	vastutus	[ʋasˈtutus]
overmacht (de)	vääramatu jõud	[ʋæː.ramatu jʒut]
geschil (het)	vaidlus	[ʋaitlus]
sancties (mv.)	karistusmeetmed	[karisˈtusme:tmet]

108. Import & Export

import (de)	sissevedu	[sisseʋedu]
importeur (de)	sissevedaja	[sisseʋedaja]
importeren (ww)	sisse vedama	[sisse ʋedama]
import- (abn)	sissevedu	[sisseʋedu]

uitvoer (export)	eksport	[eksport]
exporteur (de)	eksportöör	[eksportø:r]
exporteren (ww)	eksportima	[eksportima]
uitvoer- (bijv., ~goederen)	ekspordi-	[ekspordi-]

| goederen (mv.) | kaup | [kaup] |
| partij (de) | partii | [parti:] |

gewicht (het)	kaal	[ka:lʲ]
volume (het)	maht	[maht]
kubieke meter (de)	kuupmeeter	[ku:pme:ter]

producent (de)	tootja	[to:tja]
transportbedrijf (de)	transpordikompanii	[transpordikompani:]
container (de)	konteiner	[kontejner]

grens (de)	riigipiir	[ri:gipi:r]
douane (de)	toll	[tolʲ]
douanerecht (het)	tollilõiv	[tolʲilʒiʋ]
douanier (de)	tolliametnik	[tolʲiametnik]
smokkelen (het)	salakaubandus	[salakaubandus]
smokkelwaar (de)	salakaup	[salakaup]

109. Financiën

aandeel (het)	aktsia	[aktsia]
obligatie (de)	obligatsioon	[obligatsio:n]
wissel (de)	veksel	[ʋekselʲ]

| beurs (de) | börs | [børs] |
| aandelenkoers (de) | aktsiate kurss | [aktsiate kurss] |

| dalen (ww) | odavnema | [odaʋnema] |
| stijgen (ww) | kallinema | [kalʲinema] |

deel (het)	osak	[osak]
meerderheidsbelang (het)	kontrollpakk	[kontrolʲpakk]
investeringen (mv.)	investeeringud	[inʋesˈte:ringut]
investeren (ww)	investeerima	[inʋesˈte:rima]
procent (het)	protsent	[protsent]

rente (de)	protsendid	[protsendit]
winst (de)	kasum	[kasum]
winstgevend (bn)	kasumiga	[kasumiga]
belasting (de)	maks	[maks]

valuta (vreemde ~)	valuuta	[ʋalu:ta]
nationaal (bn)	rahvuslik	[rahʋuslik]
ruil (de)	vahetus	[ʋahetus]

| boekhouder (de) | raamatupidaja | [ra:matupidaja] |
| boekhouding (de) | raamatupidamine | [ra:matupidamine] |

bankroet (het)	pankrot	[pankrot]
ondergang (de)	nurjumine	[nurjumine]
faillissement (het)	laostumine	[laosˈtumine]
geruïneerd zijn (ww)	laostuma	[laosˈtuma]
inflatie (de)	inflatsioon	[inflatsio:n]
devaluatie (de)	devalvatsioon	[deʋalʲʋatsio:n]

kapitaal (het)	kapital	[kapitalʲ]
inkomen (het)	tulu	[tulu]
omzet (de)	käive	[kæjʋe]
middelen (mv.)	ressursid	[ressursit]
financiële middelen (mv.)	rahalised vahendid	[rahaliset ʋahendit]
operationele kosten (mv.)	üldkulud	[ʉlʲdkulut]
reduceren (kosten ~)	vähendama	[ʋæhendama]

110. Marketing

marketing (de)	turu-uurimine	[turu-u:rimine]
markt (de)	turg	[turg]
marktsegment (het)	turuosa	[turuosa]
product (het)	toode	[to:de]
goederen (mv.)	kaup	[kaup]

merk (het)	bränd	[brænt]
handelsmerk (het)	kaubamärk	[kaubamærk]
beeldmerk (het)	firmamärk	[firmamærk]
logo (het)	logotüüp	[logotʉ:p]

vraag (de)	nõudmine	[nɔudmine]
aanbod (het)	pakkumine	[pakkumine]
behoefte (de)	vajadus	[ʋajadus]
consument (de)	tarbija	[tarbija]

| analyse (de) | analüüs | [analʉ:s] |
| analyseren (ww) | analüüsima | [analʉ:sima] |

| positionering (de) | positsioneerimine | [positsione:rimine] |
| positioneren (ww) | positsioneerima | [positsione:rima] |

prijs (de)	hind	[hint]
prijspolitiek (de)	hinnapoliitika	[hinnapoli:tika]
prijsvorming (de)	hinnakujundamine	[hinnakujundamine]

111. Reclame

reclame (de)	reklaam	[rekla:m]
adverteren (ww)	reklaamima	[rekla:mima]
budget (het)	eelarve	[e:larʋe]
advertentie, reclame (de)	reklaam	[rekla:m]
TV-reclame (de)	telereklaam	[telerekla:m]
radioreclame (de)	raadioreklaam	[ra:diorekla:m]
buitenreclame (de)	välisreklaam	[ʋælisrekla:m]
massamedia (de)	massiteabevahendid	[massiteabeʋahendit]
periodiek (de)	perioodilised väljaanded	[perio:diliset ʋælja:ndet]
imago (het)	imago	[imago]
slagzin (de)	loosung	[lo:sung]
motto (het)	juhtlause	[juhtlause]
campagne (de)	kampaania	[kampa:nia]
reclamecampagne (de)	reklaamikampaania	[rekla:mikampa:nia]
doelpubliek (het)	huvirühm	[huʋirʉhm]
visitekaartje (het)	visiitkaart	[ʋisi:tka:rt]
flyer (de)	lendleht	[lentleht]
brochure (de)	brošüür	[broʃʉ:r]
folder (de)	buklett	[buklett]
nieuwsbrief (de)	bülletään	[bʉlˈetæ:n]
gevelreclame (de)	silt	[silˈt]
poster (de)	plakat	[plakat]
aanplakbord (het)	reklaamtahvel	[rekla:mtahʋelˈ]

112. Bankieren

bank (de)	pank	[pank]
bankfiliaal (het)	osakond	[osakont]
bankbediende (de)	konsultant	[konsulˈtant]
manager (de)	juhataja	[juhataja]
bankrekening (de)	pangakonto	[pangakonto]
rekeningnummer (het)	arve number	[arʋe number]
lopende rekening (de)	jooksev arve	[jo:kseʋ arʋe]
spaarrekening (de)	kogumisarve	[kogumisarʋe]
een rekening openen	arvet avama	[arʋet aʋama]
de rekening sluiten	arvet lõpetama	[arʋet lɜpetama]
op rekening storten	arvele panema	[arʋele panema]
opnemen (ww)	arvelt võtma	[arʋelˈt ʋɜtma]
storting (de)	hoius	[hojus]
een storting maken	hoiust tegema	[hojusˈt tegema]
overschrijving (de)	ülekanne	[ʉlekanne]

een overschrijving maken	üle kandma	[ʉle kandma]
som (de)	summa	[summa]
Hoeveel?	Kui palju?	[kui palju?]

| handtekening (de) | allkiri | [alʲkiri] |
| ondertekenen (ww) | allkirjastama | [alʲkirjasʲtama] |

kredietkaart (de)	krediidikaart	[kredi:dika:rt]
code (de)	kood	[ko:t]
kredietkaartnummer (het)	krediidikaardi number	[kredi:dika:rdi number]
geldautomaat (de)	pangaautomaat	[panga:utoma:t]

cheque (de)	tšekk	[tʃekk]
een cheque uitschrijven	tšekki välja kirjutama	[tʃekki vælja kirjutama]
chequeboekje (het)	tšekiraamat	[tʃekira:mat]

lening, krediet (de)	pangalaen	[pangalaen]
een lening aanvragen	laenu taotlema	[laenu taotlema]
een lening nemen	laenu võtma	[laenu vɔtma]
een lening verlenen	laenu andma	[laenu andma]
garantie (de)	tagatis	[tagatis]

113. Telefoon. Telefoongesprek

telefoon (de)	telefon	[telefon]
mobieltje (het)	mobiiltelefon	[mobi:lʲtelefon]
antwoordapparaat (het)	automaatvastaja	[automa:tʊasʲtaja]

| bellen (ww) | helistama | [helisʲtama] |
| belletje (telefoontje) | telefonihelin | [telefonihelin] |

een nummer draaien	numbrit valima	[numbrit ʋalima]
Hallo!	hallo!	[halʲo!]
vragen (ww)	küsima	[kʉsima]
antwoorden (ww)	vastama	[ʋasʲtama]
horen (ww)	kuulma	[ku:lʲma]
goed (bw)	hästi	[hæsʲti]
slecht (bw)	halvasti	[halʲʊasʲti]
storingen (mv.)	häired	[hæjret]

hoorn (de)	telefonitoru	[telefonitoru]
opnemen (ww)	toru hargilt võtma	[toru hargilʲt ʊɔtma]
ophangen (ww)	toru hargile panema	[toru hargile panema]

bezet (bn)	liin on kinni	[li:n on kinni]
overgaan (ww)	telefon heliseb	[telefon heliseb]
telefoonboek (het)	telefoniraamat	[telefonira:mat]

lokaal (bn)	kohalik	[kohalik]
lokaal gesprek (het)	kohalik kõne	[kohalik kɜne]
interlokaal (bn)	kauge-	[kauge-]
interlokaal gesprek (het)	kaugekõne	[kaugekɜne]
buitenlands (bn)	rahvusvaheline	[rahʊusʊaheline]
buitenlands gesprek (het)	rahvusvaheline kõne	[rahʊusʊaheline kɜne]

114. Mobiele telefoon

mobieltje (het)	mobiiltelefon	[mobi:lʲtelefon]
scherm (het)	kuvar	[kuʋar]
toets, knop (de)	nupp	[nupp]
simkaart (de)	SIM-kaart	[sim-ka:rt]
batterij (de)	patarei	[patarej]
leeg zijn (ww)	tühjaks minema	[tʉhjaks minema]
acculader (de)	laadimisseade	[la:dimisseade]
menu (het)	menüü	[menʉ:]
instellingen (mv.)	häälestused	[hæ:lesʲtuset]
melodie (beltoon)	viis	[ʋi:s]
selecteren (ww)	valima	[ʋalima]
rekenmachine (de)	kalkulaator	[kalʲkula:tor]
voicemail (de)	automaatvastaja	[automa:tʋasʲtaja]
wekker (de)	äratuskell	[æratuskelʲ]
contacten (mv.)	telefoniraamat	[telefonira:mat]
SMS-bericht (het)	SMS-sõnum	[sms-sɜnum]
abonnee (de)	abonent	[abonent]

115. Schrijfbehoeften

balpen (de)	pastakas	[pasʲtakas]
vulpen (de)	sulepea	[sulepea]
potlood (het)	pliiats	[pli:ats]
marker (de)	marker	[marker]
viltstift (de)	viltpliiats ·	[ʋilʲtpli:ats]
notitieboekje (het)	klade	[klade]
agenda (boekje)	päevik	[pæeʋik]
liniaal (de/het)	joonlaud	[jo:nlaut]
rekenmachine (de)	kalkulaator	[kalʲkula:tor]
gom (de)	kustutuskumm	[kusʲtutuskumm]
punaise (de)	rõhknael	[rɜhknaelʲ]
paperclip (de)	kirjaklamber	[kirjaklamber]
lijm (de)	liim	[li:m]
nietmachine (de)	stepler	[sʲtepler]
perforator (de)	auguraud	[auguraut]
potloodslijper (de)	pliiatsiteritaja	[pli:atsiteritaja]

116. Verschillende soorten documenten

verslag (het)	aruanne	[aruanne]
overeenkomst (de)	kokkulepe	[kokkulepe]

aanvraagformulier (het)	tellimusavaldus	[telʲimusaʋalʲdus]
origineel, authentiek (bn)	originaaldokument	[origina:lʲdokument]
badge, kaart (de)	nimesilt	[nimesilʲt]
visitekaartje (het)	visiitkaart	[ʋisi:tka:rt]
certificaat (het)	sertifikaat	[sertifika:t]
cheque (de)	pangatšekk	[pangatʃekk]
rekening (in restaurant)	arve	[arʋe]
grondwet (de)	konstitutsioon	[konsʲtitutsio:n]
contract (het)	leping	[leping]
kopie (de)	ärakiri	[ærakiri]
exemplaar (het)	eksemplar	[eksemplar]
douaneaangifte (de)	deklaratsioon	[deklaratsio:n]
document (het)	dokument	[dokument]
rijbewijs (het)	juhiload	[juhiloat]
bijlage (de)	lisa	[lisa]
formulier (het)	ankeet	[anke:t]
identiteitskaart (de)	tõend	[tɜent]
aanvraag (de)	järelepärimine	[jærelepærimine]
uitnodigingskaart (de)	kutse	[kutse]
factuur (de)	arve	[arʋe]
wet (de)	seadus	[seadus]
brief (de)	kiri	[kiri]
briefhoofd (het)	plank	[plank]
lijst (de)	nimekiri	[nimekiri]
manuscript (het)	käsikiri	[kæsikiri]
nieuwsbrief (de)	bülletään	[bʉlʲletæ:n]
briefje (het)	sedel	[sedelʲ]
pasje (voor personeel, enz.)	sissepääsuluba	[sissepæ:suluba]
paspoort (het)	pass	[pass]
vergunning (de)	luba	[luba]
CV, curriculum vitae (het)	eluookirjeldus	[elulo:kirjelʲdus]
schuldbekentenis (de)	vastuvõtmist	[ʋasʲtuʋɜtmisʲt
	tõendav allkiri	tɜendaʋ alʲkiri]
kwitantie (de)	kviitung	[kʋi:tung]
bon (kassabon)	kassatšekk	[kassatʃekk]
rapport (het)	raport	[raport]
tonen (paspoort, enz.)	esitama	[esitama]
ondertekenen (ww)	allkirjastama	[alʲkirjasʲtama]
handtekening (de)	allkiri	[alʲkiri]
stempel (de)	pitsat	[pitsat]
tekst (de)	tekst	[teksʲt]
biljet (het)	pilet	[pilet]
doorhalen (doorstrepen)	maha tõmbama	[maha tɜmbama]
invullen (een formulier ~)	täitma	[tæjtma]
vrachtbrief (de)	saateleht	[sa:teleht]
testament (het)	testament	[tesʲtament]

117. Soorten bedrijven

uitzendbureau (het)	kaadriagentuur	[ka:driagentu:r]
bewakingsfirma (de)	turvafirma	[turʋafirma]
persbureau (het)	teadete agentuur	[teadete agentu:r]
reclamebureau (het)	reklaamiagentuur	[rekla:miagentu:r]
antiek (het)	antikvariaat	[antikʋaria:t]
verzekering (de)	kindlustus	[kintlusʲtus]
naaiatelier (het)	ateljee	[atelje:]
banken (mv.)	pangandus	[pangandus]
bar (de)	baar	[ba:r]
bouwbedrijven (mv.)	ehitus	[ehitus]
juwelen (mv.)	juveelikaubad	[juʋe:likaubat]
juwelier (de)	juveliir	[juʋeli:r]
wasserette (de)	pesumaja	[pesumaja]
alcoholische dranken (mv.)	alkohoolsed joogid	[alʲkoho:lʲset jo:git]
nachtclub (de)	ööklubi	[ø:klubi]
handelsbeurs (de)	börs	[børs]
bierbrouwerij (de)	õlletehas	[ɜlʲetehas]
uitvaartcentrum (het)	matusebüroo	[matusebʉro:]
casino (het)	kasiino	[kasi:no]
zakencentrum (het)	ärikeskus	[ærikeskus]
bioscoop (de)	kino	[kino]
airconditioning (de)	konditsioneerid	[konditsione:rit]
handel (de)	kaubandus	[kaubandus]
luchtvaartmaatschappij (de)	lennukompanii	[lennukompani:]
adviesbureau (het)	konsulteerimine	[konsulʲte:rimine]
koerierdienst (de)	kulleriteenistus	[kulʲerite:nisʲtus]
tandheelkunde (de)	stomatoloogia	[sʲtomatolo:gia]
design (het)	disain	[disain]
business school (de)	majanduskool	[majandusko:lʲ]
magazijn (het)	ladu	[ladu]
kunstgalerie (de)	galerii	[galeri:]
ijsje (het)	jäätis	[jæ:tis]
hotel (het)	hotell	[hotelʲ]
vastgoed (het)	kinnisvara	[kinnisʋara]
drukkerij (de)	polügraafia	[polʉgra:fia]
industrie (de)	tööstus	[tø:sʲtus]
Internet (het)	internet	[internet]
investeringen (mv.)	investeeringud	[inʋesʲte:ringut]
krant (de)	ajaleht	[ajaleht]
boekhandel (de)	raamatukauplus	[ra:matukauplus]
lichte industrie (de)	kergetööstus	[kergetø:sʲtus]
winkel (de)	kauplus	[kauplus]
uitgeverij (de)	kirjastus	[kirjasʲtus]
medicijnen (mv.)	meditsiin	[meditsi:n]

meubilair (het)	**mööbel**	[mø:belʲ]
museum (het)	**muuseum**	[mu:seum]
olie (aardolie)	**nafta**	[nafta]
apotheek (de)	**apteek**	[apte:k]
farmacie (de)	**farmaatsia**	[farma:tsia]
zwembad (het)	**bassein**	[bassejn]
stomerij (de)	**keemiline puhastus**	[ke:miline puhasʲtus]
voedingswaren (mv.)	**toiduained**	[tojduainet]
reclame (de)	**reklaam**	[rekla:m]
radio (de)	**raadio**	[ra:dio]
afvalinzameling (de)	**prügivedu**	[prʉgiʋedu]
restaurant (het)	**restoran**	[resʲtoran]
tijdschrift (het)	**ajakiri**	[ajakiri]
schoonheidssalon (de/het)	**ilusalong**	[ilusalong]
financiële diensten (mv.)	**finantsteenused**	[finantsʲte:nuset]
juridische diensten (mv.)	**õigusabi**	[ɜigusabi]
boekhouddiensten (mv.)	**raamatupidamisteenused**	[ra:matupidamisʲte:nuset]
audit diensten (mv.)	**audititeenused**	[auditite:nuset]
sport (de)	**sport**	[sport]
supermarkt (de)	**supermarket**	[supermarket]
televisie (de)	**televisioon**	[teleʋisio:n]
theater (het)	**teater**	[teater]
toerisme (het)	**turism**	[turism]
transport (het)	**kaubavedu**	[kaubaʋedu]
postorderbedrijven (mv.)	**kataloogikaubandus**	[katalo:gikaubandus]
kleding (de)	**riided**	[ri:det]
dierenarts (de)	**loomaarst**	[lo:ma:rsʲt]

Baan. Business. Deel 2

118. Show. Tentoonstelling

beurs (de)	näitus	[næjtus]
vakbeurs, handelsbeurs (de)	kaubandusnäitus	[kaubandusnæjtus]
deelneming (de)	osavõtt	[osavɜtt]
deelnemen (ww)	osa võtma	[osa vɜtma]
deelnemer (de)	osavõtja	[osavɜtja]
directeur (de)	direktor	[direktor]
organisatiecomité (het)	korraldajate kontor	[korralʲdajate kontor]
organisator (de)	korraldaja	[korralʲdaja]
organiseren (ww)	korraldama	[korralʲdama]
deelnemingsaanvraag (de)	osavõtuavaldus	[osavɜtuavalʲdus]
invullen (een formulier ~)	täitma	[tæjtma]
details (mv.)	üksikasjad	[ʉksikasjat]
informatie (de)	teave	[teave]
prijs (de)	hind	[hint]
inclusief (bijv. ~ BTW)	kaasa arvatud	[ka:sa arvatut]
inbegrepen (alles ~)	sisaldama	[sisalʲdama]
betalen (ww)	maksma	[maksma]
registratietarief (het)	registreerimistasu	[regisʲtre:rimisʲtasu]
ingang (de)	sissepääs	[sissepæ:s]
paviljoen (het), hal (de)	paviljon	[paviljon]
registreren (ww)	registreerima	[regisʲtre:rima]
badge, kaart (de)	nimesilt	[nimesilʲt]
beursstand (de)	stend	[sʲtent]
reserveren (een stand ~)	reserveerima	[reserve:rima]
vitrine (de)	vitriin	[vitri:n]
licht (het)	lamp	[lamp]
design (het)	disain	[disain]
plaatsen (ww)	paigutama	[paigutama]
geplaatst zijn (ww)	paigaldama	[paigalʲdama]
distributeur (de)	maaletooja	[ma:leto:ja]
leverancier (de)	tarnija	[tarnija]
leveren (ww)	tarnima	[tarnima]
land (het)	riik	[ri:k]
buitenlands (bn)	välismaine	[vælismaine]
product (het)	toode	[to:de]
associatie (de)	assotsiatsioon	[assotsiatsio:n]
conferentiezaal (de)	konverentsisaal	[konverentsisa:lʲ]

| congres (het) | kongress | [kongress] |
| wedstrijd (de) | konkurss | [konkurss] |

bezoeker (de)	külastaja	[kᵾlasꞮtaja]
bezoeken (ww)	külastama	[kᵾlasꞮtama]
afnemer (de)	tellija	[telꞮija]

119. Massamedia

krant (de)	ajaleht	[ajaleht]
tijdschrift (het)	ajakiri	[ajakiri]
pers (gedrukte media)	press	[press]
radio (de)	raadio	[ra:dio]
radiostation (het)	raadiojaam	[ra:dioja:m]
televisie (de)	televisioon	[teleᴜisio:n]

presentator (de)	saatejuht	[sa:tejuht]
nieuwslezer (de)	diktor	[diktor]
commentator (de)	kommentaator	[kommenta:tor]

journalist (de)	ajakirjanik	[ajakirjanik]
correspondent (de)	korrespondent	[korrespondent]
fotocorrespondent (de)	fotokorrespondent	[fotokorrespondent]
reporter (de)	reporter	[reporter]

| redacteur (de) | toimetaja | [tojmetaja] |
| chef-redacteur (de) | peatoimetaja | [peatojmetaja] |

zich abonneren op	tellima	[telꞮima]
abonnement (het)	tellimine	[telꞮimine]
abonnee (de)	tellija	[telꞮija]
lezen (ww)	lugema	[lugema]
lezer (de)	lugeja	[lugeja]

oplage (de)	tiraaž	[tira:ʒ]
maand-, maandelijks (bn)	igakuine	[igakuine]
wekelijks (bn)	iganädalane	[iganædalane]
nummer (het)	number	[number]
vers (~ van de pers)	värske	[ᴜærske]

kop (de)	pealkiri	[pealꞮkiri]
korte artikel (het)	sõnum	[sɜnum]
rubriek (de)	rubriik	[rubri:k]
artikel (het)	artikkel	[artikkelꞮ]
pagina (de)	lehekülg	[lehekᵾlꞮg]

reportage (de)	reportaaž	[reporta:ʒ]
gebeurtenis (de)	sündmus	[sᵾndmus]
sensatie (de)	sensatsioon	[sensatsio:n]
schandaal (het)	skandaal	[skanda:lꞮ]
schandalig (bn)	skandaalne	[skanda:lꞮne]
groot (~ schandaal, enz.)	kõmuline	[kɜmuline]
programma (het)	saade	[sa:de]
interview (het)	intervjuu	[interᴜju:]

live uitzending (de)	otseülekanne	[otseülekanne]
kanaal (het)	kanal	[kanalʲ]

120. Landbouw

landbouw (de)	põllumajandus	[pɜlʲumajandus]
boer (de)	talumees	[talume:s]
boerin (de)	talunaine	[talunaine]
landbouwer (de)	talunik	[talunik]

tractor (de)	traktor	[traktor]
maaidorser (de)	kombain	[kombain]

ploeg (de)	sahk	[sahk]
ploegen (ww)	kündma	[kʉndma]
akkerland (het)	künnimaa	[kʉnnima:]
voor (de)	vagu	[ʋagu]

zaaien (ww)	külvama	[kʉlʲʋama]
zaaimachine (de)	külvik	[kʉlʲʋik]
zaaien (het)	külv	[kʉlʲʋ]

zeis (de)	vikat	[ʋikat]
maaien (ww)	niitma	[ni:tma]

schop (de)	labidas	[labidas]
spitten (ww)	kaevama	[kaeʋama]

schoffel (de)	kõbla	[kɜbla]
wieden (ww)	rohima	[rohima]
onkruid (het)	umbrohi	[umbrohi]

gieter (de)	kastekann	[kasʲtekann]
begieten (water geven)	kastma	[kasʲtma]
bewatering (de)	kastmine	[kasʲtmine]

riek, hooivork (de)	vigla	[ʋigla]
hark (de)	reha	[reha]

kunstmest (de)	väetis	[ʋæætis]
bemesten (ww)	väetama	[ʋæætama]
mest (de)	sõnnik	[sɜnnik]

veld (het)	põld	[pɜlʲt]
wei (de)	luht	[luht]
moestuin (de)	aiamaa	[aiama:]
boomgaard (de)	aed	[aet]

weiden (ww)	karjatama	[karjatama]
herder (de)	karjus	[karjus]
weiland (de)	karjamaa	[karjama:]

veehouderij (de)	loomakasvatus	[lo:makasʋatus]
schapenteelt (de)	lambakasvatus	[lambakasʋatus]

plantage (de)	istandus	[is'tandus]
rijtje (het)	peenar	[pe:nar]
broeikas (de)	kasvuhoone	[kasʋuho:ne]

| droogte (de) | põud | [pɜut] |
| droog (bn) | põuane | [pɜuane] |

graan (het)	teravili	[teraʋili]
graangewassen (mv.)	viljad	[ʋiljat]
oogsten (ww)	koristama	[koris'tama]

molenaar (de)	mölder	[møl'der]
molen (de)	veski	[ʋeski]
malen (graan ~)	vilja jahvatama	[ʋilja jahʋatama]
bloem (bijv. tarwebloem)	jahu	[jahu]
stro (het)	õled	[ɜlet]

121. Gebouw. Bouwproces

bouwplaats (de)	ehitus	[ehitus]
bouwen (ww)	ehitama	[ehitama]
bouwvakker (de)	ehitaja	[ehitaja]

project (het)	projekt	[projekt]
architect (de)	arhitekt	[arhitekt]
arbeider (de)	tööline	[tø:line]

fundering (de)	vundament	[ʋundament]
dak (het)	katus	[katus]
heipaal (de)	vai	[ʋai]
muur (de)	sein	[sejn]

| betonstaal (het) | armatuur | [armatu:r] |
| steigers (mv.) | tellingud | [tel'ingut] |

beton (het)	betoon	[beto:n]
graniet (het)	graniit	[grani:t]
steen (de)	kivi	[kiʋi]
baksteen (de)	telliskivi	[tel'iskiʋi]

zand (het)	liiv	[li:ʋ]
cement (de/het)	tsement	[tsement]
pleister (het)	krohv	[krohʋ]
pleisteren (ww)	krohvima	[krohʋima]

verf (de)	värv	[ʋærʋ]
verven (muur ~)	värvima	[ʋærʋima]
ton (de)	tünn	[tʉnn]

kraan (de)	kraana	[kra:na]
heffen, hijsen (ww)	tõstma	[tɜs'tma]
neerlaten (ww)	alla laskma	[al'æ laskma]
bulldozer (de)	buldooser	[bul'do:ser]
graafmachine (de)	ekskavaator	[ekskaʋa:tor]

graafbak (de)	kopp	[kopp]
graven (tunnel, enz.)	kaevama	[kaeʋama]
helm (de)	kiiver	[ki:ʋer]

122. Wetenschap. Onderzoek. Wetenschappers

wetenschap (de)	teadus	[teadus]
wetenschappelijk (bn)	teaduslik	[teaduslik]
wetenschapper (de)	teadlane	[teatlane]
theorie (de)	teooria	[teo:ria]

axioma (het)	aksioom	[aksio:m]
analyse (de)	analüüs	[analʉ:s]
analyseren (ww)	analüüsima	[analʉ:sima]
argument (het)	argument	[argument]
substantie (de)	aine	[aine]

hypothese (de)	hüpotees	[hʉpote:s]
dilemma (het)	dilemma	[dilemma]
dissertatie (de)	väitekiri	[ʋæjtekiri]
dogma (het)	dogma	[dogma]

doctrine (de)	doktriin	[doktri:n]
onderzoek (het)	uurimine	[u:rimine]
onderzoeken (ww)	uurima	[u:rima]
toetsing (de)	katse	[katse]
laboratorium (het)	labor	[labor]

methode (de)	meetod	[me:tot]
molecule (de/het)	molekul	[molekulʲ]
monitoring (de)	seire	[sejre]
ontdekking (de)	avastus	[aʋasʲtus]

postulaat (het)	postulaat	[posʲtula:t]
principe (het)	põhimõte	[pɜhimɜte]
voorspelling (de)	prognoos	[progno:s]
een prognose maken	prognoosima	[progno:sima]

synthese (de)	süntees	[sʉnte:s]
tendentie (de)	trend	[trent]
theorema (het)	teoreem	[teore:m]

leerstellingen (mv.)	õpetus	[ɜpetus]
feit (het)	tõsiasi	[tɜsiasi]

expeditie (de)	ekspeditsioon	[ekspeditsio:n]
experiment (het)	eksperiment	[eksperiment]

academicus (de)	akadeemik	[akade:mik]
bachelor (bijv. BA, LLB)	bakalaureus	[bakalaureus]
doctor (de)	doktor	[doktor]
universitair docent (de)	dotsent	[dotsent]
master, magister (de)	magister	[magisʲter]
professor (de)	professor	[professor]

Beroepen en ambachten

baan (de)	töö	[tø:]
personeel (het)	koosseis	[ko:ssejs]
carrière (de)	karjäär	[karjæ:r]
vooruitzichten (mv.)	perspektiiv	[perspekti:ʋ]
meesterschap (het)	meisterlikkus	[mejsˈterlikkus]
keuze (de)	valik	[ʋalik]
uitzendbureau (het)	kaadriagentuur	[ka:driagentu:r]
CV, curriculum vitae (het)	elulookirjeldus	[elulo:kirjelˈdus]
sollicitatiegesprek (het)	tööintervjuu	[tø:interʋju:]
vacature (de)	vakants	[ʋakants]
salaris (het)	töötasu	[tø:tasu]
vaste salaris (het)	palk	[palˈk]
loon (het)	maksmine	[maksmine]
betrekking (de)	töökoht	[tø:koht]
taak, plicht (de)	kohustus	[kohusˈtus]
takenpakket (het)	kohustuste ring	[kohusˈtusˈte ring]
bezig (~ zijn)	hõivatud	[hɜiʋatut]
ontslagen (ww)	vallandama	[ʋalˈændama]
ontslag (het)	vallandamine	[ʋalˈændamine]
werkloosheid (de)	tööpuudus	[tø:pu:dus]
werkloze (de)	töötu	[tø:tu]
pensioen (het)	pension	[pension]
met pensioen gaan	pensionile minema	[pensionile minema]

directeur (de)	direktor	[direktor]
beheerder (de)	juhataja	[juhataja]
hoofd (het)	juhataja	[juhataja]
baas (de)	ülemus	[ʉlemus]
superieuren (mv.)	juhtkond	[juhtkont]
president (de)	president	[president]
voorzitter (de)	esimees	[esime:s]
adjunct (de)	asetäitja	[asetæjtja]
assistent (de)	abi	[abi]
secretaris (de)	sekretär	[sekretær]

111

persoonlijke assistent (de)	isiklik sekretär	[isiklik sekretær]
zakenman (de)	ärimees	[ærime:s]
ondernemer (de)	ettevõtja	[etteʋɔtja]
oprichter (de)	rajaja	[rajaja]
oprichten	rajama	[rajama]
(een nieuw bedrijf ~)		

stichter (de)	asutaja	[asutaja]
partner (de)	partner	[partner]
aandeelhouder (de)	aktsionär	[aktsionær]

miljonair (de)	miljonär	[miljonær]
miljardair (de)	miljardär	[miljardær]
eigenaar (de)	omanik	[omanik]
landeigenaar (de)	maavaldaja	[ma:ʋalʲdaja]

klant (de)	klient	[klient]
vaste klant (de)	püsiklient	[pɥsiklient]
koper (de)	ostja	[osʲtja]
bezoeker (de)	külastaja	[kɥlasʲtaja]

professioneel (de)	professionaal	[professiona:lʲ]
expert (de)	ekspert	[ekspert]
specialist (de)	spetsialist	[spetsialisʲt]

| bankier (de) | pankur | [pankur] |
| makelaar (de) | vahendaja | [ʋahendaja] |

kassier (de)	kassiir	[kassi:r]
boekhouder (de)	raamatupidaja	[ra:matupidaja]
bewaker (de)	turvamees	[turʋame:s]

investeerder (de)	investeerija	[inʋesʲte:rija]
schuldenaar (de)	võlgnik	[ʋɔlʲgnik]
crediteur (de)	võlausaldaja	[ʋɔlausalʲdaja]
lener (de)	laenaja	[laenaja]

| importeur (de) | sissevedaja | [sisseʋedaja] |
| exporteur (de) | eksportöör | [eksportø:r] |

producent (de)	tootja	[to:tja]
distributeur (de)	maaletooja	[ma:leto:ja]
bemiddelaar (de)	vahendaja	[ʋahendaja]

adviseur, consulent (de)	konsultant	[konsulʲtant]
vertegenwoordiger (de)	esindaja	[esindaja]
agent (de)	agent	[agent]
verzekeringsagent (de)	kindlustusagent	[kintlusʲtusagent]

125. Dienstverlenende beroepen

kok (de)	kokk	[kokk]
chef-kok (de)	peakokk	[peakokk]
bakker (de)	pagar	[pagar]

barman (de)	baarimees	[ba:rime:s]
kelner, ober (de)	kelner	[kelʲner]
serveerster (de)	ettekandja	[ettekandja]

advocaat (de)	advokaat	[aduoka:t]
jurist (de)	jurist	[jurisʲt]
notaris (de)	notar	[notar]

elektricien (de)	elektrik	[elektrik]
loodgieter (de)	torulukksepp	[torulukksepp]
timmerman (de)	puussepp	[pu:ssepp]

masseur (de)	massöör	[massø:r]
masseuse (de)	massöör	[massø:r]
dokter, arts (de)	arst	[arsʲt]

taxichauffeur (de)	taksojuht	[taksojuht]
chauffeur (de)	autojuht	[autojuht]
koerier (de)	käskjalg	[kæskjalʲg]

kamermeisje (het)	toatüdruk	[toatʉdruk]
bewaker (de)	turvamees	[turʋame:s]
stewardess (de)	stjuardess	[sʲtjuardess]

meester (de)	õpetaja	[ɜpetaja]
bibliothecaris (de)	raamatukoguhoidja	[ra:matukoguhojdja]
vertaler (de)	tõlk	[tɜlʲk]
tolk (de)	tõlk	[tɜlʲk]
gids (de)	giid	[gi:t]

kapper (de)	juuksur	[ju:ksur]
postbode (de)	postiljon	[posʲtiljon]
verkoper (de)	müüja	[mʉ:ja]

tuinman (de)	aednik	[aednik]
huisbediende (de)	teener	[te:ner]
dienstmeisje (het)	teenija	[te:nija]
schoonmaakster (de)	koristaja	[korisʲtaja]

126. Militaire beroepen en rangen

soldaat (rang)	reamees	[reame:s]
sergeant (de)	seersant	[se:rsant]
luitenant (de)	leitnant	[lejtnant]
kapitein (de)	kapten	[kapten]

majoor (de)	major	[major]
kolonel (de)	kolonel	[kolonelʲ]
generaal (de)	kindral	[kindralʲ]
maarschalk (de)	marssal	[marssalʲ]
admiraal (de)	admiral	[admiralʲ]

| militair (de) | sõjaväelane | [sɜjaʋæɵlane] |
| soldaat (de) | sõdur | [sɜdur] |

113

officier (de)	ohvitser	[ohvitser]
commandant (de)	komandör	[komandør]

grenswachter (de)	piirivalvur	[pi:rivalʲuur]
marconist (de)	radist	[radisʲt]
verkenner (de)	luuraja	[lu:raja]
sappeur (de)	sapöör	[sapø:r]
schutter (de)	laskur	[laskur]
stuurman (de)	tüürimees	[tʉ:rime:s]

127. Ambtenaren. Priesters

koning (de)	kuningas	[kuningas]
koningin (de)	kuninganna	[kuninganna]

prins (de)	prints	[prints]
prinses (de)	printsess	[printsess]

tsaar (de)	tsaar	[tsa:r]
tsarina (de)	tsaarinna	[tsa:rinna]

president (de)	president	[president]
minister (de)	minister	[minisʲter]
eerste minister (de)	peaminister	[peaminisʲter]
senator (de)	senaator	[sena:tor]

diplomaat (de)	diplomaat	[diploma:t]
consul (de)	konsul	[konsulʲ]
ambassadeur (de)	suursaadik	[su:rsa:dik]
adviseur (de)	nõunik	[nɜunik]

ambtenaar (de)	ametnik	[ametnik]
prefect (de)	prefekt	[prefekt]
burgemeester (de)	linnapea	[linnapea]

rechter (de)	kohtunik	[kohtunik]
aanklager (de)	prokurör	[prokurør]

missionaris (de)	misjonär	[misjonær]
monnik (de)	munk	[munk]
abt (de)	abee	[abe:]
rabbi, rabbijn (de)	rabi	[rabi]

vizier (de)	vesiir	[vesi:r]
sjah (de)	šahh	[ʃahh]
sjeik (de)	šeih	[ʃejh]

128. Agrarische beroepen

imker (de)	mesinik	[mesinik]
herder (de)	karjus	[karjus]
landbouwkundige (de)	agronoom	[agrono:m]

| veehouder (de) | loomakasvataja | [lo:makasʋataja] |
| dierenarts (de) | loomaarst | [lo:ma:rsʲt] |

landbouwer (de)	talunik	[talunik]
wijnmaker (de)	veinimeister	[ʋejnimejsʲter]
zoöloog (de)	zooloog	[zo:lo:g]
cowboy (de)	kauboi	[kauboj]

129. Kunst beroepen

| acteur (de) | näitleja | [næjtleja] |
| actrice (de) | näitlejanna | [nnaitlejanna] |

| zanger (de) | laulja | [laulja] |
| zangeres (de) | lauljanna | [lauljanna] |

| danser (de) | tantsija | [tantsija] |
| danseres (de) | tantsijanna | [tantsijanna] |

| artiest (mann.) | näitleja | [næjtleja] |
| artiest (vrouw.) | näitlejanna | [nnaitlejanna] |

muzikant (de)	muusik	[mu:sik]
pianist (de)	pianist	[pianisʲt]
gitarist (de)	kitarrist	[kitarrisʲt]

orkestdirigent (de)	dirigent	[dirigent]
componist (de)	helilooja	[helilo:ja]
impresario (de)	impressaario	[impressa:rio]

filmregisseur (de)	lavastaja	[laʋasʲtaja]
filmproducent (de)	produtsent	[produtsent]
scenarioschrijver (de)	stsenarist	[sʲtsenarisʲt]
criticus (de)	kriitik	[kri:tik]

schrijver (de)	kirjanik	[kirjanik]
dichter (de)	luuletaja	[lu:letaja]
beeldhouwer (de)	skulptor	[skulʲptor]
kunstenaar (de)	kunstnik	[kunsʲtnik]

jongleur (de)	žonglöör	[ʒonglø:r]
clown (de)	kloun	[kloun]
acrobaat (de)	akrobaat	[akroba:t]
goochelaar (de)	mustkunstnik	[musʲtkunsʲtnik]

130. Verschillende beroepen

dokter, arts (de)	arst	[arsʲt]
ziekenzuster (de)	medöde	[medʒde]
psychiater (de)	psühhiaater	[psʉhhia:ter]
tandarts (de)	stomatoloog	[sʲtomatolo:g]
chirurg (de)	kirurg	[kirurg]

astronaut (de)	astronaut	[as'tronaut]
astronoom (de)	astronoom	[as'trono:m]
piloot (de)	lendur, piloot	[lendur], [pilo:t]
chauffeur (de)	autojuht	[autojuht]
machinist (de)	vedurijuht	[vedurijuht]
mecanicien (de)	mehaanik	[meha:nik]
mijnwerker (de)	kaevur	[kaevur]
arbeider (de)	tööline	[tø:line]
bankwerker (de)	lukksepp	[lukksepp]
houtbewerker (de)	tisler	[tisler]
draaier (de)	treial	[trejalʲ]
bouwvakker (de)	ehitaja	[ehitaja]
lasser (de)	keevitaja	[ke:vitaja]
professor (de)	professor	[professor]
architect (de)	arhitekt	[arhitekt]
historicus (de)	ajaloolane	[ajalo:lane]
wetenschapper (de)	teadlane	[teatlane]
fysicus (de)	füüsik	[fu:sik]
scheikundige (de)	keemik	[ke:mik]
archeoloog (de)	arheoloog	[arheolo:g]
geoloog (de)	geoloog	[geolo:g]
onderzoeker (de)	uurija	[u:rija]
babysitter (de)	lapsehoidja	[lapsehojdja]
leraar, pedagoog (de)	pedagoog	[pedago:g]
redacteur (de)	toimetaja	[tojmetaja]
chef-redacteur (de)	peatoimetaja	[peatojmetaja]
correspondent (de)	korrespondent	[korrespondent]
typiste (de)	masinakirjutaja	[masinakirjutaja]
designer (de)	disainer	[disainer]
computerexpert (de)	arvutispetsialist	[arvutispetsialis'tʲ]
programmeur (de)	programmeerija	[programme:rija]
ingenieur (de)	insener	[insener]
matroos (de)	meremees	[mereme:s]
zeeman (de)	madrus	[madrus]
redder (de)	päästja	[pæ:s'tja]
brandweerman (de)	tuletõrjuja	[tuletɜrjuja]
politieagent (de)	politseinik	[politsejnik]
nachtwaker (de)	valvur	[valʲvur]
detective (de)	detektiiv	[detekti:v]
douanier (de)	tolliametnik	[tolʲiametnik]
lijfwacht (de)	ihukaitsja	[ihukaitsja]
gevangenisbewaker (de)	järelvaataja	[jærelʲva:taja]
inspecteur (de)	inspektor	[inspektor]
sportman (de)	sportlane	[sportlane]
trainer (de)	treener	[tre:ner]

slager, beenhouwer (de)	lihunik	[lihunik]
schoenlapper (de)	kingsepp	[kingsepp]
handelaar (de)	kaubareisija	[kaubarejsija]
lader (de)	laadija	[la:dija]

kledingstilist (de)	moekunstnik	[moekunsitnik]
model (het)	modell	[modeli]

131. Beroepen. Sociale status

scholier (de)	kooliõpilane	[ko:liɜpilane]
student (de)	üliõpilane	[ʉliɜpilane]

filosoof (de)	filosoof	[filoso:f]
econoom (de)	majandusteadlane	[majandusiteatlane]
uitvinder (de)	leiutaja	[lejutaja]

werkloze (de)	töötu	[tø:tu]
gepensioneerde (de)	pensionär	[pensionær]
spion (de)	spioon	[spio:n]

gedetineerde (de)	vang	[ʋang]
staker (de)	streikija	[sitrejkija]
bureaucraat (de)	bürokraat	[bʉrokra:t]
reiziger (de)	rändur	[rændur]

homoseksueel (de)	homoseksualist	[homoseksualisit]
hacker (computerkraker)	häkker	[hækker]

bandiet (de)	bandiit	[bandi:t]
huurmoordenaar (de)	palgamõrvar	[paligamɜrʋar]
drugsverslaafde (de)	narkomaan	[narkoma:n]
drugshandelaar (de)	narkokaupmees	[narkokaupme:s]
prostituee (de)	prostituut	[prositɪtu:t]
pooier (de)	sutenöör	[sutenø:r]

tovenaar (de)	nõid	[nɜit]
tovenares (de)	nõiamoor	[nɜiamo:r]
piraat (de)	piraat	[pira:t]
slaaf (de)	ori	[ori]
samoerai (de)	samurai	[samurai]
wilde (de)	metslane	[metslane]

Sport

sportman (de)	sportlane	[sportlane]
soort sport (de/het)	spordiala	[spordiala]
basketbal (het)	korvpall	[korʊpalʲ]
basketbalspeler (de)	korvpallur	[korʊpalʲur]
baseball (het)	pesapall	[pesapalʲ]
baseballspeler (de)	pesapallur	[pesapalʲur]
voetbal (het)	jalgpall	[jalʲgpalʲ]
voetballer (de)	jalgpallur	[jalʲgpalʲur]
doelman (de)	väravavaht	[ʋæraʊaʊaht]
hockey (het)	hoki	[hoki]
hockeyspeler (de)	hokimängija	[hokimæŋgija]
volleybal (het)	võrkpall	[ʊɜrkpalʲ]
volleybalspeler (de)	võrkpallur	[ʊɜrkpalʲur]
boksen (het)	poks	[poks]
bokser (de)	poksija	[poksija]
worstelen (het)	maadlus	[maːtlus]
worstelaar (de)	maadleja	[maːtleja]
karate (de)	karate	[karate]
karateka (de)	karatist	[karatisʲt]
judo (de)	judo	[judo]
judoka (de)	džuudomaadleja	[dʒuːdomaːtleja]
tennis (het)	tennis	[tennis]
tennisspeler (de)	tennisemängija	[tennisemæŋgija]
zwemmen (het)	ujumine	[ujumine]
zwemmer (de)	ujuja	[ujuja]
schermen (het)	vehklemine	[ʊehklemine]
schermer (de)	vehkleja	[ʊehkleja]
schaak (het)	male	[male]
schaker (de)	maletaja	[maletaja]
alpinisme (het)	alpinism	[alʲpinism]
alpinist (de)	alpinist	[alʲpinisʲt]
hardlopen (het)	jooks	[joːks]

renner (de)	jooksja	[jo:ksja]
atletiek (de)	kergejõustik	[kergejɜusʲtik]
atleet (de)	atleet	[atle:t]

| paardensport (de) | ratsasport | [ratsasport] |
| ruiter (de) | ratsutaja | [ratsutaja] |

kunstschaatsen (het)	iluuisutamine	[ilu:isutamine]
kunstschaatser (de)	iluuisutaja	[ilu:isutaja]
kunstschaatsster (de)	iluuisutaja	[ilu:isutaja]

gewichtheffen (het)	raskejõustik	[raskejɜusʲtik]
gewichtheffer (de)	raskejõustiklane	[raskejɜusʲtiklane]
autoraces (mv.)	autovõidusõit	[autouɜidusɜit]
coureur (de)	võidusõitja	[uɜidusɜitja]

| wielersport (de) | jalgrattasport | [jalʲgrattasport] |
| wielrenner (de) | jalgrattur | [jalʲgrattur] |

verspringen (het)	kaugushüpe	[kaugushʉpe]
polsstokspringen (het)	teivashüpe	[tejʊashʉpe]
verspringer (de)	hüppaja	[hʉppaja]

133. Soorten sporten. Diversen

Amerikaans voetbal (het)	ameerika jalgpall	[ame:rika jalʲgpalʲ]
badminton (het)	sulgpall	[sulʲgpalʲ]
biatlon (de)	laskesuusatamine	[laskesu:satamine]
biljart (het)	piljard	[piljart]

bobsleeën (het)	bobisõit	[bobisɜit]
bodybuilding (de)	bodybilding	[bodybilʲding]
waterpolo (het)	veepall	[ʊe:palʲ]
handbal (de)	väravpall	[ʊæraʊpalʲ]
golf (het)	golf	[golf]

roeisport (de)	sõudmine	[sɜudmine]
duiken (het)	allveeujumine	[alʲʊe:ujumine]
langlaufen (het)	murdmaasuusatamine	[murdma:su:satamine]
tafeltennis (het)	lauatennis	[lauatennis]

zeilen (het)	purjesport	[purjesport]
rally (de)	ralli	[ralʲi]
rugby (het)	rägbi	[rægbi]
snowboarden (het)	lumelauasõit	[lumelauasɜit]
boogschieten (het)	vibulaskmine	[ʊibulaskmine]

134. Fitnessruimte

lange halter (de)	kang	[kang]
halters (mv.)	hantlid	[hantlit]
training machine (de)	trenazöör	[trenazø:r]

| hometrainer (de) | velotrenazöör | [velotrenazø:r] |
| loopband (de) | jooksurada | [jo:ksurada] |

rekstok (de)	võimlemiskang	[vɜimlemiskang]
brug (de) gelijke leggers	rööbaspuud	[rø:baspu:t]
paardsprong (de)	hobune	[hobune]
mat (de)	matt	[matt]

springtouw (het)	hüppenöör	[hʉppenø:r]
aerobics (de)	aeroobika	[aero:bika]
yoga (de)	jooga	[jo:ga]

135. Hockey

hockey (het)	hoki	[hoki]
hockeyspeler (de)	hokimängija	[hokimængija]
hockey spelen	jäähokit mängima	[jæ:hokit mængima]
ijs (het)	jää	[jæ:]

puck (de)	litter	[litter]
hockeystick (de)	hokikepp	[hokikepp]
schaatsen (mv.)	uisud	[uisut]

| boarding (de) | poord | [po:rt] |
| schot (het) | vise | [vise] |

doelman (de)	väravavaht	[væravavaht]
goal (de)	värav	[værav]
een goal scoren	väravat lööma	[væravat lø:ma]

periode (de)	period	[perio:t]
tweede periode (de)	kolmandik	[kolʲmandik]
reservebank (de)	varumängijate pink	[varumængijate pink]

136. Voetbal

voetbal (het)	jalgpall	[jalʲgpalʲ]
voetballer (de)	jalgpallur	[jalʲgpalʲur]
voetbal spelen	jalgpalli mängima	[jalʲgpalʲi mængima]

eredivisie (de)	kõrgliiga	[kɜrgli:ga]
voetbalclub (de)	jalgpalliklubi	[jalʲgpalʲiklubi]
trainer (de)	treener	[tre:ner]
eigenaar (de)	omanik	[omanik]

team (het)	meeskond	[me:skont]
aanvoerder (de)	meeskonna kapten	[me:skonna kapten]
speler (de)	mängija	[mængija]
reservespeler (de)	varumängija	[varumængija]

| aanvaller (de) | ründemängija | [rʉndemængija] |
| centrale aanvaller (de) | keskründemängija | [keskrʉndemængija] |

doelpuntmaker (de)	väravakütt	[ʋæraʋakʉtt]
verdediger (de)	kaitsja	[kaitsja]
middenvelder (de)	poolkaitsja	[po:lʲkaitsja]
match, wedstrijd (de)	mäng	[mæng]
elkaar ontmoeten (ww)	kohtuma	[kohtuma]
finale (de)	finaal	[fina:lʲ]
halve finale (de)	poolfinaal	[po:lfina:lʲ]
kampioenschap (het)	meistrivõistlused	[mejsʲtriʋɔisʲtluset]
helft (de)	poolaeg	[po:laeg]
eerste helft (de)	esimene poolaeg	[esimene po:laeg]
pauze (de)	vaheaeg	[ʋaheaeg]
doel (het)	värav	[ʋæraʋ]
doelman (de)	väravavaht	[ʋæraʋaʋaht]
doelpaal (de)	väravapost	[ʋæraʋaposʲt]
lat (de)	värava põikpuu	[ʋæraʋa pɔikpu:]
doelnet (het)	väravavõrk	[ʋæraʋaʋɔrk]
een goal incasseren	palli väravasse laskma	[palʲi ʋæraʋasse laskma]
bal (de)	pall	[palʲ]
pass (de)	sööt	[sø:t]
schot (het), schop (de)	löök	[lø:k]
schieten (de bal ~)	lööma	[lø:ma]
vrije schop (directe ~)	trahvilöök	[trahʋilø:k]
hoekschop, corner (de)	nurgalöök	[nurgalø:k]
aanval (de)	rünnak	[rʉnnak]
tegenaanval (de)	vasturünnak	[ʋasʲturʉnnak]
combinatie (de)	kombinatsioon	[kombinatsio:n]
scheidsrechter (de)	kohtunik	[kohtunik]
fluiten (ww)	vilistama	[ʋilisʲtama]
fluitsignaal (het)	vile	[ʋile]
overtreding (de)	rikkumine	[rikkumine]
een overtreding maken	rikkuma	[rikkuma]
uit het veld te sturen	väljakult eemaldama	[ʋæljakulʲt e:malʲdama]
gele kaart (de)	kollane kaart	[kolʲæne ka:rt]
rode kaart (de)	punane kaart	[punane ka:rt]
diskwalificatie (de)	diskvalifitseerimine	[diskʋalifitse:rimine]
diskwalificeren (ww)	diskvalifitseerima	[diskʋalifitse:rima]
strafschop, penalty (de)	penalti	[penalʲti]
muur (de)	sein	[sejn]
scoren (ww)	lööma	[lø:ma]
goal (de), doelpunt (het)	värav	[ʋæraʋ]
een goal scoren	väravat lööma	[ʋæraʋat lø:ma]
vervanging (de)	vahetus	[ʋahetus]
vervangen (ov.ww.)	vahetama	[ʋahetama]
regels (mv.)	reeglid	[re:glit]
tactiek (de)	taktika	[taktika]
stadion (het)	staadion	[sʲta:dion]
tribune (de)	tribüün	[tribʉ:n]

fan, supporter (de)	fänn, poolehoidja	[fænn, po:lehojdja]
schreeuwen (ww)	karjuma	[karjuma]
scorebord (het)	tabloo	[tablo:]
stand (~ is 3-1)	seis	[sejs]
nederlaag (de)	kaotus	[kaotus]
verliezen (ww)	kaotama	[kaotama]
gelijkspel (het)	viik	[ui:k]
in gelijk spel eindigen	viiki mängima	[ui:ki mængima]
overwinning (de)	võit	[uɜit]
overwinnen (ww)	võitma	[uɜitma]
kampioen (de)	tšempion	[tʃempion]
best (bn)	parim	[parim]
feliciteren (ww)	õnnitlema	[ɜnnitlema]
commentator (de)	kommentaator	[kommenta:tor]
becommentariëren (ww)	kommenteerima	[kommente:rima]
uitzending (de)	saade	[sa:de]

137. Alpine skiën

ski's (mv.)	suusad	[su:sat]
skiën (ww)	suusatama	[su:satama]
skigebied (het)	mäesuusatamiskuurort	[mæeesu:satamisku:rort]
skilift (de)	tõstuk	[tɜsʲtuk]
skistokken (mv.)	suusakepid	[su:sakepit]
helling (de)	nõlv	[nɜlʲu]
slalom (de)	slaalom	[sla:lom]

138. Tennis. Golf

golf (het)	golf	[golf]
golfclub (de)	golfiklubi	[golfiklubi]
golfer (de)	golfimängija	[golfimængija]
hole (de)	auk	[auk]
golfclub (de)	golfikepp	[golfikepp]
trolley (de)	käru	[kæru]
tennis (het)	tennis	[tennis]
tennisveld (het)	tenniseväljak	[tenniseuæljak]
opslag (de)	serv	[seru]
serveren, opslaan (ww)	servima	[seruima]
racket (het)	reket	[reket]
net (het)	võrk	[uɜrk]
bal (de)	pall	[palʲ]

139. Schaken

schaak (het)	male	[male]
schaakstukken (mv.)	malendid	[malendit]
schaker (de)	maletaja	[maletaja]
schaakbord (het)	malelaud	[malelaut]
schaakstuk (het)	malend	[malent]
witte stukken (mv.)	valged	[valʲget]
zwarte stukken (mv.)	mustad	[musʲtat]
pion (de)	ettur	[ettur]
loper (de)	oda	[oda]
paard (het)	ratsu	[ratsu]
toren (de)	vanker	[vanker]
dame, koningin (de)	lipp	[lipp]
koning (de)	kuningas	[kuningas]
zet (de)	käik	[kæjk]
zetten (ww)	käima	[kæjma]
opofferen (ww)	ohverdama	[ohverdama]
rokade (de)	vangerdus	[vangerdus]
schaak (het)	tuli	[tuli]
schaakmat (het)	matt	[matt]
schaakwedstrijd (de)	maleturniir	[maleturni:r]
grootmeester (de)	suurmeister	[su:rmejsʲter]
combinatie (de)	kombinatsioon	[kombinatsio:n]
partij (de)	partii	[parti:]
dammen (de)	kabe	[kabe]

140. Boksen

boksen (het)	poks	[poks]
boksgevecht (het)	võistlus	[vɔisʲtlus]
bokswedstrijd (de)	kahevõitlus	[kahevɔitlus]
ronde (de)	raund	[raunt]
ring (de)	ring	[ring]
gong (de)	gong	[gong]
stoot (de)	löök	[lø:k]
knock-down (de)	nokdaun	[nokdaun]
knock-out (de)	nokaut	[nokaut]
knock-out slaan (ww)	nokauti lööma	[nokauti lø:ma]
bokshandschoen (de)	poksikinnas	[poksikinnas]
referee (de)	vahekohtunik	[vahekohtunik]
lichtgewicht (het)	kergekaal	[kergeka:lʲ]
middengewicht (het)	keskkaal	[keskka:lʲ]
zwaargewicht (het)	raskekaal	[raskeka:lʲ]

141. Sporten. Diversen

Olympische Spelen (mv.)	Olümpiamängud	[olµmpiamængut]
winnaar (de)	võitja	[vɜitja]
overwinnen (ww)	võitma	[vɜitma]
winnen (ww)	võitma	[vɜitma]
leider (de)	liider	[li:der]
leiden (ww)	liidriks olema	[li:driks olema]
eerste plaats (de)	esimene koht	[esimene koht]
tweede plaats (de)	teine koht	[tejne koht]
derde plaats (de)	kolmas koht	[kolʲmas koht]
medaille (de)	medal	[medalʲ]
trofee (de)	trofee	[trofe:]
beker (de)	karikas	[karikas]
prijs (de)	auhind	[auhint]
hoofdprijs (de)	peaauhind	[pea:uhint]
record (het)	rekord	[rekort]
een record breken	rekordit püstitama	[rekordit pµsʲtitama]
finale (de)	finaal	[fina:lʲ]
finale (bn)	finaal-	[fina:l-]
kampioen (de)	tšempion	[tʃempion]
kampioenschap (het)	meistrivõistlused	[mejsʲtrivɜisʲtluset]
stadion (het)	staadion	[sʲta:dion]
tribune (de)	tribüün	[tribµ:n]
fan, supporter (de)	poolehoidja	[po:lehojdja]
tegenstander (de)	vastane	[vasʲtane]
start (de)	start	[sʲtart]
finish (de)	finiš	[finiʃ]
nederlaag (de)	kaotus	[kaotus]
verliezen (ww)	kaotama	[kaotama]
rechter (de)	kohtunik	[kohtunik]
jury (de)	žürii	[ʒµri:]
stand (~ is 3-1)	seis	[sejs]
gelijkspel (het)	viik	[ʋi:k]
in gelijk spel eindigen	viiki mängima	[ʋi:ki mængima]
punt (het)	punkt	[punkt]
uitslag (de)	tulemus	[tulemus]
periode (de)	periood	[perio:t]
pauze (de)	vaheaeg	[ʋaheaeg]
doping (de)	doping	[doping]
straffen (ww)	karistama	[karisʲtama]
diskwalificeren (ww)	diskvalifitseerima	[diskʋalifitse:rima]
toestel (het)	vahend	[ʋahent]
speer (de)	oda	[oda]

| kogel (de) | kuul | [ku:lʲ] |
| bal (de) | kuul | [ku:lʲ] |

doel (het)	sihtmärk	[sihtmærk]
schietkaart (de)	märklaud	[mærklaut]
schieten (ww)	tulistama	[tulisʲtama]
precies (bijv. precieze schot)	tabamine	[tabamine]

trainer, coach (de)	treener	[tre:ner]
trainen (ww)	treenima	[tre:nima]
zich trainen (ww)	treenima	[tre:nima]
training (de)	trenn	[trenn]

gymnastiekzaal (de)	spordisaal	[spordisa:lʲ]
oefening (de)	harjutus	[harjutus]
opwarming (de)	soojendus	[so:jendus]

Onderwijs

142. School

school (de)	kool	[ko:lʲ]
schooldirecteur (de)	koolidirektor	[ko:lidirektor]
leerling (de)	õpilane	[ɜpilane]
leerlinge (de)	õpilane	[ɜpilane]
scholier (de)	kooliõpilane	[ko:liɜpilane]
scholiere (de)	koolitüdruk	[ko:litʉdruk]
leren (lesgeven)	õpetama	[ɜpetama]
studeren (bijv. een taal ~)	õppima	[ɜppima]
van buiten leren	pähe õppima	[pæhe ɜppima]
leren (bijv. ~ tellen)	õppima	[ɜppima]
in school zijn	koolis käima	[ko:lis kæjma]
(schooljongen zijn)		
naar school gaan	kooli minema	[ko:li minema]
alfabet (het)	tähestik	[tæhesʲtik]
vak (schoolvak)	õppeaine	[ɜppeaine]
klaslokaal (het)	klass	[klass]
les (de)	tund	[tunt]
pauze (de)	vahetund	[ʋahetunt]
bel (de)	kell	[kelʲ]
schooltafel (de)	koolipink	[ko:lipink]
schoolbord (het)	tahvel	[tahʋelʲ]
cijfer (het)	hinne	[hinne]
goed cijfer (het)	hea hinne	[hea hinne]
slecht cijfer (het)	halb hinne	[halʲb hinne]
een cijfer geven	hinnet panema	[hinnet panema]
fout (de)	viga	[ʋiga]
fouten maken	vigu tegema	[ʋigu tegema]
corrigeren (fouten ~)	parandama	[parandama]
spiekbriefje (het)	spikker	[spikker]
huiswerk (het)	kodune ülesanne	[kodune ʉlesanne]
oefening (de)	harjutus	[harjutus]
aanwezig zijn (ww)	kohal olema	[kohalʲ olema]
absent zijn (ww)	puuduma	[pu:duma]
school verzuimen	puuduma koolist	[pu:duma ko:lisʲt]
bestraffen (een stout kind ~)	karistama	[karisʲtama]
bestraffing (de)	karistus	[karisʲtus]

gedrag (het)	käitumine	[kæjtumine]
cijferlijst (de)	päevik	[pæəʋik]
potlood (het)	pliiats	[pli:ats]
gom (de)	kustutuskumm	[kusˈtutuskumm]
krijt (het)	kriit	[kri:t]
pennendoos (de)	pinal	[pinalʲ]

boekentas (de)	portfell	[portfelʲ]
pen (de)	sulepea	[sulepea]
schrift (de)	vihik	[ʋihik]
leerboek (het)	õpik	[ɜpik]
passer (de)	sirkel	[sirkelʲ]

| technisch tekenen (ww) | joonestama | [jo:nesˈtama] |
| technische tekening (de) | joonis | [jo:nis] |

gedicht (het)	luuletus	[lu:letus]
van buiten (bw)	peas olema	[peas olema]
van buiten leren	pähe õppima	[pæhe ɜppima]

vakantie (de)	koolivaheaeg	[ko:liʋaheaeg]
met vakantie zijn	koolivaheajal olema	[ko:liʋaheajalʲ olema]
vakantie doorbrengen	puhkust veetma	[puhkusʲt ʋe:tma]

toets (schriftelijke ~)	kontrolltöö	[kontrolʲtø:]
opstel (het)	kirjand	[kirjant]
dictee (het)	etteütlus	[etteʉtlus]
examen (het)	eksam	[eksam]
examen afleggen	eksamit sooritama	[eksamit so:ritama]
experiment (het)	katse	[katse]

143. Hogeschool. Universiteit

academie (de)	akadeemia	[akade:mia]
universiteit (de)	ülikool	[ʉliko:lʲ]
faculteit (de)	teaduskond	[teaduskont]

student (de)	üliõpilane	[ʉliɜpilane]
studente (de)	üliõpilane	[ʉliɜpilane]
leraar (de)	õppejõud	[ɜppejɜut]

| collegezaal (de) | auditoorium | [audito:rium] |
| afgestudeerde (de) | ülikoolilõpetaja | [ʉliko:lilɜpetaja] |

| diploma (het) | diplom | [diplom] |
| dissertatie (de) | väitekiri | [ʋæjtekiri] |

| onderzoek (het) | teaduslik töö | [teaduslik tø:] |
| laboratorium (het) | labor | [labor] |

college (het)	loeng	[loeng]
medestudent (de)	kursusekaaslane	[kursuseka:slane]
studiebeurs (de)	stipendium	[sʲtipendium]
academische graad (de)	teaduslik kraad	[teaduslik kra:t]

144. Wetenschappen. Disciplines

wiskunde (de)	matemaatika	[matema:tika]
algebra (de)	algebra	[al'gebra]
meetkunde (de)	geomeetria	[geome:tria]
astronomie (de)	astronoomia	[as'trono:mia]
biologie (de)	bioloogia	[biolo:gia]
geografie (de)	geograafia	[geogra:fia]
geologie (de)	geoloogia	[geolo:gia]
geschiedenis (de)	ajalugu	[ajalugu]
geneeskunde (de)	meditsiin	[meditsi:n]
pedagogiek (de)	pedagoogika	[pedago:gika]
rechten (mv.)	õigus	[ɜigus]
fysica, natuurkunde (de)	füüsika	[fʉ:sika]
scheikunde (de)	keemia	[ke:mia]
filosofie (de)	filosoofia	[filoso:fia]
psychologie (de)	psühholoogia	[psʉhholo:gia]

145. Schrift. Spelling

grammatica (de)	grammatika	[grammatika]
vocabulaire (het)	sõnavara	[sɜnaʋara]
fonetiek (de)	foneetika	[fone:tika]
zelfstandig naamwoord (het)	nimisõnad	[nimisɜnat]
bijvoeglijk naamwoord (het)	omadussõnad	[omadussɜnat]
werkwoord (het)	tegusõna	[tegusɜna]
bijwoord (het)	määrsõna	[mæ:rsɜna]
voornaamwoord (het)	asesõna	[asesɜna]
tussenwerpsel (het)	hüüdsõna	[hʉ:dsɜna]
voorzetsel (het)	eessõna	[e:ssɜna]
stam (de)	sõna tüvi	[sɜna tʉʋi]
achtervoegsel (het)	lõpp	[lɜpp]
voorvoegsel (het)	eesliide	[e:sli:de]
lettergreep (de)	silp	[sil'p]
achtervoegsel (het)	järelliide	[jærel'i:de]
nadruk (de)	rõhk	[rɜhk]
afkappingsteken (het)	apostroof	[apos'tro:f]
punt (de)	punkt	[punkt]
komma (de/het)	koma	[koma]
puntkomma (de)	semikoolon	[semiko:lon]
dubbelpunt (de)	koolon	[ko:lon]
beletselteken (het)	kolmpunkt	[kol'mpunkt]
vraagteken (het)	küsimärk	[kʉsimærk]
uitroepteken (het)	hüüumärk	[hʉ:umærk]

aanhalingstekens (mv.)	jutumärgid	[jutumærgit]
tussen aanhalingstekens (bw)	jutumärkides	[jutumærkides]
haakjes (mv.)	sulud	[sulut]
tussen haakjes (bw)	sulgudes	[sulⁱgudes]

streepje (het)	sidekriips	[sidekri:ps]
gedachtestreepje (het)	mõttekriips	[mɜttekri:ps]
spatie	sõnavahe	[sɜnaʋahe]
(~ tussen twee woorden)		

letter (de)	täht	[tæht]
hoofdletter (de)	suur algustäht	[su:r alⁱgusⁱtæht]

klinker (de)	täishäälik	[tæjshæ:lik]
medeklinker (de)	kaashäälik	[ka:shæ:lik]

zin (de)	pakkumine	[pakkumine]
onderwerp (het)	alus	[alus]
gezegde (het)	öeldis	[øelⁱdis]

regel (in een tekst)	rida	[rida]
op een nieuwe regel (bw)	uuelt realt	[u:elⁱt realⁱt]
alinea (de)	lõik	[lɜik]

woord (het)	sõna	[sɜna]
woordgroep (de)	sõnaühend	[sɜnaʉhent]
uitdrukking (de)	väljend	[ʋæljent]
synoniem (het)	sünonüüm	[sʉnonʉ:m]
antoniem (het)	antonüüm	[antonʉ:m]

regel (de)	reegel	[re:gelⁱ]
uitzondering (de)	erand	[erant]
correct (bijv. ~e spelling)	õige	[ɜige]

vervoeging, conjugatie (de)	pööramine	[pø:ramine]
verbuiging, declinatie (de)	käänamine	[kæ:namine]
naamval (de)	kääne	[kæ:ne]
vraag (de)	küsimus	[kʉsimus]
onderstrepen (ww)	alla kriipsutama	[alⁱæ kri:psutama]
stippellijn (de)	punktiir	[punkti:r]

146. Vreemde talen

taal (de)	keel	[ke:lⁱ]
vreemd (bn)	võõr-	[ʋɜ:r-]
vreemde taal (de)	võõrkeel	[ʋɜ:rke:lⁱ]
leren (bijv. van buiten ~)	uurima	[u:rima]
studeren (Nederlands ~)	õppima	[ɜppima]

lezen (ww)	lugema	[lugema]
spreken (ww)	rääkima	[ræ:kima]
begrijpen (ww)	aru saama	[aru sa:ma]
schrijven (ww)	kirjutama	[kirjutama]
snel (bw)	kiiresti	[ki:resⁱti]

| langzaam (bw) | aeglaselt | [aeglaselʲt] |
| vloeiend (bw) | vabalt | [ʋabalʲt] |

regels (mv.)	reeglid	[reːglit]
grammatica (de)	grammatika	[grammatika]
vocabulaire (het)	sõnavara	[sɜnaʋara]
fonetiek (de)	foneetika	[foneːtika]

leerboek (het)	õpik	[ɜpik]
woordenboek (het)	sõnaraamat	[sɜnaraːmat]
leerboek (het) voor zelfstudie	õpik iseõppijaile	[ɜpik iseɜppijaile]
taalgids (de)	vestmik	[ʋesʲtmik]

cassette (de)	kassett	[kassett]
videocassette (de)	videokassett	[ʋideokassett]
CD (de)	CD-plaat	[tsede plaːt]
DVD (de)	DVD	[dut]

alfabet (het)	tähestik	[tæhesʲtik]
spellen (ww)	veerima	[ʋeːrima]
uitspraak (de)	hääldamine	[hæːlʲdamine]

accent (het)	aktsent	[aktsent]
met een accent (bw)	aktsendiga	[aktsendiga]
zonder accent (bw)	ilma aktsendita	[ilʲma aktsendita]

| woord (het) | sõna | [sɜna] |
| betekenis (de) | mõiste | [mɜisʲte] |

cursus (de)	kursused	[kursuset]
zich inschrijven (ww)	kirja panema	[kirja panema]
leraar (de)	õppejõud	[ɜppejɜut]

vertaling (een ~ maken)	tõlkimine	[tɜlʲkimine]
vertaling (tekst)	tõlge	[tɜlʲge]
vertaler (de)	tõlk	[tɜlʲk]
tolk (de)	tõlk	[tɜlʲk]

| polyglot (de) | polüglott | [polʉglott] |
| geheugen (het) | mälu | [mælu] |

147. Sprookjesfiguren

Sinterklaas (de)	Jõuluvana	[jɜuluʋana]
Assepoester (de)	Tuhkatriinu	[tuhkatriːnu]
zeemeermin (de)	Näkineid	[nækinejt]
Neptunus (de)	Neptunus	[neptunus]

magiër, tovenaar (de)	võlur	[ʋɜlur]
goede heks (de)	võlur	[ʋɜlur]
magisch (bn)	võlu-	[ʋɜlu-]
toverstokje (het)	võlukepike	[ʋɜlukepike]
sprookje (het)	muinasjutt	[mujnasjutt]
wonder (het)	ime	[ime]

dwerg (de)	päkapikk	[pækapikk]
veranderen in ...	... muutuda	[... mu:tuda]
(anders worden)		

geest (de)	kummitus	[kummitus]
spook (het)	viirastus	[ʋi:rasᵗtus]
monster (het)	koletis	[koletis]
draak (de)	draakon	[dra:kon]
reus (de)	hiiglane	[hi:glane]

148. Dierenriem

Ram (de)	Jäär	[jæ:r]
Stier (de)	Sõnn	[sɜnn]
Tweelingen (mv.)	Kaksikud	[kaksikut]
Kreeft (de)	Vähk	[ʋæhk]
Leeuw (de)	Lõvi	[lɜʋi]
Maagd (de)	Neitsi	[nejtsi]

Weegschaal (de)	Kaalud	[ka:lut]
Schorpioen (de)	Skorpion	[skorpion]
Boogschutter (de)	Ambur	[ambur]
Steenbok (de)	Kaljukits	[kaljukits]
Waterman (de)	Veevalaja	[ʋe:ʋalaja]
Vissen (mv.)	Kalad	[kalat]

karakter (het)	iseloom	[iselo:m]
karaktertrekken (mv.)	iseloomujooned	[iselo:mujo:net]
gedrag (het)	käitumine	[kæjtumine]
waarzeggen (ww)	ennustama	[ennusᵗtama]
waarzegster (de)	ennustaja	[ennusᵗtaja]
horoscoop (de)	horoskoop	[horosko:p]

Kunst

149. Theater

theater (het)	teater	[teater]
opera (de)	ooper	[o:per]
operette (de)	operett	[operett]
ballet (het)	ballett	[balʲett]

affiche (de/het)	kuulutus	[ku:lutus]
theatergezelschap (het)	trupp	[trupp]
tournee (de)	külalisetendus	[kʉlalisetendus]
op tournee zijn	gastroleerima	[gasʲtrole:rima]
repeteren (ww)	proovi tegema	[pro:ʋi tegema]
repetitie (de)	proov	[pro:ʋ]
repertoire (het)	repertuaar	[repertua:r]

voorstelling (de)	etendus	[etendus]
spektakel (het)	etendus	[etendus]
toneelstuk (het)	näidend	[næjdent]

biljet (het)	pilet	[pilet]
kassa (de)	piletikassa	[piletikassa]
foyer (de)	hall	[halʲ]
garderobe (de)	riietehoid	[ri:etehojt]
garderobe nummer (het)	riidehoiunumber	[ri:dehojunumber]
verrekijker (de)	binokkel	[binokkelʲ]
plaatsaanwijzer (de)	kontrolör	[kontrolør]

parterre (de)	parter	[parter]
balkon (het)	rõdu	[rɜdu]
gouden rang (de)	esindusrõdu	[esindusrɜdu]
loge (de)	loož	[lo:ʒ]
rij (de)	rida	[rida]
plaats (de)	koht	[koht]

publiek (het)	publik	[publik]
kijker (de)	vaataja	[ʋa:taja]
klappen (ww)	aplodeerima	[aplode:rima]
applaus (het)	aplaus	[aplaus]
ovatie (de)	ovatsioon	[oʋatsio:n]

toneel (op het ~ staan)	lava	[laʋa]
gordijn, doek (het)	eesriie	[e:sri:e]
toneeldecor (het)	dekoratsioonid	[dekoratsio:nit]
backstage (de)	kulissid	[kulissit]

scène (de)	stseen	[sʲtse:n]
bedrijf (het)	akt	[akt]
pauze (de)	vaheaeg	[ʋaheaeg]

150. Bioscoop

acteur (de)	näitleja	[næjtleja]
actrice (de)	näitlejanna	[nnaitlejanna]
bioscoop (de)	kino	[kino]
speelfilm (de)	kino	[kino]
aflevering (de)	seeria	[se:ria]
detectivefilm (de)	kriminaalfilm	[krimina:lfilʲm]
actiefilm (de)	lookfilm	[lø:kfilʲm]
avonturenfilm (de)	põnevusfilm	[pɜneʋusfilʲm]
sciencefictionfilm (de)	aimefilm	[aimefilʲm]
griezelfilm (de)	õudusfilm	[ɜudusfilʲm]
komedie (de)	komöödiafilm	[komø:diafilʲm]
melodrama (het)	melodraama	[melodra:ma]
drama (het)	draama	[dra:ma]
speelfilm (de)	mängufilm	[mængufilʲm]
documentaire (de)	tõsielufilm	[tɜsielufilʲm]
tekenfilm (de)	animafilm	[animafilʲm]
stomme film (de)	tummfilm	[tummfilʲm]
rol (de)	osa	[osa]
hoofdrol (de)	peaosa	[peaosa]
spelen (ww)	mängima	[mængima]
filmster (de)	filmitäht	[filʲmitæht]
bekend (bn)	tuntud	[tuntut]
beroemd (bn)	kuulus	[ku:lus]
populair (bn)	populaarne	[popula:rne]
scenario (het)	stsenaarium	[sʲtsena:rium]
scenarioschrijver (de)	stsenarist	[sʲtsenarisʲt]
regisseur (de)	lavastaja	[laʋasʲtaja]
filmproducent (de)	produtsent	[produtsent]
assistent (de)	assistent	[assisʲtent]
cameraman (de)	operaator	[opera:tor]
stuntman (de)	kaskadöör	[kaskadø:r]
stuntdubbel (de)	dublant	[dublant]
een film maken	filmi võtma	[filʲmi ʋɜtma]
auditie (de)	proovid	[pro:ʋit]
opnamen (mv.)	filmivõtted	[filʲmiʋɜttet]
filmploeg (de)	võttegrupp	[ʋɜttegrupp]
filmset (de)	võtteplats	[ʋɜtteplats]
filmcamera (de)	kinokaamera	[kinoka:mera]
bioscoop (de)	kino	[kino]
scherm (het)	ekraan	[ekra:n]
een film vertonen	filmi näitama	[filʲmi næjtama]
geluidsspoor (de)	heliriba	[heliriba]
speciale effecten (mv.)	trikid	[trikit]

ondertiteling (de)	subtiitrid	[subti:trit]
voortiteling, aftiteling (de)	tiitrid	[ti:trit]
vertaling (de)	tõlge	[tɜlˈge]

151. Schilderij

kunst (de)	kunst	[kunsˈt]
schone kunsten (mv.)	kaunid kunstid	[kaunit kunsˈtit]
kunstgalerie (de)	galerii	[galeri:]
kunsttentoonstelling (de)	maalinäitus	[ma:linæjtus]

schilderkunst (de)	maalikunst	[ma:likunsˈt]
grafiek (de)	graafika	[gra:fika]
abstracte kunst (de)	abstraktsionism	[absˈtraktsionism]
impressionisme (het)	impressionism	[impressionism]

schilderij (het)	maal	[ma:lʲ]
tekening (de)	joonistus	[jo:nisˈtus]
poster (de)	plakat	[plakat]

illustratie (de)	illustratsioon	[ilʲusˈtratsio:n]
miniatuur (de)	miniatuur	[miniatu:r]
kopie (de)	ärakiri	[ærakiri]
reproductie (de)	repro	[repro]

mozaïek (het)	mosaiik	[mosai:k]
gebrandschilderd glas (het)	vitraaž	[uitra:ʒ]
fresco (het)	fresko	[fresko]
gravure (de)	gravüür	[grauʉ:r]

buste (de)	rinnakuju	[rinnakuju]
beeldhouwwerk (het)	skulptuur	[skulˈptu:r]
beeld (bronzen ~)	raidkuju	[raidkuju]
gips (het)	kips	[kips]
gipsen (bn)	kipsist	[kipsisˈt]

portret (het)	portree	[portre:]
zelfportret (het)	autoportree	[autoportre:]
landschap (het)	maastikumaal	[ma:sˈtikuma:lʲ]
stilleven (het)	natüürmort	[natʉ:rmort]
karikatuur (de)	karikatuur	[karikatu:r]
schets (de)	visand	[uisant]

verf (de)	värv	[uærʊ]
aquarel (de)	akvarell	[akuarelʲ]
olieverf (de)	õli	[ɜli]
potlood (het)	pliiats	[pli:ats]
Oost-Indische inkt (de)	tušš	[tuʃʃ]
houtskool (de)	süsi	[susi]

tekenen (met krijt)	joonistama	[jo:nisˈtama]
poseren (ww)	poseerima	[pose:rima]
naaktmodel (man)	modell	[modelʲ]
naaktmodel (vrouw)	modell	[modelʲ]

kunstenaar (de)	kunstnik	[kunsⁱtnik]
kunstwerk (het)	teos	[teos]
meesterwerk (het)	meistriteos	[mejsⁱtriteos]
studio, werkruimte (de)	ateljee	[atelje:]

schildersdoek (het)	lõuend	[lɜuent]
schildersezel (de)	molbert	[molⁱbert]
palet (het)	palett	[palett]

lijst (een vergulde ~)	raam	[ra:m]
restauratie (de)	ennistamine	[ennisⁱtamine]
restaureren (ww)	ennistama	[ennisⁱtama]

152. Literatuur & Poëzie

literatuur (de)	kirjandus	[kirjandus]
auteur (de)	autor	[autor]
pseudoniem (het)	pseudonüüm	[pseudonʉ:m]

boek (het)	raamat	[ra:mat]
boekdeel (het)	köide	[køide]
inhoudsopgave (de)	sisukord	[sisukort]
pagina (de)	lehekülg	[lehekʉlⁱg]
hoofdpersoon (de)	peategelane	[peategelane]
handtekening (de)	autogramm	[autogramm]

verhaal (het)	jutt	[jutt]
novelle (de)	jutustus	[jutusⁱtus]
roman (de)	romaan	[roma:n]
werk (literatuur)	teos	[teos]
fabel (de)	valm	[ʋalⁱm]
detectiveroman (de)	kriminull	[kriminulⁱ]

gedicht (het)	luuletus	[lu:letus]
poëzie (de)	luule	[lu:le]
epos (het)	poeem	[poe:m]
dichter (de)	luuletaja	[lu:letaja]

fictie (de)	ilukirjandus	[ilukirjandus]
sciencefiction (de)	aimekirjandus	[aimekirjandus]
avonturenroman (de)	seiklused	[sejkluset]
opvoedkundige literatuur (de)	õppekirjandus	[ɜppekirjandus]
kinderliteratuur (de)	lastekirjandus	[lasⁱtekirjandus]

153. Circus

circus (de/het)	tsirkus	[tsirkus]
chapiteau circus (de/het)	rändtsirkus	[rændtsirkus]
programma (het)	programm	[programm]
voorstelling (de)	etendus	[etendus]
nummer (circus ~)	number	[number]
arena (de)	areen	[are:n]

pantomime (de)	pantomiim	[pantomi:m]
clown (de)	kloun	[kloun]

acrobaat (de)	akrobaat	[akroba:t]
acrobatiek (de)	akrobaatika	[akroba:tika]
gymnast (de)	võimleja	[ʋɔimleja]
gymnastiek (de)	võimlemine	[ʋɔimlemine]
salto (de)	salto	[salˈto]

sterke man (de)	atleet	[atle:t]
temmer (de)	taltsutaja	[talˈtsutaja]
ruiter (de)	ratsutaja	[ratsutaja]
assistent (de)	assistent	[assisˈtent]

stunt (de)	trikk	[trikk]
goocheltruc (de)	fookus	[fo:kus]
goochelaar (de)	mustkunstnik	[musˈtkunsˈtnik]

jongleur (de)	žonglöör	[ʒonglø:r]
jongleren (ww)	žongleerima	[ʒongle:rima]
dierentrainer (de)	dresseerija	[dresse:rija]
dressuur (de)	dresseerimine	[dresse:rimine]
dresseren (ww)	dresseerima	[dresse:rima]

154. Muziek. Popmuziek

muziek (de)	muusika	[mu:sika]
muzikant (de)	muusik	[mu:sik]
muziekinstrument (het)	muusikariist	[mu:sikari:sˈt]
spelen (bijv. gitaar ~)	... mängima	[... mæŋgima]

gitaar (de)	kitarr	[kitarr]
viool (de)	viiul	[ʋi:ulʲ]
cello (de)	tšello	[tʃelʲo]
contrabas (de)	kontrabass	[kontrabass]
harp (de)	harf	[harf]

piano (de)	klaver	[klaʋer]
vleugel (de)	tiibklaver	[ti:bklaʋer]
orgel (het)	orel	[orelʲ]

blaasinstrumenten (mv.)	puhkpillid	[puhkpilʲit]
hobo (de)	oboe	[oboe]
saxofoon (de)	saksofon	[saksofon]
klarinet (de)	klarnet	[klarnet]
fluit (de)	flööt	[flø:t]
trompet (de)	trompet	[trompet]

accordeon (de/het)	akordion	[akordion]
trommel (de)	trumm	[trumm]

duet (het)	duett	[duett]
trio (het)	trio	[trio]
kwartet (het)	kvartett	[kʋartett]

| koor (het) | koor | [ko:r] |
| orkest (het) | orkester | [orkesⁱter] |

popmuziek (de)	popmuusika	[popmu:sika]
rockmuziek (de)	rokkmuusika	[rokkmu:sika]
rockgroep (de)	rokkansambel	[rokkansambelʲ]
jazz (de)	džäss	[dʒæss]

| idool (het) | ebajumal | [ebajumalʲ] |
| bewonderaar (de) | austaja | [ausⁱtaja] |

concert (het)	kontsert	[kontsert]
symfonie (de)	sümfoonia	[sʉmfo:nia]
compositie (de)	teos	[teos]
componeren (muziek ~)	looma	[lo:ma]

zang (de)	laulmine	[laulʲmine]
lied (het)	laul	[laulʲ]
melodie (de)	viis	[ʋi:s]
ritme (het)	rütm	[rʉtm]
blues (de)	bluus	[blu:s]

bladmuziek (de)	noodid	[no:dit]
dirigeerstok (baton)	kepp	[kepp]
strijkstok (de)	poogen	[po:gen]
snaar (de)	keel	[ke:lʲ]
koffer (de)	vutlar	[ʉutlar]

Rusten. Entertainment. Reizen

toerisme (het)	turism	[turism]
toerist (de)	turist	[turisʲt]
reis (de)	reis	[rejs]
avontuur (het)	seiklus	[sejklus]
tocht (de)	sõit	[sɜit]
vakantie (de)	puhkus	[puhkus]
met vakantie zijn	puhkusel olema	[puhkuselʲ olema]
rust (de)	puhkus	[puhkus]
trein (de)	rong	[rong]
met de trein	rongiga	[rongiga]
vliegtuig (het)	lennuk	[lennuk]
met het vliegtuig	lennukiga	[lennukiga]
met de auto	autoga	[autoga]
per schip (bw)	laevaga	[laeʋaga]
bagage (de)	pagas	[pagas]
valies (de)	kohver	[kohʋer]
bagagekarretje (het)	pagasikäru	[pagasikæru]
paspoort (het)	pass	[pass]
visum (het)	viisa	[ʋiːsa]
kaartje (het)	pilet	[pilet]
vliegticket (het)	lennukipilet	[lennukipilet]
reisgids (de)	teejuht	[teːjuht]
kaart (de)	kaart	[kaːrt]
gebied (landelijk ~)	ala	[ala]
plaats (de)	koht	[koht]
exotische bestemming (de)	eksootika	[eksoːtika]
exotisch (bn)	eksootiline	[eksoːtiline]
verwonderlijk (bn)	üllatav	[ɛlʲætaʋ]
groep (de)	grupp	[grupp]
rondleiding (de)	ekskursioon	[ekskursioːn]
gids (de)	ekskursioonijuht	[ekskursioːnijuht]

hotel (het)	võõrastemaja	[ʋɜːrasʲtemaja]
motel (het)	motell	[motelʲ]
3-sterren	kolm tärni	[kolʲm tærni]

| 5-sterren | viis tärni | [ʋi:s tærni] |
| overnachten (ww) | peatuma | [peatuma] |

kamer (de)	number	[number]
eenpersoonskamer (de)	üheinimesetuba	[ʉhejnimesetuba]
tweepersoonskamer (de)	kaheinimesetuba	[kahejnimesetuba]
een kamer reserveren	tuba kinni panema	[tuba kinni panema]

halfpension (het)	poolpansion	[po:lʲpansion]
volpension (het)	täispansion	[tæjspansion]
met badkamer	vannitoaga	[ʋannitoaga]
met douche	dušiga	[duʃiga]
satelliet-tv (de)	satelliittelevisioon	[satelʲi:tteleʋisio:n]
airconditioner (de)	konditsioneer	[konditsione:r]
handdoek (de)	käterätik	[kæterætik]
sleutel (de)	võti	[ʋɤti]

administrateur (de)	administraator	[adminisʲtra:tor]
kamermeisje (het)	toatüdruk	[toatʉdruk]
piccolo (de)	pakikandja	[pakikandja]
portier (de)	uksehoidja	[uksehojdja]

restaurant (het)	restoran	[resʲtoran]
bar (de)	baar	[ba:r]
ontbijt (het)	hommikusöök	[hommikusø:k]
avondeten (het)	õhtusöök	[ɜhtusø:k]
buffet (het)	rootsi laud	[ro:tsi laut]

| hal (de) | vestibüül | [ʋesʲtibʉ:lʲ] |
| lift (de) | lift | [lift] |

| NIET STOREN | MITTE SEGADA | [mitte segada] |
| VERBODEN TE ROKEN! | MITTE SUITSETADA! | [mitte suitsetada!] |

157. Boeken. Lezen

boek (het)	raamat	[ra:mat]
auteur (de)	autor	[autor]
schrijver (de)	kirjanik	[kirjanik]
schrijven (een boek)	kirjutama	[kirjutama]

lezer (de)	lugeja	[lugeja]
lezen (ww)	lugema	[lugema]
lezen (het)	lugemine	[lugemine]

| stil (~ lezen) | omaette | [omaette] |
| hardop (~ lezen) | valjusti | [ʋaljusʲti] |

uitgeven (boek ~)	välja andma	[ʋælja andma]
uitgeven (het)	trükk	[trʉkk]
uitgever (de)	kirjastaja	[kirjasʲtaja]
uitgeverij (de)	kirjastus	[kirjasʲtus]
verschijnen (bijv. boek)	ilmuma	[ilʲmuma]
verschijnen (het)	ilmumine	[ilʲmumine]

139

oplage (de)	tiraaž	[tira:ʒ]
boekhandel (de)	raamatukauplus	[ra:matukauplus]
bibliotheek (de)	raamatukogu	[ra:matukogu]

novelle (de)	jutustus	[jutusʲtus]
verhaal (het)	jutt	[jutt]
roman (de)	romaan	[roma:n]
detectiveroman (de)	kriminull	[kriminulʲ]

memoires (mv.)	memuaarid	[memua:rit]
legende (de)	legend	[legent]
mythe (de)	müüt	[mʉ:t]

gedichten (mv.)	luuletused	[lu:letuset]
autobiografie (de)	elulugu	[elulugu]
bloemlezing (de)	valitud teosed	[ʋalitut teoset]
sciencefiction (de)	aimekirjandus	[aimekirjandus]
naam (de)	nimetus	[nimetus]
inleiding (de)	sissejuhatus	[sissejuhatus]
voorblad (het)	tiitelleht	[ti:telʲeht]

hoofdstuk (het)	peatükk	[peatʉkk]
fragment (het)	katkend	[katkent]
episode (de)	episood	[episo:t]

intrige (de)	süžee	[sʉʒe:]
inhoud (de)	sisu	[sisu]
inhoudsopgave (de)	sisukord	[sisukort]
hoofdpersonage (het)	peategelane	[peategelane]

boekdeel (het)	köide	[køide]
omslag (de/het)	kaas	[ka:s]
boekband (de)	köide	[køide]
bladwijzer (de)	järjehoidja	[jærjehojdja]

pagina (de)	lehekülg	[lehekʉlʲg]
bladeren (ww)	lehitsema	[lehitsema]
marges (mv.)	ääred	[æ:ret]
annotatie (de)	märge	[mærge]
opmerking (de)	märkus	[mærkus]

tekst (de)	tekst	[teksʲt]
lettertype (het)	kiri	[kiri]
drukfout (de)	trükiviga	[trʉkiʋiga]

vertaling (de)	tõlge	[tɜlʲge]
vertalen (ww)	tõlkima	[tɜlʲkima]
origineel (het)	originaal	[origina:lʲ]

beroemd (bn)	kuulus	[ku:lus]
onbekend (bn)	tundmatu	[tundmatu]
interessant (bn)	huvitav	[huʋitaʋ]
bestseller (de)	menuraamat	[menura:mat]
woordenboek (het)	sõnaraamat	[sɜnara:mat]
leerboek (het)	õpik	[ɜpik]
encyclopedie (de)	entsüklopeedia	[entsʉklope:dia]

158. Jacht. Vissen

jacht (de)	küttimine	[kʉttimine]
jagen (ww)	jahil käima	[jahilʲ kæjma]
jager (de)	jahimees	[jahime:s]
schieten (ww)	tulistama	[tulisʲtama]
geweer (het)	püss	[pʉss]
patroon (de)	padrun	[padrun]
hagel (de)	haavlid	[ha:ʊlit]
val (de)	püünis	[pʉ:nis]
valstrik (de)	lõks	[lɜks]
in de val trappen	lõksu langema	[lɜksu langema]
een val zetten	püüniseid üles panema	[pʉ:nisejt ʉles panema]
stroper (de)	salakütt	[salakʉtt]
wild (het)	metslinnud	[metslinnut]
jachthond (de)	jahikoer	[jahikoer]
safari (de)	safari	[safari]
opgezet dier (het)	topis	[topis]
visser (de)	kalamees	[kalame:s]
visvangst (de)	kalapüük	[kalapʉ:k]
vissen (ww)	kala püüdma	[kala pʉ:dma]
hengel (de)	õng	[ɜng]
vislijn (de)	õngenöör	[ɜngenø:r]
haak (de)	õngekonks	[ɜngekonks]
dobber (de)	õngekork	[ɜngekork]
aas (het)	sööt	[sø:t]
de hengel uitwerpen	õnge vette viskama	[ɜnge ʊette ʊiskama]
bijten (ov. de vissen)	näkkima	[nækkima]
vangst (de)	kalasaak	[kalasa:k]
wak (het)	jääauk	[jæ::uk]
net (het)	võrk	[ʊɜrk]
boot (de)	paat	[pa:t]
vissen met netten	võrguga püüdma	[ʊɜrguga pʉ:dma]
het net uitwerpen	võrku vette heitma	[ʊɜrku ʊette hejtma]
het net binnenhalen	võrku välja tõmbama	[ʊɜrku ʊælja tɜmbama]
in het net vallen	võrku langema	[ʊɜrku langema]
walvisvangst (de)	vaalapüük	[ʊa:lapʉ:k]
walvisvaarder (de)	vaalapüügilaev	[ʊa:lapʉ:gilaeʊ]
harpoen (de)	harpuun	[harpu:n]

159. Spellen. Biljart

biljart (het)	piljard	[piljart]
biljartzaal (de)	piljardiruum	[piljardiru:m]
biljartbal (de)	piljardikuul	[piljardiku:lʲ]

een bal in het gat jagen	kuuli ajama	[ku:li ajama]
keu (de)	kii	[ki:]
gat (het)	piljardiauk	[piljardiauk]

160. Spellen. Speelkaarten

ruiten (mv.)	ruutu	[ru:tu]
schoppen (mv.)	poti	[poti]
klaveren (mv.)	ärtu	[ærtu]
harten (mv.)	risti	[risˈti]

aas (de)	äss	[æss]
koning (de)	kuningas	[kuningas]
dame (de)	daam	[da:m]
boer (de)	soldat	[solˈdat]

speelkaart (de)	kaart	[ka:rt]
kaarten (mv.)	kaardid	[ka:rdit]
troef (de)	trump	[trump]
pak (het) kaarten	kaardipakk	[ka:rdipakk]

punt (bijv. vijftig ~en)	punkt, silm	[punkt], [silˈm]
uitdelen (kaarten ~)	kaarte välja jagama	[ka:rte vælja jagama]
schudden (de kaarten ~)	kaarte segama	[ka:rte segama]
beurt (de)	käik	[kæjk]
valsspeler (de)	suli	[suli]

161. Casino. Roulette

casino (het)	kasiino	[kasi:no]
roulette (de)	rulett	[rulett]
inzet (de)	panus	[panus]
een bod doen	panust tegema	[panusˈt tegema]

rood (de)	punane	[punane]
zwart (de)	must	[musˈt]
inzetten op rood	panust punasele panema	[panusˈt punasele panema]
inzetten op zwart	panust mustale panema	[panusˈt musˈtale panema]

croupier (de)	krupjee	[krupje:]
de cilinder draaien	trumlit keerutama	[trumlit ke:rutama]
spelregels (mv.)	mängureeglid	[mængure:glit]
fiche (pokerfiche, etc.)	täring	[tæring]

| winnen (ww) | võitma | [vɔitma] |
| winst (de) | võit | [vɔit] |

| verliezen (ww) | kaotama | [kaotama] |
| verlies (het) | kaotus | [kaotus] |

| speler (de) | mängija | [mængija] |
| blackjack (kaartspel) | Must Jack | [musˈt dʒæk] |

dobbelspel (het)	täringumäng	[tæringumæng]
dobbelstenen (mv.)	täring	[tæring]
speelautomaat (de)	mänguautomaat	[mænguautoma:t]

162. Rusten. Spellen. Diversen

wandelen (on.ww.)	jalutama	[jalutama]
wandeling (de)	jalutuskäik	[jalutuskæjk]
trip (per auto)	lõbusõit	[lɜbusɜit]
avontuur (het)	seiklus	[sejklus]
picknick (de)	piknik	[piknik]

spel (het)	mäng	[mæng]
speler (de)	mängija	[mængija]
partij (de)	partii	[parti:]

collectioneur (de)	kollektsionäär	[kolʲektsionæ:r]
collectioneren (ww)	koguma	[koguma]
collectie (de)	kollektsioon	[kolʲektsio:n]

kruiswoordraadsel (het)	ristsõna	[risʲtsɜna]
hippodroom (de)	hipodroom	[hipodro:m]
discotheek (de)	disko	[disko]

| sauna (de) | saun | [saun] |
| loterij (de) | loterii | [loteri:] |

trektocht (kampeertocht)	matk	[matk]
kamp (het)	laager	[la:ger]
tent (de)	telk	[telʲk]
kompas (het)	kompass	[kompass]
rugzaktoerist (de)	matkaja	[matkaja]

bekijken (een film ~)	vaatama	[ʋa:tama]
kijker (televisie~)	televaataja	[teleʋa:taja]
televisie-uitzending (de)	telesaade	[telesa:de]

163. Fotografie

| fotocamera (de) | fotoaparaat | [fotoapara:t] |
| foto (de) | foto | [foto] |

fotograaf (de)	fotograaf	[fotogra:f]
fotostudio (de)	fotostuudio	[fotosʲtu:dio]
fotoalbum (het)	fotoalbum	[fotoalʲbum]

lens (de), objectief (het)	objektiiv	[objekti:ʋ]
telelens (de)	teleobjektiiv	[teleobjekti:ʋ]
filter (de/het)	filter	[filʲter]
lens (de)	lääts	[lʲæ:ts]
optiek (de)	optika	[optika]
diafragma (het)	diafragma	[diafragma]

| belichtingstijd (de) | säriaeg | [særiaeg] |
| zoeker (de) | näidik | [næjdik] |

digitale camera (de)	videokaamera	[ʋideoka:mera]
statief (het)	statiiv	[sⁱtati:ʋ]
flits (de)	välkvalgus	[ʋælⁱkʋalⁱgus]

fotograferen (ww)	pildistama	[pilⁱdisⁱtama]
foto's maken	üles võtma	[ʉles ʋɜtma]
zich laten fotograferen	pildistama	[pilⁱdisⁱtama]

focus (de)	teravus	[teraʋus]
scherpstellen (ww)	teravust reguleerima	[teraʋusⁱt regule:rima]
scherp (bn)	terav	[teraʋ]
scherpte (de)	teravus	[teraʋus]

| contrast (het) | kontrast | [kontrasⁱt] |
| contrastrijk (bn) | kontrastne | [kontrasⁱtne] |

kiekje (het)	foto	[foto]
negatief (het)	negatiiv	[negati:ʋ]
filmpje (het)	filmilint	[filⁱmilint]
beeld (frame)	kaader	[ka:der]
afdrukken (foto's ~)	trükkima	[trʉkkima]

164. Strand. Zwemmen

strand (het)	supelrand	[supelⁱrant]
zand (het)	liiv	[li:ʋ]
leeg (~ strand)	inimtühi	[inimtʉhi]

bruine kleur (de)	päevitus	[pæeʋitus]
zonnebaden (ww)	päevitama	[pæeʋitama]
gebruind (bn)	päevitunud	[pæeʋitunut]
zonnecrème (de)	päevituskreem	[pæeʋituskre:m]

bikini (de)	bikiinid	[biki:nit]
badpak (het)	trikoo	[triko:]
zwembroek (de)	supelpüksid	[supelⁱpʉksit]

zwembad (het)	bassein	[bassejn]
zwemmen (ww)	ujuma	[ujuma]
douche (de)	dušš	[duʃʃ]
zich omkleden (ww)	ümber riietuma	[ʉmber ri:etuma]
handdoek (de)	käterätik	[kæterætik]

| boot (de) | paat | [pa:t] |
| motorboot (de) | kaater | [ka:ter] |

waterski's (mv.)	veesuusad	[ʋe:su:sat]
waterfiets (de)	vesivelo	[ʋesiʋelo]
surfen (het)	purjelaud	[purjelaut]
surfer (de)	purjelaudur	[purjelaudur]
scuba, aqualong (de)	akvalang	[akʋalang]

zwemvliezen (mv.)	lestad	[lesᶦtat]
duikmasker (het)	mask	[mask]
duiker (de)	sukelduja	[sukelᶦduja]
duiken (ww)	sukelduma	[sukelᶦduma]
onder water (bw)	vee all	[ʋe: alᶦ]
parasol (de)	päevavari	[pæeʋaʋari]
ligstoel (de)	lamamistool	[lamamisᶦto:lᶦ]
zonnebril (de)	päikeseprillid	[pæjkeseprilᶦit]
luchtmatras (de/het)	ujumismadrats	[ujumismadrats]
spelen (ww)	mängima	[mæŋgima]
gaan zwemmen (ww)	suplema	[suplema]
bal (de)	pall	[palᶦ]
opblazen (oppompen)	täis puhuma	[tæjs puhuma]
lucht-, opblaasbare (bn)	täispuhutav	[tæjspuhutaʋ]
golf (hoge ~)	laine	[laine]
boei (de)	poi	[poj]
verdrinken (ww)	uppuma	[uppuma]
redden (ww)	päästma	[pæ:sᶦtma]
reddingsvest (de)	päästevest	[pæ:sᶦteʋesᶦt]
waarnemen (ww)	jälgima	[jælᶦgima]
redder (de)	päästja	[pæ:sᶦtja]

TECHNISCHE APPARATUUR. VERVOER

Technische apparatuur

computer (de)	arvuti	[aruuti]
laptop (de)	sülearvuti	[sʉlearʋuuti]
aanzetten (ww)	sisse lülitama	[sisse lʉlitama]
uitzetten (ww)	välja lülitama	[ʋælja lʉlitama]
toetsenbord (het)	klaviatuur	[klaʋiatuːr]
toets (enter~)	klahv	[klahʋ]
muis (de)	hiir	[hiːr]
muismat (de)	hiirevaip	[hiːreʋaip]
knopje (het)	nupp	[nupp]
cursor (de)	kursor	[kursor]
monitor (de)	kuvar	[kuʋar]
scherm (het)	ekraan	[ekraːn]
harde schijf (de)	kõvaketas	[kɤʋaketas]
volume (het) van de harde schijf	kõvaketta mälumaht	[kɤʋaketta mælumaht]
geheugen (het)	mälu	[mælu]
RAM-geheugen (het)	operatiivmälu	[operatiːʋmælu]
bestand (het)	fail	[failʲ]
folder (de)	kataloog	[kataloːg]
openen (ww)	avama	[aʋama]
sluiten (ww)	sulgema	[sulʲgema]
opslaan (ww)	salvestama	[salʲʋesʲtama]
verwijderen (wissen)	eemaldama	[eːmalʲdama]
kopiëren (ww)	kopeerima	[kopeːrima]
sorteren (ww)	sorteerima	[sorteːrima]
overplaatsen (ww)	ümber kirjutama	[ʉmber kirjutama]
programma (het)	programm	[programm]
software (de)	tarkvara	[tarkʋara]
programmeur (de)	programmeerija	[programmeːrija]
programmeren (ww)	programmeerima	[programmeːrima]
hacker (computerkraker)	häkker	[hækker]
wachtwoord (het)	parool	[paroːlʲ]
virus (het)	viirus	[ʋiːrus]
ontdekken (virus ~)	avastama	[aʋasʲtama]

byte (de)	bait	[bait]
megabyte (de)	megabait	[megabait]

data (de)	andmed	[andmet]
databank (de)	andmebaas	[andmeba:s]

kabel (USB-~, enz.)	kaabel	[ka:belʲ]
afsluiten (ww)	välja lülitama	[ʋælja lᵾlitama]
aansluiten op (ww)	ühendama	[ᵾhendama]

166. Internet. E-mail

internet (het)	internet	[internet]
browser (de)	brauser	[brauser]
zoekmachine (de)	otsimisressurss	[otsimisressurss]
internetprovider (de)	provaider	[proʋaider]

webmaster (de)	veebimeister	[ʋe:bimejsʲter]
website (de)	veebilehekülg	[ʋe:bilehekᵾlʲg]
webpagina (de)	veebilehekülg	[ʋe:bilehekᵾlʲg]

adres (het)	aadress	[a:dress]
adresboek (het)	aadressiraamat	[a:dressira:mat]

postvak (het)	postkast	[posʲtkasʲt]
post (de)	post	[posʲt]
vol (~ postvak)	täis	[tæjs]

bericht (het)	teade	[teade]
binnenkomende berichten (mv.)	sissetulevad sõnumid	[sissetuleʋat sɜnumit]
uitgaande berichten (mv.)	väljaminevad sõnumid	[ʋæljamineʋat sɜnumit]
verzender (de)	saatja	[sa:tja]
verzenden (ww)	saatma	[sa:tma]
verzending (de)	saatmine	[sa:tmine]

ontvanger (de)	saaja	[sa:ja]
ontvangen (ww)	kätte saama	[kætte sa:ma]

correspondentie (de)	kirjavahetus	[kirjaʋahetus]
corresponderen (met …)	kirjavahetuses olema	[kirjaʋahetuses olema]

bestand (het)	fail	[failʲ]
downloaden (ww)	allalaadimine	[alʲæla:dimine]
creëren (ww)	tegema	[tegema]
verwijderen (een bestand ~)	eemaldama	[e:malʲdama]
verwijderd (bn)	eemaldatud	[e:malʲdatut]

verbinding (de)	side	[side]
snelheid (de)	kiirus	[ki:rus]
modem (de)	modem	[modem]
toegang (de)	juurdepääs	[ju:rdepæ:s]
poort (de)	port	[port]
aansluiting (de)	lülitus	[lᵾlitus]

zich aansluiten (ww)	sisse lülitama	[sisse lʉlitama]
selecteren (ww)	valima	[ʋalima]
zoeken (ww)	otsima	[otsima]

167. Elektriciteit

elektriciteit (de)	elekter	[elekter]
elektrisch (bn)	elektri-	[elektri-]
elektriciteitscentrale (de)	elektrijaam	[elektrijɑːm]
energie (de)	energia	[energia]
elektrisch vermogen (het)	elektrienergia	[elektrienergia]

lamp (de)	elektripirn	[elektripirn]
zaklamp (de)	taskulamp	[taskulamp]
straatlantaarn (de)	tänavalatern	[tænaʋalatern]

licht (elektriciteit)	elekter	[elekter]
aandoen (ww)	sisse lülitama	[sisse lʉlitama]
uitdoen (ww)	välja lülitama	[ʋælja lʉlitama]
het licht uitdoen	tuld kustutama	[tulʲt kusʲtutama]

doorbranden (gloeilamp)	läbi põlema	[lʲæbi pɜlema]
kortsluiting (de)	lühiühendus	[lʉhiʉhendus]
onderbreking (de)	katke	[katke]
contact (het)	kontakt	[kontakt]

schakelaar (de)	lüliti	[lʉliti]
stopcontact (het)	pistikupesa	[pisʲtikupesa]
stekker (de)	pistik	[pisʲtik]
verlengsnoer (de)	pikendusjuhe	[pikendusjuhe]

zekering (de)	kaitse	[kaitse]
kabel (de)	juhe	[juhe]
bedrading (de)	juhtmed	[juhtmet]

ampère (de)	amper	[amper]
stroomsterkte (de)	voolutugevus	[ʋoːlutugeʋus]
volt (de)	volt	[ʋolʲt]
spanning (de)	pinge	[pinge]

| elektrisch toestel (het) | elektririist | [elektririːsʲt] |
| indicator (de) | indikaator | [indikaːtor] |

elektricien (de)	elektrik	[elektrik]
solderen (ww)	jootma	[joːtma]
soldeerbout (de)	jootekolb	[joːtekolʲb]
stroom (de)	vool	[ʋoːlʲ]

168. Gereedschappen

| werktuig (stuk gereedschap) | tööriist | [tøːriːsʲt] |
| gereedschap (het) | tööriistad | [tøːriːsʲtat] |

uitrusting (de)	seadmed	[seadmet]
hamer (de)	haamer	[ha:mer]
schroevendraaier (de)	kruvikeeraja	[kruʋike:raja]
bijl (de)	kirves	[kirʋes]

zaag (de)	saag	[sa:g]
zagen (ww)	saagima	[sa:gima]
schaaf (de)	höövel	[hø:ʋelʲ]
schaven (ww)	hööveldama	[hø:ʋelʲdama]
soldeerbout (de)	jootekolb	[jo:tekolʲb]
solderen (ww)	jootma	[jo:tma]

vijl (de)	viil	[ʋi:lʲ]
nijptang (de)	tangid	[tangit]
combinatietang (de)	näpitstangid	[næpitsʲtangit]
beitel (de)	peitel	[pejtelʲ]

boorkop (de)	puur	[pu:r]
boormachine (de)	trellpuur	[trelʲpu:r]
boren (ww)	puurima	[pu:rima]

| mes (het) | nuga | [nuga] |
| lemmet (het) | noatera | [noatera] |

scherp (bijv. ~ mes)	terav	[teraʋ]
bot (bn)	nüri	[nʉri]
bot raken (ww)	nüriks minema	[nʉriks minema]
slijpen (een mes ~)	teritama	[teritama]

bout (de)	polt	[polʲt]
moer (de)	mutter	[mutter]
schroefdraad (de)	vint	[ʋint]
houtschroef (de)	kruvi	[kruʋi]

| spijker (de) | nael | [naelʲ] |
| kop (de) | naelapea | [naelapea] |

liniaal (de/het)	joonlaud	[jo:nlaut]
rolmeter (de)	mõõdulint	[mɜ:dulint]
waterpas (de/het)	vaaderpass	[ʋa:derpass]
loep (de)	luup	[lu:p]

meetinstrument (het)	mõõteriist	[mɜ:teri:sʲt]
opmeten (ww)	mõõtma	[mɜ:tma]
schaal (meetschaal)	skaala	[ska:la]
gegevens (mv.)	näit	[næjt]

| compressor (de) | kompressor | [kompressor] |
| microscoop (de) | mikroskoop | [mikrosko:p] |

pomp (de)	pump	[pump]
robot (de)	robot	[robot]
laser (de)	laser	[laser]

| moersleutel (de) | mutrivõti | [mutriʋɜti] |
| plakband (de) | kleeplint | [kle:plint] |

lijm (de)	liim	[li:m]
schuurpapier (het)	liivapaber	[li:ʋapaber]
veer (de)	vedru	[ʋedru]
magneet (de)	magnet	[magnet]
handschoenen (mv.)	kindad	[kindat]
touw (bijv. henneptouw)	nöör	[nø:r]
snoer (het)	nöör	[nø:r]
draad (de)	juhe	[juhe]
kabel (de)	kaabel	[ka:belʲ]
moker (de)	sepavasar	[sepaʋasar]
breekijzer (het)	kang	[kang]
ladder (de)	redel	[redelʲ]
trapje (inklapbaar ~)	treppredel	[treppredelʲ]
aanschroeven (ww)	kinni keerama	[kinni ke:rama]
losschroeven (ww)	lahti keerama	[lahti ke:rama]
dichtpersen (ww)	kinni suruma	[kinni suruma]
vastlijmen (ww)	kleepima	[kle:pima]
snijden (ww)	lõikama	[lɜikama]
defect (het)	rike	[rike]
reparatie (de)	parandamine	[parandamine]
repareren (ww)	remontima	[remontima]
regelen (een machine ~)	reguleerima	[regule:rima]
checken (ww)	kontrollima	[kontrolʲima]
controle (de)	kontrollimine	[kontrolʲimine]
gegevens (mv.)	näit	[næjt]
degelijk (bijv. ~ machine)	töökindel	[tø:kindelʲ]
ingewikkeld (bn)	keeruline	[ke:ruline]
roesten (ww)	roostetama	[ro:sʲtetama]
roestig (bn)	roostetanud	[ro:sʲtetanut]
roest (de/het)	rooste	[ro:sʲte]

Vervoer

169. Vliegtuig

vliegtuig (het)	lennuk	[lennuk]
vliegticket (het)	lennukipilet	[lennukipilet]
luchtvaartmaatschappij (de)	lennukompanii	[lennukompani:]
luchthaven (de)	lennujaam	[lennuja:m]
supersonisch (bn)	ülehelikiiruse	[üleheliki:ruse]
gezagvoerder (de)	lennukikomandör	[lennukikomandør]
bemanning (de)	meeskond	[me:skont]
piloot (de)	piloot	[pilo:t]
stewardess (de)	stjuardess	[sᶦtjuardess]
stuurman (de)	tüürimees	[tü:rime:s]
vleugels (mv.)	tiivad	[ti:ʋat]
staart (de)	saba	[saba]
cabine (de)	kabiin	[kabi:n]
motor (de)	mootor	[mo:tor]
landingsgestel (het)	telik	[telik]
turbine (de)	turbiin	[turbi:n]
propeller (de)	propeller	[propelᶦer]
zwarte doos (de)	must kast	[musᶦt kasᶦt]
stuur (het)	tüür	[tü:r]
brandstof (de)	kütus	[kütus]
veiligheidskaart (de)	instruktsioon	[insᶦtruktsio:n]
zuurstofmasker (het)	hapnikumask	[hapnikumask]
uniform (het)	vormiriietus	[ʋormiri:etus]
reddingsvest (de)	päästevest	[pæ:sᶦteʋesᶦt]
parachute (de)	langevari	[langeʋari]
opstijgen (het)	õhkutõusmine	[ɜhkutɜusmine]
opstijgen (ww)	õhku tõusma	[ɜhku tɜusma]
startbaan (de)	tõusurada	[tɜusurada]
zicht (het)	nähtavus	[næhtaʋus]
vlucht (de)	lend	[lent]
hoogte (de)	kõrgus	[kɜrgus]
luchtzak (de)	õhuauk	[ɜhuauk]
plaats (de)	koht	[koht]
koptelefoon (de)	kõrvaklapid	[kɜrʋaklapit]
tafeltje (het)	klapplaud	[klapplaut]
venster (het)	illuminaator	[ilᶦumina:tor]
gangpad (het)	vahekäik	[ʋahekæjk]

151

170. Trein

trein (de)	rong	[rong]
elektrische trein (de)	elektrirong	[elektrirong]
sneltrein (de)	kiirrong	[ki:rrong]
diesellocomotief (de)	mootorvedur	[mo:toruedur]
stoomlocomotief (de)	auruvedur	[auruuedur]
rijtuig (het)	vagun	[uagun]
restauratierijtuig (het)	restoranvagun	[res!toranuagun]
rails (mv.)	rööpad	[rø:pat]
spoorweg (de)	raudtee	[raudte:]
dwarsligger (de)	liiper	[li:per]
perron (het)	platvorm	[platuorm]
spoor (het)	tee	[te:]
semafoor (de)	semafor	[semafor]
halte (bijv. kleine treinhalte)	jaam	[ja:m]
machinist (de)	vedurijuht	[uedurijuht]
kruier (de)	pakikandja	[pakikandja]
conducteur (de)	vagunisaatja	[uagunisa:tja]
passagier (de)	reisija	[rejsija]
controleur (de)	kontrolör	[kontrolør]
gang (in een trein)	koridor	[koridor]
noodrem (de)	hädapidur	[hædapidur]
coupé (de)	kupee	[kupe:]
bed (slaapplaats)	nari	[nari]
bovenste bed (het)	ülemine nari	[ʉlemine nari]
onderste bed (het)	alumine nari	[alumine nari]
beddengoed (het)	voodipesu	[uo:dipesu]
kaartje (het)	pilet	[pilet]
dienstregeling (de)	sõiduplaan	[sɜidupla:n]
informatiebord (het)	tabloo	[tablo:]
vertrekken (De trein vertrekt ...)	väljuma	[uæljuma]
vertrek (ov. een trein)	väljumine	[uæljumine]
aankomen (ov. de treinen)	saabuma	[sa:buma]
aankomst (de)	saabumine	[sa:bumine]
aankomen per trein	rongiga saabuma	[rongiga sa:buma]
in de trein stappen	rongile minema	[rongile minema]
uit de trein stappen	rongilt maha minema	[rongil!t maha minema]
treinwrak (het)	rongiõnnetus	[rongiɜnnetus]
ontspoord zijn	rööbastelt maha jooksma	[rø:bas!tel!t maha jo:ksma]
stoomlocomotief (de)	auruvedur	[auruuedur]
stoker (de)	kütja	[kʉtja]
stookplaats (de)	kolle	[kol!e]
steenkool (de)	süsi	[sʉsi]

171. Schip

schip (het)	laev	[laeʋ]
vaartuig (het)	laev	[laeʋ]
stoomboot (de)	aurik	[aurik]
motorschip (het)	mootorlaev	[mo:torlaeʋ]
lijnschip (het)	liinilaev	[li:nilaeʋ]
kruiser (de)	ristleja	[ris'tleja]
jacht (het)	jaht	[jaht]
sleepboot (de)	puksiir	[puksi:r]
duwbak (de)	lodi	[lodi]
ferryboot (de)	parvlaev	[parʋlaeʋ]
zeilboot (de)	purjelaev	[purjelaeʋ]
brigantijn (de)	brigantiin	[briganti:n]
ijsbreker (de)	jäälõhkuja	[jæ:lɜhkuja]
duikboot (de)	allveelaev	[alʲʋe:laeʋ]
boot (de)	paat	[pa:t]
sloep (de)	luup	[lu:p]
reddingssloep (de)	päästepaat	[pæ:sʲtepa:t]
motorboot (de)	kaater	[ka:ter]
kapitein (de)	kapten	[kapten]
zeeman (de)	madrus	[madrus]
matroos (de)	meremees	[mereme:s]
bemanning (de)	meeskond	[me:skont]
bootsman (de)	pootsman	[po:tsman]
scheepsjongen (de)	junga	[junga]
kok (de)	kokk	[kokk]
scheepsarts (de)	laevaarst	[laeʋa:rsʲt]
dek (het)	tekk	[tekk]
mast (de)	mast	[masʲt]
zeil (het)	puri	[puri]
ruim (het)	trümm	[trʉmm]
voorsteven (de)	vöör	[ʋø:r]
achtersteven (de)	ahter	[ahter]
roeispaan (de)	aer	[aer]
schroef (de)	kruvi	[kruʋi]
kajuit (de)	kajut	[kajut]
officierskamer (de)	ühiskajut	[ʉhiskajut]
machinekamer (de)	masinaruum	[masinaru:m]
brug (de)	kaptenisild	[kaptenisilʲt]
radiokamer (de)	raadiosõlm	[ra:diosɜlʲm]
radiogolf (de)	raadiolaine	[ra:diolaine]
logboek (het)	logiraamat	[logira:mat]
verrekijker (de)	pikksilm	[pikksilʲm]
klok (de)	kirikukell	[kirikukelʲ]

153

vlag (de)	lipp	[lipp]
kabel (de)	köis	[køis]
knoop (de)	sõlm	[sɜlʲm]

| leuning (de) | käsipuu | [kæsipu:] |
| trap (de) | trapp | [trapp] |

anker (het)	ankur	[ankur]
het anker lichten	ankur sisse	[ankur sisse]
het anker neerlaten	ankur välja	[ankur ʋælja]
ankerketting (de)	ankrukett	[ankrukett]

haven (bijv. containerhaven)	sadam	[sadam]
kaai (de)	sadam	[sadam]
aanleggen (ww)	randuma	[randuma]
wegvaren (ww)	kaldast eemalduma	[kalʲdasʲt e:malʲduma]

reis (de)	reis	[rejs]
cruise (de)	kruiis	[krui:s]
koers (de)	kurss	[kurss]
route (de)	marsruut	[marsru:t]

vaarwater (het)	laevasõidutee	[laeʋasɜidute:]
zandbank (de)	madalik	[madalik]
stranden (ww)	madalikule jääma	[madalikule jæ:ma]

storm (de)	torm	[torm]
signaal (het)	signaal	[signa:lʲ]
zinken (ov. een boot)	uppuma	[uppuma]
Man overboord!	Mees üle parda!	[me:s üle parda!]
SOS (noodsignaal)	SOS	[sos]
reddingsboei (de)	päästerõngas	[pæ:sʲterɜngas]

172. Vliegveld

luchthaven (de)	lennujaam	[lennuja:m]
vliegtuig (het)	lennuk	[lennuk]
luchtvaartmaatschappij (de)	lennukompanii	[lennukompani:]
luchtverkeersleider (de)	dispetšer	[dispetʃer]

vertrek (het)	väljalend	[ʋæljalent]
aankomst (de)	saabumine	[sa:bumine]
aankomen (per vliegtuig)	saabuma	[sa:buma]

| vertrektijd (de) | väljalennuaeg | [ʋæljalennuaeg] |
| aankomstuur (het) | saabumisaeg | [sa:bumisaeg] |

| vertraagd zijn (ww) | hilinema | [hilinema] |
| vluchtvertraging (de) | väljalend hilineb | [ʋæljalent hilineb] |

informatiebord (het)	teadetetabloo	[teadetetablo:]
informatie (de)	teave	[teaʋe]
aankondigen (ww)	teatama	[teatama]
vlucht (bijv. KLM ~)	reis	[rejs]

douane (de)	**toll**	[tolʲ]
douanier (de)	**tolliametnik**	[tolʲiametnik]
douaneaangifte (de)	**deklaratsioon**	[deklaratsio:n]
invullen (douaneaangifte ~)	**täitma**	[tæjtma]
een douaneaangifte invullen	**deklaratsiooni täitma**	[deklaratsio:ni tæjtma]
paspoortcontrole (de)	**passikontroll**	[passikontrolʲ]
bagage (de)	**pagas**	[pagas]
handbagage (de)	**käsipakid**	[kæsipakit]
bagagekarretje (het)	**pagasikäru**	[pagasikæru]
landing (de)	**maandumine**	[ma:ndumine]
landingsbaan (de)	**maandumisrada**	[ma:ndumisrada]
landen (ww)	**maanduma**	[ma:nduma]
vliegtuigtrap (de)	**lennukitrepp**	[lennukitrepp]
inchecken (het)	**registreerimine**	[regisʲtre:rimine]
incheckbalie (de)	**registreerimiselett**	[regisʲtre:rimiselett]
inchecken (ww)	**registreerima**	[regisʲtre:rima]
instapkaart (de)	**lennukissemineku talong**	[lennukissemineku talong]
gate (de)	**lennukisse minek**	[lennukisse minek]
transit (de)	**transiit**	[transi:t]
wachten (ww)	**ootama**	[o:tama]
wachtzaal (de)	**ooteruum**	[o:teru:m]
begeleiden (uitwuiven)	**saatma**	[sa:tma]
afscheid nemen (ww)	**hüvasti jätma**	[hʉʋasʲti jætma]

173. Fiets. Motorfiets

fiets (de)	**jalgratas**	[jalʲgratas]
bromfiets (de)	**motoroller**	[motorolʲer]
motorfiets (de)	**mootorratas**	[mo:torratas]
met de fiets rijden	**jalgrattaga sõitma**	[jalʲgrattaga sɜitma]
stuur (het)	**rool**	[ro:lʲ]
pedaal (de/het)	**pedaal**	[peda:lʲ]
remmen (mv.)	**pidur**	[pidur]
fietszadel (de/het)	**sadul**	[sadulʲ]
pomp (de)	**pump**	[pump]
bagagedrager (de)	**pakiruum**	[pakiru:m]
fietslicht (het)	**lamp**	[lamp]
helm (de)	**kiiver**	[ki:ʋer]
wiel (het)	**ratas**	[ratas]
spatbord (het)	**poritiib**	[poriti:b]
velg (de)	**velg**	[ʋelʲg]
spaak (de)	**kodar**	[kodar]

Auto's

auto (de)	**auto**	[auto]
sportauto (de)	**spordiauto**	[spordiauto]
limousine (de)	**limusiin**	[limusi:n]
terreinwagen (de)	**maastur**	[ma:sⁱtur]
cabriolet (de)	**kabriolett**	[kabriolett]
minibus (de)	**väikebuss**	[ʋæjkebuss]
ambulance (de)	**kiirabi**	[ki:rabi]
sneeuwruimer (de)	**lumekoristusauto**	[lumekorisⁱtusauto]
vrachtwagen (de)	**veoauto**	[ʋeoauto]
tankwagen (de)	**bensiiniauto**	[bensi:niauto]
bestelwagen (de)	**furgoon**	[furgo:n]
trekker (de)	**veduk**	[ʋeduk]
aanhangwagen (de)	**järelkäru**	[jærelⁱkæru]
comfortabel (bn)	**mugav**	[mugaʋ]
tweedehands (bn)	**kasutatud**	[kasutatut]

motorkap (de)	**kapott**	[kapott]
spatbord (het)	**tiib**	[ti:b]
dak (het)	**katus**	[katus]
voorruit (de)	**tuuleklaas**	[tu:lekla:s]
achterruit (de)	**tahavaatepeegel**	[tahaʋa:tepe:gelʲ]
ruitensproeier (de)	**uhtuja**	[uhtuja]
wisserbladen (mv.)	**klaasipuhasti**	[kla:sipuhasⁱti]
zijruit (de)	**küljeklaas**	[kɤljekla:s]
raamlift (de)	**klaasitõstja**	[kla:sitɜsⁱtja]
antenne (de)	**antenn**	[antenn]
zonnedak (het)	**luuk**	[lu:k]
bumper (de)	**kaitseraud**	[kaitseraut]
koffer (de)	**pakiruum**	[pakiru:m]
imperiaal (de/het)	**pakiraam**	[pakira:m]
portier (het)	**uksed**	[ukset]
handvat (het)	**ukselink**	[ukselink]
slot (het)	**lukk**	[lukk]
nummerplaat (de)	**autonumber**	[autonumber]
knalpot (de)	**summutaja**	[summutaja]

| benzinetank (de) | bensiinipaak | [bensi:nipa:k] |
| uitlaatpijp (de) | heitgaasitoru | [hejtga:sitoru] |

gas (het)	gaas	[ga:s]
pedaal (de/het)	pedaal	[peda:lʲ]
gaspedaal (de/het)	gaasipedaal	[ga:sipeda:lʲ]

rem (de)	pidur	[pidur]
rempedaal (de/het)	piduripedaal	[piduripeda:lʲ]
remmen (ww)	pidurdama	[pidurdama]
handrem (de)	seisupidur	[sejsupidur]

koppeling (de)	sidur	[sidur]
koppelingspedaal (de/het)	siduripedaal	[siduripeda:lʲ]
koppelingsschijf (de)	siduriketas	[siduriketas]
schokdemper (de)	amortisaator	[amortisa:tor]

wiel (het)	ratas	[ratas]
reservewiel (het)	tagavararatas	[tagaʋararatas]
band (de)	rehv	[rehʋ]
wieldop (de)	kilp	[kilʲp]

aandrijfwielen (mv.)	veorattad	[ʋeorattat]
met voorwielaandrijving	eesveoga	[e:sʋeoga]
met achterwielaandrijving	tagaveoga	[tagaʋeoga]
met vierwielaandrijving	täisveoga	[tæjsʋeoga]

versnellingsbak (de)	käigukast	[kæjgukasʲt]
automatisch (bn)	automaatne	[automa:tne]
mechanisch (bn)	mehaaniline	[meha:niline]
versnellingspook (de)	käigukang	[kæjgukang]

| voorlicht (het) | latern | [latern] |
| voorlichten (mv.) | laternad | [laternat] |

dimlicht (het)	lähituled	[lʲæhitulet]
grootlicht (het)	kaugtuled	[kaugtulet]
stoplicht (het)	stopp-signaal	[sʲtopp-signa:lʲ]

standlichten (mv.)	gabariittuled	[gabari:ttulet]
noodverlichting (de)	avariituled	[aʋari:tulet]
mistlichten (mv.)	udulaternad	[udulaternat]
pinker (de)	pöörmetuled	[pø:rmetulet]
achteruitrijdlicht (het)	tagasikäik	[tagasikæjk]

176. Auto's. Passagiersruimte

interieur (het)	sõitjateruum	[sɜitjateru:m]
leren (van leer gemaak)	nahast	[nahasʲt]
fluwelen (abn)	veluurist	[ʋelu:risʲt]
bekleding (de)	kattematerjal	[kattematerjalʲ]

| toestel (het) | seade | [seade] |
| instrumentenbord (het) | armatuurlaud | [armatu:rlaut] |

snelheidsmeter (de)	spidomeeter	[spidome:ter]
pijltje (het)	nool	[noːlʲ]

kilometerteller (de)	taksomeeter	[taksome:ter]
sensor (de)	andur	[andur]
niveau (het)	tase	[tase]
controlelampje (het)	elektripirn	[elektripirn]

stuur (het)	rool, rooliratas	[ro:l, ro:liratas]
toeter (de)	signaal	[signa:lʲ]
knopje (het)	nupp	[nupp]
schakelaar (de)	suunatuli	[su:natuli]

stoel (bestuurders~)	iste	[isʲte]
rugleuning (de)	seljatugi	[seljatugi]
hoofdsteun (de)	peatugi	[peatugi]
veiligheidsgordel (de)	turvavöö	[turʋaʋøː]
de gordel aandoen	turvavööd kinni panema	[turʋaʋøːt kinni panema]
regeling (de)	reguleerimine	[regule:rimine]

airbag (de)	õhkpadi	[ɜhkpadi]
airconditioner (de)	konditsioneer	[konditsione:r]

radio (de)	raadio	[ra:dio]
CD-speler (de)	CD-mängija	[ʦede mæŋgija]
aanzetten (bijv. radio ~)	sisse lülitama	[sisse lʉlitama]
antenne (de)	antenn	[antenn]
handschoenenkastje (het)	kindalaegas	[kindalaegas]
asbak (de)	tuhatoos	[tuhato:s]

177. Auto's. Motor

motor (de)	mootor	[mo:tor]
diesel- (abn)	diisel	[di:selʲ]
benzine- (~motor)	bensiini	[bensi:ni]

motorinhoud (de)	mootorimaht	[mo:torimaht]
vermogen (het)	võimsus	[ʋɜimsus]
paardenkracht (de)	hobujõud	[hobujɜut]
zuiger (de)	kolb	[kolʲb]
cilinder (de)	silinder	[silinder]
klep (de)	klapp	[klapp]

injectie (de)	suru-jugapump	[suru-jugapump]
generator (de)	generaator	[genera:tor]
carburator (de)	karburaator	[karbura:tor]
motorolie (de)	mootoriõli	[mo:toriɜli]

radiator (de)	radiaator	[radia:tor]
koelvloeistof (de)	jahutusvedelik	[jahutusʋedelik]
ventilator (de)	ventilaator	[ʋentila:tor]

accu (de)	aku	[aku]
starter (de)	käiviti	[kæejʉiti]

| contact (ontsteking) | süüde | [su:de] |
| bougie (de) | süüteküünal | [su:teku:nalʲ] |

pool (de)	klemm	[klemm]
positieve pool (de)	pluss	[pluss]
negatieve pool (de)	miinus	[mi:nus]
zekering (de)	kaitse	[kaitse]

luchtfilter (de)	õhufilter	[ɜhufilʲter]
oliefilter (de)	õlifilter	[ɜlifilʲter]
benzinefilter (de)	kütusefilter	[kutusefilʲter]

178. Auto's. Botsing. Reparatie

auto-ongeval (het)	avarii	[auari:]
verkeersongeluk (het)	liiklusõnnetus	[li:klusɜnnetus]
aanrijden	sisse sõitma	[sisse sɜitma]
(tegen een boom, enz.)		
verongelukken (ww)	purunema	[purunema]
beschadiging (de)	vigastus	[uigasʲtus]
heelhuids (bn)	terve	[terue]

pech (de)	rike	[rike]
kapot gaan (zijn gebroken)	purunema	[purunema]
sleeptouw (het)	puksiirtross	[puksi:rtross]

lek (het)	auk	[auk]
lekke krijgen (band)	tühjaks minema	[tuhjaks minema]
oppompen (ww)	täis pumpama	[tæjs pumpama]
druk (de)	rõhk	[rɜhk]
checken (ww)	kontrollima	[kontrolʲima]

reparatie (de)	remont	[remont]
garage (de)	autoremonditöökoda	[autoremonditø:koda]
wisselstuk (het)	varuosa	[uaruosa]
onderdeel (het)	detail	[detailʲ]

bout (de)	polt	[polʲt]
schroef (de)	vint	[uint]
moer (de)	mutter	[mutter]
sluitring (de)	seib	[sejb]
kogellager (de/het)	kuullaager	[ku:lʲæ:ger]

pijp (de)	toru	[toru]
pakking (de)	tihend	[tihent]
kabel (de)	juhe	[juhe]

dommekracht (de)	tungraud	[tungraut]
moersleutel (de)	mutrivõti	[mutriuɜti]
hamer (de)	haamer	[ha:mer]
pomp (de)	pump	[pump]
schroevendraaier (de)	kruvikeeraja	[kruuike:raja]
brandblusser (de)	tulekustuti	[tulekusʲtuti]
gevarendriehoek (de)	avariikolmnurk	[auari:kolʲmnurk]

afslaan (ophouden te werken)	välja surema	[ʋælja surema]
uitvallen (het)	seisak	[sejsak]
zijn gebroken	rikkis	[rikkis]

oververhitten (ww)	üle kuumenema	[ɥle ku:menema]
verstopt raken (ww)	ummistuma	[ummisʲtuma]
bevriezen (autodeur, enz.)	kinni külmuma	[kinni kɥlʲmuma]
barsten (leidingen, enz.)	lõhki minema	[lɜhki minema]

druk (de)	rõhk	[rɜhk]
niveau (bijv. olieniveau)	tase	[tase]
slap (de drijfriem is ~)	nõrk	[nɜrk]

deuk (de)	muljutis	[muljutis]
geklop (vreemde geluiden)	koputus	[koputus]
barst (de)	pragu	[pragu]
kras (de)	kriimustus	[kri:musʲtus]

179. Auto's. Weg

weg (de)	tee	[te:]
snelweg (de)	kiirtee	[ki:rte:]
autoweg (de)	maantee	[ma:nte:]
richting (de)	suund	[su:nt]
afstand (de)	vahemaa	[ʋahema:]

brug (de)	sild	[silʲt]
parking (de)	parkla	[parkla]
plein (het)	väljak	[ʋæljak]
verkeersknooppunt (het)	liiklussõlm	[li:klussɜlʲm]
tunnel (de)	tunnel	[tunnelʲ]

benzinestation (het)	tankla	[tankla]
parking (de)	parkla	[parkla]
benzinepomp (de)	tankla	[tankla]
garage (de)	garaaž	[gara:ʒ]
tanken (ww)	tankima	[tankima]
brandstof (de)	kütus	[kɥtus]
jerrycan (de)	kanister	[kanisʲter]

asfalt (het)	asfalt	[asfalʲt]
markering (de)	märgistus	[mærgisʲtus]
trottoirband (de)	piire	[pi:re]
geleiderail (de)	tara	[tara]
greppel (de)	kraav	[kra:ʋ]
vluchtstrook (de)	teeperv	[te:perʋ]
lichtmast (de)	post	[posʲt]

besturen (een auto ~)	juhtima	[juhtima]
afslaan (naar rechts ~)	pöörama	[pø:rama]
U-bocht maken (ww)	ümber pöörama	[ɥmber pø:rama]
achteruit (de)	tagasikäik	[tagasikæjk]
toeteren (ww)	signaali andma	[signa:li andma]

toeter (de)	helisignaal	[helisigna:lʲ]
vastzitten (in modder)	kinni jääma	[kinni jæ:ma]
spinnen (wielen gaan ~)	puksima	[puksima]
uitzetten (ww)	seisma jätma	[sejsma jætma]

snelheid (de)	kiirus	[ki:rus]
een snelheidsovertreding maken	kiirust ületama	[ki:rusʲt ʉletama]
bekeuren (ww)	trahvima	[trahʋima]
verkeerslicht (het)	valgusfoor	[ʋalʲgusfo:r]
rijbewijs (het)	juhiload	[juhiloat]

overgang (de)	ülesõit	[ʉlesɜit]
kruispunt (het)	ristmik	[risʲtmik]
zebrapad (oversteekplaats)	jalakäijate ülekäik	[jalakæjjate ʉlekæjk]
bocht (de)	kurv	[kurʋ]
voetgangerszone (de)	jalakäijate tsoon	[jalakæjjate tso:n]

180. Verkeersborden

verkeersregels (mv.)	liikluseeskirjad	[li:kluse:skirjat]
verkeersbord (het)	liiklusmärk	[li:klusmærk]
inhalen (het)	möödasõit	[mø:dasɜit]
bocht (de)	kurv	[kurʋ]
U-bocht, kering (de)	tagasipöördekoht	[tagasipø:rdekoht]
Rotonde (de)	ringliiklus	[ringli:klus]

Verboden richting	sissesõidu keeld	[sissesɜidu ke:lʲt]
Verboden toegang	sõidu keeld	[sɜidu ke:lʲt]
Inhalen verboden	möödasõidu keeld	[mø:dasɜidu ke:lʲt]
Parkeerverbod	parkimise keeld	[parkimise ke:lʲt]
Verbod stil te staan	peatumise keeld	[peatumise ke:lʲt]

Gevaarlijke bocht	järsk kurv	[jærsk kurʋ]
Gevaarlijke daling	järsk lang	[jærsk lang]
Eenrichtingsweg	ühesuunalisele teele	[ʉhesu:nalisele te:le]
Voetgangers	ülekäigurada	[ʉlekæjgurada]
Slipgevaar	libe tee	[libe te:]
Voorrang verlenen	anna teed	[anna te:t]

MENSEN. GEBEURTENISSEN IN HET LEVEN

181. Vakanties. Evenement

feest (het)	**pidu**	[pidu]
nationale feestdag (de)	**rahvuspüha**	[rahʊuspʉha]
feestdag (de)	**pidupäev**	[pidupæəʊ]
herdenken (ww)	**pidu pidama**	[pidu pidama]
gebeurtenis (de)	**sündmus**	[sʉndmus]
evenement (het)	**üritus**	[ʉritus]
banket (het)	**bankett**	[bankett]
receptie (de)	**vastuvõtt**	[ʊasʲtuʊɔtt]
feestmaal (het)	**pidu**	[pidu]
verjaardag (de)	**aastapäev**	[aːsʲtapæəʊ]
jubileum (het)	**juubelipidu**	[juːbelipidu]
vieren (ww)	**tähistama**	[tæhisʲtama]
Nieuwjaar (het)	**Uusaasta**	[uːsaːsʲta]
Gelukkig Nieuwjaar!	**Head uut aastat!**	[heat uːt aːsʲtat!]
Sinterklaas (de)	**Jõuluvana**	[jɜuluʊana]
Kerstfeest (het)	**Jõulud**	[jɜulut]
Vrolijk kerstfeest!	**Rõõmsaid jõulupühi!**	[rɜːmsait jɜulupʉhi!]
kerstboom (de)	**jõulukuusk**	[jɜuluku:sk]
vuurwerk (het)	**saluut**	[saluːt]
bruiloft (de)	**pulmad**	[pulʲmat]
bruidegom (de)	**peigmees**	[pejgmeːs]
bruid (de)	**pruut**	[pruːt]
uitnodigen (ww)	**kutsuma**	[kutsuma]
uitnodigingskaart (de)	**kutse**	[kutse]
gast (de)	**külaline**	[kʉlaline]
op bezoek gaan	**külla minema**	[kʉlʲæ minema]
gasten verwelkomen	**külalisi vastu võtma**	[kʉlalisi ʊasʲtu ʊɔtma]
geschenk, cadeau (het)	**kingitus**	[kingitus]
geven (iets cadeau ~)	**kinkima**	[kinkima]
geschenken ontvangen	**kingitusi saama**	[kingitusi saːma]
boeket (het)	**lillekimp**	[lilʲekimp]
felicitaties (mv.)	**õnnitlus**	[ɜnnitlus]
feliciteren (ww)	**õnnitlema**	[ɜnnitlema]
wenskaart (de)	**õnnitluskaart**	[ɜnnitluskaːrt]
een kaartje versturen	**kaarti saatma**	[kaːrti saːtma]
een kaartje ontvangen	**kaarti saama**	[kaːrti saːma]

toast (de)	toost	[to:sʲt]
aanbieden (een drankje ~)	kostitama	[kosʲtitama]
champagne (de)	šampus	[ʃampus]

plezier hebben (ww)	lõbutsema	[lɜbutsema]
plezier (het)	lust	[lusʲt]
vreugde (de)	rõõm	[rɜ:m]

dans (de)	tants	[tants]
dansen (ww)	tantsima	[tantsima]

wals (de)	valss	[ʋalʲss]
tango (de)	tango	[tango]

182. Begrafenissen. Begrafenis

kerkhof (het)	kalmistu	[kalʲmisʲtu]
graf (het)	haud	[haut]
kruis (het)	rist	[risʲt]
grafsteen (de)	hauakivi	[hauakiʋl]
omheining (de)	piirdeaed	[pi:rdeaet]
kapel (de)	kabel	[kabelʲ]

dood (de)	surm	[surm]
sterven (ww)	surema	[surema]
overledene (de)	kadunu	[kadunu]
rouw (de)	lein	[lejn]

begraven (ww)	matma	[matma]
begrafenisonderneming (de)	matusebüroo	[matusebʉro:]
begrafenis (de)	matus	[matus]

krans (de)	pärg	[pærg]
doodskist (de)	kirst	[kirsʲt]
lijkwagen (de)	katafalk	[katafalʲk]
lijkkleed (de)	surilina	[surilina]

begrafenisstoet (de)	matuserongkäik	[matuserongkæjk]
urn (de)	urn	[urn]
crematorium (het)	kremaatoorium	[kremato:rium]

overlijdensbericht (het)	nekroloog	[nekrolo:g]
huilen (wenen)	nutma	[nutma]
snikken (huilen)	ulguma	[ulʲguma]

183. Oorlog. Soldaten

peloton (het)	jagu	[jagu]
compagnie (de)	rood	[ro:t]
regiment (het)	polk	[polʲk]
leger (armee)	kaitsevägi	[kaitseʋægi]
divisie (de)	divisjon	[diʋisjon]

163

sectie (de)	rühm	[rʉhm]
troep (de)	vägi	[ʋægi]
soldaat (militair)	sõdur	[sɜdur]
officier (de)	ohvitser	[ohʋitser]
soldaat (rang)	reamees	[reame:s]
sergeant (de)	seersant	[se:rsant]
luitenant (de)	leitnant	[lejtnant]
kapitein (de)	kapten	[kapten]
majoor (de)	major	[major]
kolonel (de)	kolonel	[koloneli]
generaal (de)	kindral	[kindrali]
matroos (de)	meremees	[mereme:s]
kapitein (de)	kapten	[kapten]
bootsman (de)	pootsman	[po:tsman]
artillerist (de)	suurtükiväelane	[su:rtʉkiʋæəlane]
valschermjager (de)	dessantväelane	[dessantʋæəlane]
piloot (de)	lendur	[lendur]
stuurman (de)	tüürimees	[tʉrime:s]
mecanicien (de)	mehaanik	[meha:nik]
sappeur (de)	sapöör	[sapø:r]
parachutist (de)	langevarjur	[langeʋarjur]
verkenner (de)	luuraja	[lu:raja]
scherpschutter (de)	snaiper	[snaiper]
patrouille (de)	patrull	[patruli]
patrouilleren (ww)	patrullima	[patrulima]
wacht (de)	tunnimees	[tunnime:s]
krijger (de)	sõjamees	[sɜjame:s]
patriot (de)	patrioot	[patrio:t]
held (de)	kangelane	[kangelane]
heldin (de)	kangelanna	[kangelanna]
verrader (de)	äraandja	[æra:ndja]
verraden (ww)	ära andma	[æra andma]
deserteur (de)	desertöör	[desertø:r]
deserteren (ww)	deserteerima	[deserte:rima]
huurling (de)	palgasõdur	[paligassɜdur]
rekruut (de)	noorsõdur	[no:rsɜdur]
vrijwilliger (de)	vabatahtlik	[ʋabatahtlik]
gedode (de)	tapetu	[tapetu]
gewonde (de)	haavatu	[ha:ʋatu]
krijgsgevangene (de)	sõjavang	[sɜjaʋang]

184. Oorlog. Militaire acties. Deel 1

oorlog (de)	sõda	[sɜda]
oorlog voeren (ww)	sõdima	[sɜdima]

burgeroorlog (de)	kodusõda	[kodusɜda]
achterbaks (bw)	reetlikult	[reːtlikulʲt]
oorlogsverklaring (de)	sõjakuulutamine	[sɜjakuːlutamine]
verklaren (de oorlog ~)	sõda kuulutama	[sɜda kuːlutama]
agressie (de)	agressioon	[agressioːn]
aanvallen (binnenvallen)	kallale tungima	[kalʲæle tungima]

binnenvallen (ww)	anastama	[anasʲtama]
invaller (de)	anastaja	[anasʲtaja]
veroveraar (de)	vallutaja	[ʋalʲutaja]

verdediging (de)	kaitse	[kaitse]
verdedigen (je land ~)	kaitsma	[kaitsma]
zich verdedigen (ww)	ennast kaitsma	[ennasʲt kaitsma]

vijand (de)	vaenlane	[ʋaenlane]
tegenstander (de)	vastane	[ʋasʲtane]
vijandelijk (bn)	vaenulik	[ʋaenulik]

strategie (de)	strateegia	[sʲtrateːgia]
tactiek (de)	taktika	[taktika]

order (de)	käsk	[kæsk]
bevel (het)	käsk	[kæsk]
bevelen (ww)	käskima	[kæskima]
opdracht (de)	ülesanne	[ʉlesanne]
geheim (bn)	salajane	[salajane]

veldslag (de)	võitlus	[ʋɜitlus]
strijd (de)	lahing	[lahing]

aanval (de)	rünnak	[rʉnnak]
bestorming (de)	rünnak	[rʉnnak]
bestormen (ww)	ründama	[rʉndama]
bezetting (de)	ümberpiiramine	[ʉmberpiːramine]

aanval (de)	pealetung	[pealetung]
in het offensief te gaan	peale tungima	[peale tungima]

terugtrekking (de)	taganemine	[taganemine]
zich terugtrekken (ww)	taganema	[taganema]

omsingeling (de)	ümberpiiramine	[ʉmberpiːramine]
omsingelen (ww)	ümber piirama	[ʉmber piːrama]

bombardement (het)	pommitamine	[pommitamine]
een bom gooien	pommi heitma	[pommi hejtma]
bombarderen (ww)	pommitama	[pommitama]
ontploffing (de)	plahvatus	[plahʋatus]

schot (het)	lask	[lask]
een schot lossen	tulistama	[tulisʲtama]
schieten (het)	tulistamine	[tulisʲtamine]

mikken op (ww)	sihtima	[sihtima]
aanleggen (een wapen ~)	sihikule võtma	[sihikule ʋɜtma]

treffen (doelwit ~)	tabama	[tabama]
zinken (tot zinken brengen)	põhja laskma	[pɜhja laskma]
kogelgat (het)	mürsuauk	[mʉrsuauk]
zinken (gezonken zijn)	põhja minema	[pɜhja minema]

front (het)	rinne	[rinne]
evacuatie (de)	evakuatsioon	[eʋakuatsio:n]
evacueren (ww)	evakueerima	[eʋakue:rima]

loopgraaf (de)	kaevik	[kaeʋik]
prikkeldraad (de)	okastraat	[okasˈtra:t]
verdedigingsobstakel (het)	kaitsevall	[kaitseʋalʲ]
wachttoren (de)	vaatetorn	[ʋa:tetorn]

hospitaal (het)	hospital	[hospitalʲ]
verwonden (ww)	haavama	[ha:ʋama]
wond (de)	haav	[ha:ʋ]
gewonde (de)	haavatu	[ha:ʋatu]
gewond raken (ww)	haavata saama	[ha:ʋata sa:ma]
ernstig (~e wond)	raske	[raske]

185. Oorlog. Militaire acties. Deel 2

krijgsgevangenschap (de)	vangistus	[ʋangisˈtus]
krijgsgevangen nemen	vangi võtma	[ʋangi ʋɜtma]
krijgsgevangene zijn	vangis olema	[ʋangis olema]
krijgsgevangen genomen worden	vangi sattuma	[ʋangi sattuma]

concentratiekamp (het)	koonduslaager	[ko:ndusla:ger]
krijgsgevangene (de)	sõjavang	[sɜjaʋang]
vluchten (ww)	vangist põgenema	[ʋangisˈt pɜgenema]

verraden (ww)	reetma, ära andma	[re:tma, æra andma]
verrader (de)	äraandja	[æra:ndja]
verraad (het)	reetmine	[re:tmine]

fusilleren (executeren)	maha laskma	[maha laskma]
executie (de)	mahalaskmine	[mahalaskmine]

uitrusting (de)	vormiriietus	[ʋormiri:etus]
schouderstuk (het)	pagun	[pagun]
gasmasker (het)	gaasimask	[ga:simask]

portofoon (de)	raadiosaatja	[ra:diosa:tja]
geheime code (de)	šiffer	[ʃiffer]
samenzwering (de)	konspiratsioon	[konspiratsio:n]
wachtwoord (het)	parool	[paro:lʲ]

mijn (landmijn)	miin	[mi:n]
ondermijnen (legden mijnen)	mineerima	[mine:rima]
mijnenveld (het)	miiniväli	[mi:niʋæli]
luchtalarm (het)	õhuhäire	[ɜhuhæjre]
alarm (het)	häire	[hæjre]

signaal (het)	**signaal**	[signa:lʲ]
vuurpijl (de)	**signaalrakett**	[signa:lʲrakett]

staf (generale ~)	**staap**	[sʲta:p]
verkenning (de)	**luure**	[lu:re]
toestand (de)	**olukord**	[olukort]
rapport (het)	**raport**	[raport]
hinderlaag (de)	**varistus**	[ʋarisʲtus]
versterking (de)	**lisajõud**	[lisajɜut]

doel (bewegend ~)	**märklaud**	[mærklaut]
proefterrein (het)	**polügoon**	[polʉgo:n]
manoeuvres (mv.)	**manöövrid**	[manø:ʋrit]

paniek (de)	**paanika**	[pa:nika]
verwoesting (de)	**häving**	[hæʋing]
verwoestingen (mv.)	**purustused**	[purusʲtuset]
verwoesten (ww)	**purustama**	[purusʲtama]

overleven (ww)	**ellu jääma**	[elʲu jæ:ma]
ontwapenen (ww)	**relvituks tegema**	[relʲʋituks tegema]
behandelen (een pistool ~)	**relva käsitlema**	[relʲʋa kæsitlema]

Geeft acht!	**Valvel!**	[ʋalʲʋel!]
Op de plaats rust!	**Vabalt!**	[ʋabalʲt!]

heldendaad (de)	**kangelastegu**	[kangelasʲtegu]
eed (de)	**tõotus**	[tɜotus]
zweren (een eed doen)	**tõotama**	[tɜotama]

decoratie (de)	**autasu**	[autasu]
onderscheiden	**autasustama**	[autasusʲtama]
(een ereteken geven)		
medaille (de)	**medal**	[medalʲ]
orde (de)	**orden**	[orden]

overwinning (de)	**võit**	[ʋɜit]
verlies (het)	**kaotus**	[kaotus]
wapenstilstand (de)	**vaherahu**	[ʋaherahu]

wimpel (vaandel)	**lipp**	[lipp]
roem (de)	**kuulsus**	[ku:lʲsus]
parade (de)	**paraad**	[para:t]
marcheren (ww)	**marssima**	[marssima]

186. Wapens

wapens (mv.)	**relv**	[relʲʋ]
vuurwapens (mv.)	**tulirelv**	[tulirelʲʋ]
koude wapens (mv.)	**külmrelv**	[kʉlʲmrelʲʋ]

chemische wapens (mv.)	**keemiarelv**	[ke:miarelʲʋ]
kern-, nucleair (bn)	**tuuma-**	[tu:ma-]
kernwapens (mv.)	**tuumarelv**	[tu:marelʲʋ]

bom (de)	**pomm**	[pomm]
atoombom (de)	**aatomipomm**	[a:tomipomm]
pistool (het)	**püstol**	[pʉsʲtolʲ]
geweer (het)	**püss**	[pʉss]
machinepistool (het)	**automaat**	[automa:t]
machinegeweer (het)	**kuulipilduja**	[ku:lipilʲduja]
loop (schietbuis)	**püssitoru**	[pʉssitoru]
loop (bijv. geweer met kortere ~)	**püssitoru**	[pʉssitoru]
kaliber (het)	**kaliiber**	[kali:ber]
trekker (de)	**vinn**	[ʋinn]
korrel (de)	**sihik**	[sihik]
magazijn (het)	**padrunisalv**	[padrunisalʲʋ]
geweerkolf (de)	**püssipära**	[pʉssipæra]
granaat (handgranaat)	**granaat**	[grana:t]
explosieven (mv.)	**lõhkeaine**	[lɜhkeaine]
kogel (de)	**kuul**	[ku:lʲ]
patroon (de)	**padrun**	[padrun]
lading (de)	**laeng**	[laeng]
ammunitie (de)	**lahingumoon**	[lahingumo:n]
bommenwerper (de)	**pommilennuk**	[pommilennuk]
straaljager (de)	**hävituslennuk**	[hæʋituslennuk]
helikopter (de)	**helikopter**	[helikopter]
afweergeschut (het)	**õhutõrjekahur**	[ɜhutɜrjekahur]
tank (de)	**tank**	[tank]
kanon (tank met een ~ van 76 mm)	**kahur**	[kahur]
artillerie (de)	**kahurivägi**	[kahuriʋægi]
kanon (het)	**suurtükk**	[su:rtʉkk]
aanleggen (een wapen ~)	**sihikule võtma**	[sihikule ʋɜtma]
projectiel (het)	**mürsk**	[mʉrsk]
mortiergranaat (de)	**miin**	[mi:n]
mortier (de)	**miinipilduja**	[mi:nipilʲduja]
granaatscherf (de)	**kild**	[kilʲt]
duikboot (de)	**allveelaev**	[alʲʋe:laeʋ]
torpedo (de)	**torpeedo**	[torpe:do]
raket (de)	**rakett**	[rakett]
laden (geweer, kanon)	**laadima**	[la:dima]
schieten (ww)	**tulistama**	[tulisʲtama]
richten op (mikken)	**sihtima**	[sihtima]
bajonet (de)	**tääk**	[tæ:k]
degen (de)	**mõõk**	[mɜ:k]
sabel (de)	**saabel**	[sa:belʲ]
speer (de)	**oda**	[oda]

boog (de)	vibu	[ʋibu]
pijl (de)	nool	[noːlʲ]
musket (de)	musket	[musket]
kruisboog (de)	arbalett	[arbalett]

187. Oude mensen

primitief (bn)	ürgne	[ɤrgne]
voorhistorisch (bn)	eelajalooline	[eːlajaloːline]
eeuwenoude (~ beschaving)	iidne	[iːdne]

Steentijd (de)	kiviaeg	[kiʋiaeg]
Bronstijd (de)	pronksiaeg	[pronksiaeg]
IJstijd (de)	jääaeg	[jæːːeg]

stam (de)	suguharu	[suguharu]
menseneter (de)	inimsööja	[inimsøːja]
jager (de)	kütt	[kɤtt]
jagen (ww)	jahil käima	[jahilʲ kæjma]
mammoet (de)	mammut	[mammut]

| grot (de) | koobas | [koːbas] |
| vuur (het) | tuli | [tuli] |

| kampvuur (het) | lõke | [lɜke] |
| rotstekening (de) | kaljujoonis | [kaljujoːnis] |

werkinstrument (het)	tööriist	[tøːriːsʲt]
speer (de)	oda	[oda]
stenen bijl (de)	kivikirves	[kiʋikirʋes]

| oorlog voeren (ww) | sõdima | [sɜdima] |
| temmen (bijv. wolf ~) | kodustama | [kodusʲtama] |

| idool (het) | iidol | [iːdolʲ] |
| aanbidden (ww) | kummardama | [kummardama] |

| bijgeloof (het) | ebausk | [ebausk] |
| ritueel (het) | riitus | [riːtus] |

| evolutie (de) | evolutsioon | [eʋolutsioːn] |
| ontwikkeling (de) | areng | [areng] |

| verdwijning (de) | kadumine | [kadumine] |
| zich aanpassen (ww) | kohanema | [kohanema] |

archeologie (de)	arheoloogia	[arheoloːgia]
archeoloog (de)	arheoloog	[arheoloːg]
archeologisch (bn)	arheoloogiline	[arheoloːgiline]

opgravingsplaats (de)	väljakaevamised	[ʋæljakaeʋamiset]
opgravingen (mv.)	väljakaevamised	[ʋæljakaeʋamiset]
vondst (de)	leid	[lejt]
fragment (het)	fragment	[fragment]

188. Middeleeuwen

volk (het)	rahvas	[rahʋas]
volkeren (mv.)	rahvad	[rahʋat]
stam (de)	suguharu	[suguharu]
stammen (mv.)	hõimud	[hɜimut]
barbaren (mv.)	barbar	[barbar]
Galliërs (mv.)	gallid	[galʲit]
Goten (mv.)	goodid	[goːdit]
Slaven (mv.)	slaavlased	[slaːʋlaset]
Vikings (mv.)	viikingid	[ʋiːkingit]
Romeinen (mv.)	roomlased	[roːmlaset]
Romeins (bn)	rooma	[roːma]
Byzantijnen (mv.)	bütsantslased	[bʉtsantslaset]
Byzantium (het)	Bütsants	[bʉtsants]
Byzantijns (bn)	bütsantsi	[bʉtsantsi]
keizer (bijv. Romeinse ~)	imperaator	[imperaːtor]
opperhoofd (het)	pealik	[pealik]
machtig (bn)	võimas	[ʋɜimas]
koning (de)	kuningas	[kuningas]
heerser (de)	valitseja	[ʋalitseja]
ridder (de)	rüütel	[rʉːtelʲ]
feodaal (de)	feodaal	[feodaːlʲ]
feodaal (bn)	feodaalne	[feodaːlʲne]
vazal (de)	vasall	[ʋasalʲ]
hertog (de)	hertsog	[hertsog]
graaf (de)	krahv	[krahʋ]
baron (de)	parun	[parun]
bisschop (de)	piiskop	[piːskop]
harnas (het)	lahinguvarustus	[lahinguʋarusʲtus]
schild (het)	kilp	[kilʲp]
zwaard (het)	mõõk	[mɜːk]
vizier (het)	visiir	[ʋisiːr]
maliënkolder (de)	raudrüü	[raudrʉː]
kruistocht (de)	ristiretk	[risʲtiretk]
kruisvaarder (de)	ristirüütel	[risʲtirʉːtelʲ]
gebied (bijv. bezette ~en)	territoorium	[territoːrium]
aanvallen (binnenvallen)	kallale tungima	[kalʲæle tungima]
veroveren (ww)	vallutama	[ʋalʲutama]
innemen (binnenvallen)	anastama	[anasʲtama]
bezetting (de)	ümberpiiramine	[ʉmberpiːramine]
belegerd (bn)	ümberpiiratud	[ʉmberpiːratut]
belegeren (ww)	ümber piirama	[ʉmber piːrama]
inquisitie (de)	inkvisitsioon	[inkʋisitsioːn]
inquisiteur (de)	inkvisiitor	[inkʋisiːtor]

foltering (de)	piinamine	[pi:namine]
wreed (bn)	julm	[jul'm]
ketter (de)	ketser	[ketser]
ketterij (de)	ketserlus	[ketserlus]

zeevaart (de)	meresõit	[meresɔit]
piraat (de)	piraat	[pira:t]
piraterij (de)	piraatlus	[pira:tlus]
enteren (het)	abordaaž	[aborda:ʒ]
buit (de)	sõjasaak	[sɔjasa:k]
schatten (mv.)	aarded	[a:rdet]

ontdekking (de)	maadeavastamine	[ma:deaʋas'tamine]
ontdekken (bijv. nieuw land)	avastama	[aʋas'tama]
expeditie (de)	ekspeditsioon	[ekspeditsio:n]

musketier (de)	musketär	[musketær]
kardinaal (de)	kardinal	[kardinal']
heraldiek (de)	heraldika	[heral'dika]
heraldisch (bn)	heraldiline	[heral'diline]

189. Leider. Baas. Autoriteiten

koning (de)	kuningas	[kuningas]
koningin (de)	kuninganna	[kuninganna]
koninklijk (bn)	kuninglik	[kuninglik]
koninkrijk (het)	kuningriik	[kuningri:k]

prins (de)	prints	[prints]
prinses (de)	printsess	[printsess]

president (de)	president	[president]
vicepresident (de)	asepresident	[asepresident]
senator (de)	senaator	[sena:tor]

monarch (de)	monarh	[monarh]
heerser (de)	valitseja	[ʋalitseja]
dictator (de)	diktaator	[dikta:tor]
tiran (de)	türann	[tʉrann]
magnaat (de)	magnaat	[magna:t]

directeur (de)	direktor	[direktor]
chef (de)	šeff	[ʃeff]
beheerder (de)	juhataja	[juhataja]
baas (de)	boss	[boss]
eigenaar (de)	peremees	[pereme:s]

leider (de)	liider	[li:der]
hoofd (bijv. ~ van de delegatie)	juht	[juht]
autoriteiten (mv.)	võimud	[ʋɔimut]
superieuren (mv.)	juhtkond	[juhtkont]
gouverneur (de)	kuberner	[kuberner]
consul (de)	konsul	[konsul']

diplomaat (de)	diplomaat	[diploma:t]
burgemeester (de)	linnapea	[linnapea]
sheriff (de)	šerif	[ʃerif]

keizer (bijv. Romeinse ~)	imperaator	[impera:tor]
tsaar (de)	tsaar	[tsa:r]
farao (de)	vaarao	[ʋa:rao]
kan (de)	khaan	[kha:n]

190. Weg. Weg. Routebeschrijving

| weg (de) | tee | [te:] |
| route (de kortste ~) | tee | [te:] |

autoweg (de)	maantee	[ma:nte:]
snelweg (de)	kiirtee	[ki:rte:]
rijksweg (de)	üldriiklik tee	[ʉlʲdri:klik te:]

| hoofdweg (de) | peatee | [peate:] |
| landweg (de) | metsavahetee | [metsaʋahete:] |

| pad (het) | rada | [rada] |
| paadje (het) | jalgrada | [jalʲgrada] |

Waar?	Kus?	[kus?]
Waarheen?	Kuhu?	[kuhu?]
Waarvandaan?	Kust?	[kusʲt?]

| richting (de) | suund | [su:nt] |
| aanwijzen (de weg ~) | näitama | [næjtama] |

naar links (bw)	vasakule	[ʋasakule]
naar rechts (bw)	paremale	[paremale]
rechtdoor (bw)	otse	[otse]
terug (bijv. ~ keren)	tagasi	[tagasi]

bocht (de)	kurv	[kurʋ]
afslaan (naar rechts ~)	pöörama	[pø:rama]
U-bocht maken (ww)	ümber pöörama	[ʉmber pø:rama]

| zichtbaar worden (ww) | paistma | [paisʲtma] |
| verschijnen (in zicht komen) | paistma | [paisʲtma] |

stop (korte onderbreking)	peatus	[peatus]
zich verpozen (uitrusten)	puhkama	[puhkama]
rust (de)	puhkus	[puhkus]

verdwalen (de weg kwijt zijn)	ära eksima	[æra eksima]
leiden naar ... (de weg)	... viima	[... ʋi:ma]
bereiken (ergens aankomen)	... välja jõudma	[... ʋælja jɤudma]
deel (~ van de weg)	vahemaa	[ʋahema:]

| asfalt (het) | asfalt | [asfalʲt] |
| trottoirband (de) | piire | [pi:re] |

greppel (de)	kraav	[kra:ʊ]
putdeksel (het)	luuk	[lu:k]
vluchtstrook (de)	teeperv	[te:perʊ]
kuil (de)	auk	[auk]

gaan (te voet)	minema	[minema]
inhalen (voorbijgaan)	järele jõudma	[jærele jɜudma]

stap (de)	samm	[samm]
te voet (bw)	jalgsi	[jalʲgsi]

blokkeren (de weg ~)	tõkestama	[tɜkesʲtama]
slagboom (de)	tõkkepuu	[tɜkkepu:]
doodlopende straat (de)	umbtänav	[umbtænaʊ]

191. De wet overtreden. Criminelen. Deel 1

bandiet (de)	bandiit	[bandi:t]
misdaad (de)	kuritegu	[kuritegu]
misdadiger (de)	kurjategija	[kurjategija]

dief (de)	varas	[ʊaras]
stelen (ww)	varastama	[ʊarasʲtama]
stelen, diefstal (de)	vargus	[ʊargus]

kidnappen (ww)	röövima	[rø:ʊima]
kidnapping (de)	inimrööv	[inimrø:ʊ]
kidnapper (de)	röövija	[rø:ʊija]

losgeld (het)	lunaraha	[lunaraha]
eisen losgeld (ww)	lunaraha nõudma	[lunaraha nɜudma]

overvallen (ww)	röövima	[rø:ʊima]
overval (de)	rööv	[rø:ʊ]
overvaller (de)	röövel	[rø:ʊelʲ]

afpersen (ww)	välja pressima	[ʊælja pressima]
afperser (de)	väljapressija	[ʊæljapressija]
afpersing (de)	väljapressimine	[ʊæljapressimine]

vermoorden (ww)	tapma	[tapma]
moord (de)	mõrv	[mɜrʊ]
moordenaar (de)	mõrvar	[mɜrʊar]

schot (het)	lask	[lask]
een schot lossen	tulistama	[tulisʲtama]
neerschieten (ww)	maha laskma	[maha laskma]
schieten (ww)	tulistama	[tulisʲtama]
schieten (het)	laskmine	[laskmine]

ongeluk (gevecht, enz.)	juhtum	[juhtum]
gevecht (het)	kaklus	[kaklus]
Help!	Appi!	[appi!]
slachtoffer (het)	ohver	[ohʊer]

beschadigen (ww)	vigastama	[ʋigasˈtama]
schade (de)	vigastus	[ʋigasˈtus]
lijk (het)	laip	[laip]
zwaar (~ misdrijf)	ränk	[rænk]

aanvallen (ww)	kallale tungima	[kalˈæle tungima]
slaan (iemand ~)	lööma	[løːma]
in elkaar slaan (toetakelen)	läbi peksma	[lˈæbi peksma]
ontnemen (beroven)	ära võtma	[æra ʋɜtma]
steken (met een mes)	pussitama	[pussitama]
verminken (ww)	sandiks peksma	[sandiks peksma]
verwonden (ww)	haavama	[haːʋama]

chantage (de)	šantaaž	[ʃantaːʒ]
chanteren (ww)	šantažeerima	[ʃantaʒeːrima]
chanteur (de)	šantažeerija	[ʃantaʒeːrija]

afpersing (de)	reket	[reket]
afperser (de)	väljapressija	[ʋæljapressija]
gangster (de)	gangster	[gangsˈter]
maffia (de)	maffia	[maffia]

kruimeldief (de)	taskuvaras	[taskuʋaras]
inbreker (de)	murdvaras	[murdʋaras]
smokkelen (het)	salakaubandus	[salakaubandus]
smokkelaar (de)	salakaubavedaja	[salakaubaʋedaja]

namaak (de)	võltsing	[ʋɜlˈtsing]
namaken (ww)	võltsima	[ʋɜlˈtsima]
namaak-, vals (bn)	võltsitud	[ʋɜlˈtsitut]

192. De wet overtreden. Criminelen. Deel 2

verkrachting (de)	vägistamine	[ʋægisˈtamine]
verkrachten (ww)	vägistama	[ʋægisˈtama]
verkrachter (de)	vägistaja	[ʋægisˈtaja]
maniak (de)	maniakk	[maniakk]

prostituee (de)	prostituut	[prosˈtituːt]
prostitutie (de)	prostitutsioon	[prosˈtitutsioːn]
pooier (de)	sutenöör	[sutenøːr]

drugsverslaafde (de)	narkomaan	[narkomaːn]
drugshandelaar (de)	narkokaupmees	[narkokaupmeːs]

opblazen (ww)	õhku laskma	[ɜhku laskma]
explosie (de)	plahvatus	[plahʋatus]
in brand steken (ww)	süütama	[suːtama]
brandstichter (de)	süütaja	[suːtaja]

terrorisme (het)	terrorism	[terrorism]
terrorist (de)	terrorist	[terrorisˈt]
gijzelaar (de)	pantvang	[pantʋang]
bedriegen (ww)	petma	[petma]

bedrog (het)	pettus	[pettus]
oplichter (de)	petis	[petis]

omkopen (ww)	pistist andma	[pis'tis't andma]
omkoperij (de)	pistise andmine	[pis'tise andmine]
smeergeld (het)	altkäemaks	[al'tkæəmaks]

vergif (het)	mürk	[mʉrk]
vergiftigen (ww)	mürgitama	[mʉrgitama]
vergif innemen (ww)	ennast mürgitama	[ennas't mʉrgitama]

zelfmoord (de)	enesetapp	[enesetapp]
zelfmoordenaar (de)	enesetapja	[enesetapja]

bedreigen (bijv. met een pistool)	ähvardama	[æhʋardama]
bedreiging (de)	ähvardus	[æhʋardus]
een aanslag plegen	kallale kippuma	[kal'æle kippuma]
aanslag (de)	elule kallalekippumine	[elule kal'ælekippumine]

stelen (een auto)	ärandama	[ærandama]
kapen (een vliegtuig)	kaaperdama	[ka:perdama]

wraak (de)	kättemaks	[kættemaks]
wreken (ww)	kätte maksma	[kætte maksma]

martelen (gevangenen)	piinama	[pi:nama]
foltering (de)	piinamine	[pi:namine]
folteren (ww)	vaevama	[ʋaeʋama]

piraat (de)	piraat	[pira:t]
straatschender (de)	huligaan	[huliga:n]
gewapend (bn)	relvastatud	[rel'ʋas'tatut]
geweld (het)	vägivald	[ʋægiʋal't]
onwettig (strafbaar)	illegaalne	[il'ega:l'ne]

spionage (de)	spionaaž	[spiona:ʒ]
spioneren (ww)	nuhkima	[nuhkima]

193. Politie. Wet. Deel 1

justitie (de)	kohtumõistmine	[kohtumɜis'tmine]
gerechtshof (het)	kohus	[kohus]

rechter (de)	kohtunik	[kohtunik]
jury (de)	vandemees	[ʋandeme:s]
juryrechtspraak (de)	vandemeeste kohus	[ʋandeme:s'te kohus]
berechten (ww)	kohut mõistma	[kohut mɜis'tma]

advocaat (de)	advokaat	[adʋoka:t]
beklaagde (de)	kohtualune	[kohtualune]
beklaagdenbank (de)	kohtupink	[kohtupink]
beschuldiging (de)	süüdistus	[sʉ:dis'tus]
beschuldigde (de)	süüdistatav	[sʉ:dis'tataʋ]

vonnis (het)	kohtuotsus	[kohtuotsus]
veroordelen	süüdi mõistma	[sʉ:di mɜisʲtma]
(in een rechtszaak)		
schuldige (de)	süüdlane	[sʉ:tlane]
straffen (ww)	karistama	[karisʲtama]
bestraffing (de)	karistus	[karisʲtus]
boete (de)	trahv	[trahʊ]
levenslange opsluiting (de)	eluaegne vanglakaristus	[eluaegne ʋanglakarisʲtus]
doodstraf (de)	surmanuhtlus	[surmanuhtlus]
elektrische stoel (de)	elektritool	[elektrito:lʲ]
schavot (het)	võllas	[ʋɜlʲæs]
executeren (ww)	hukkama	[hukkama]
executie (de)	hukkamine	[hukkamine]
gevangenis (de)	vangla	[ʋangla]
cel (de)	vangikong	[ʋangikong]
konvooi (het)	konvoi	[konʋoj]
gevangenisbewaker (de)	vangivalvur	[ʋangiʋalʲʊur]
gedetineerde (de)	vang	[ʋang]
handboeien (mv.)	käerauad	[kæərauat]
handboeien omdoen	käsi raudu panema	[kæsi raudu panema]
ontsnapping (de)	põgenemine	[pɜgenemine]
ontsnappen (ww)	põgenema	[pɜgenema]
verdwijnen (ww)	kadunuks jääma	[kadunuks jæ:ma]
vrijlaten (uit de gevangenis)	vabastama	[ʋabasʲtama]
amnestie (de)	amnestia	[amnesʲtia]
politie (de)	politsei	[politsej]
politieagent (de)	politseinik	[politsejnik]
politiebureau (het)	politseijaoskond	[politsejjaoskont]
knuppel (de)	kumminui	[kumminui]
megafoon (de)	ruupor	[ru:por]
patrouilleerwagen (de)	patrullauto	[patrulʲæuto]
sirene (de)	sireen	[sire:n]
de sirene aansteken	sireeni sisse lülitama	[sire:ni sisse lʉlitama]
geloei (het) van de sirene	sireen heli	[sire:n heli]
plaats delict (de)	sündmuspaik	[sʉndmuspaik]
getuige (de)	tunnistaja	[tunnisʲtaja]
vrijheid (de)	vabadus	[ʋabadus]
handlanger (de)	kaasosaline	[ka:sosaline]
ontvluchten (ww)	varjuma	[ʋarjuma]
spoor (het)	jälg	[jælʲg]

194. Politie. Wet. Deel 2

opsporing (de)	tagaotsimine	[tagaotsimine]
opsporen (ww)	otsima ...	[otsima ...]

verdenking (de)	kahtlustus	[kahtlusʲtus]
verdacht (bn)	kahtlane	[kahtlane]
aanhouden (stoppen)	peatama	[peatama]
tegenhouden (ww)	kinni pidama	[kinni pidama]
strafzaak (de)	kohtuasi	[kohtuasi]
onderzoek (het)	uurimine	[u:rimine]
detective (de)	detektiiv	[detekti:ʊ]
onderzoeksrechter (de)	uurija	[u:rija]
versie (de)	versioon	[ʊersio:n]
motief (het)	motiiv	[moti:ʊ]
verhoor (het)	ülekuulamine	[ʉleku:lamine]
ondervragen (door de politie)	üle kuulama	[ʉle ku:lama]
ondervragen (omstanders ~)	küsitlema	[kʉsitlema]
controle (de)	kontrollimine	[kontrolʲimine]
razzia (de)	haarang	[ha:rang]
huiszoeking (de)	läbiotsimine	[lʲæbiotsimine]
achtervolging (de)	tagaajamine	[taga:jamine]
achtervolgen (ww)	jälitama	[jælitama]
opsporen (ww)	jälgima	[jælʲgima]
arrest (het)	arest	[aresʲt]
arresteren (ww)	arreteerima	[arrete:rima]
vangen, aanhouden (een dief, enz.)	kinni võtma	[kinni ʊɜtma]
aanhouding (de)	kinnivõtmine	[kinniʊɜtmine]
document (het)	dokument	[dokument]
bewijs (het)	tõestus	[tɜesʲtus]
bewijzen (ww)	tõestama	[tɜesʲtama]
voetspoor (het)	jälg	[jælʲg]
vingerafdrukken (mv.)	sõrmejäljed	[sɜrmejæljet]
bewijs (het)	süütõend	[sʉ:tɜent]
alibi (het)	alibi	[alibi]
onschuldig (bn)	süütu	[sʉ:tu]
onrecht (het)	ebaõiglus	[ebaɜiglus]
onrechtvaardig (bn)	ebaõiglane	[ebaɜiglane]
crimineel (bn)	kriminaalne	[krimina:lʲne]
confisqueren (in beslag nemen)	konfiskeerima	[konfiske:rima]
drug (de)	narkootik	[narko:tik]
wapen (het)	relv	[relʲʊ]
ontwapenen (ww)	relvituks tegema	[relʲʊituks tegema]
bevelen (ww)	käskima	[kæskima]
verdwijnen (ww)	ära kaduma	[æra kaduma]
wet (de)	seadus	[seadus]
wettelijk (bn)	seaduslik	[seaduslik]
onwettelijk (bn)	ebaseaduslik	[ebaseaduslik]
verantwoordelijkheid (de)	vastutus	[ʊasʲtutus]
verantwoordelijk (bn)	vastutama	[ʊasʲtutama]

NATUUR

De Aarde. Deel 1

kosmos (de)	kosmos	[kosmos]
kosmisch (bn)	kosmiline	[kosmiline]
kosmische ruimte (de)	maailmaruum	[maːilˑmaruːm]
wereld (de)	maailm	[maːilˑm]
heelal (het)	universum	[uniʋersum]
sterrenstelsel (het)	galaktika	[galaktika]
ster (de)	täht	[tæht]
sterrenbeeld (het)	tähtkuju	[tæhtkuju]
planeet (de)	planeet	[planeːt]
satelliet (de)	satelliit	[satelˑiːt]
meteoriet (de)	meteoriit	[meteoriːt]
komeet (de)	komeet	[komeːt]
asteroïde (de)	asteroid	[asˑterojt]
baan (de)	orbiit	[orbiːt]
draaien (om de zon, enz.)	keerlema	[keːrlema]
atmosfeer (de)	atmosfäär	[atmosfæːr]
Zon (de)	Päike	[pæjke]
zonnestelsel (het)	Päikesesüsteem	[pæjkesesusˑteːm]
zonsverduistering (de)	päiksevarjutus	[pæjkseʋarjutus]
Aarde (de)	Maa	[maː]
Maan (de)	Kuu	[kuː]
Mars (de)	Marss	[marss]
Venus (de)	Veenus	[ʋeːnus]
Jupiter (de)	Jupiter	[jupiter]
Saturnus (de)	Saturn	[saturn]
Mercurius (de)	Merkuur	[merkuːr]
Uranus (de)	Uraan	[uraːn]
Neptunus (de)	Neptuun	[neptuːn]
Pluto (de)	Pluuto	[pluːto]
Melkweg (de)	Linnutee	[linnuteː]
Grote Beer (de)	Suur Vanker	[suːr ʋanker]
Poolster (de)	Põhjanael	[pɤhjanaelˑ]
marsmannetje (het)	marslane	[marslane]
buitenaards wezen (het)	võõra planeedi asukas	[ʋɤːra planeːdi asukas]

| bovenaards (het) | tulnukas | [tulʲnukas] |
| vliegende schotel (de) | lendav taldrik | [lendaʋ talʲdrik] |

ruimtevaartuig (het)	kosmoselaev	[kosmoselaeʋ]
ruimtestation (het)	orbitaaljaam	[orbita:lja:m]
start (de)	start	[sʲtart]

motor (de)	mootor	[mo:tor]
straalpijp (de)	düüs	[dʉ:s]
brandstof (de)	kütus	[kʉtus]

cabine (de)	kabiin	[kabi:n]
antenne (de)	antenn	[antenn]
patrijspoort (de)	illuminaator	[ilʲumina:tor]
zonnebatterij (de)	päikesepatarei	[pæjkesepatarej]
ruimtepak (het)	skafander	[skafander]

| gewichtloosheid (de) | kaaluta olek | [ka:luta olek] |
| zuurstof (de) | hapnik | [hapnik] |

| koppeling (de) | põkkumine | [pɜkkumine] |
| koppeling maken | põkkama | [pɜkkama] |

observatorium (het)	observatoorium	[obserʋato:rium]
telescoop (de)	teleskoop	[telesko:p]
waarnemen (ww)	jälgima	[jælʲgima]
exploreren (ww)	uurima	[u:rima]

196. De Aarde

Aarde (de)	Maa	[ma:]
aardbol (de)	maakera	[ma:kera]
planeet (de)	planeet	[plane:t]

atmosfeer (de)	atmosfäär	[atmosfæ:r]
aardrijkskunde (de)	geograafia	[geogra:fia]
natuur (de)	loodus	[lo:dus]

wereldbol (de)	gloobus	[glo:bus]
kaart (de)	kaart	[ka:rt]
atlas (de)	atlas	[atlas]

| Europa (het) | Euroopa | [euro:pa] |
| Azië (het) | Aasia | [a:sia] |

| Afrika (het) | Aafrika | [a:frika] |
| Australië (het) | Austraalia | [ausʲtra:lia] |

Amerika (het)	Ameerika	[ame:rika]
Noord-Amerika (het)	Põhja-Ameerika	[pɜhja-ame:rika]
Zuid-Amerika (het)	Lõuna-Ameerika	[lɜuna-ame:rika]

| Antarctica (het) | Antarktis | [antarktis] |
| Arctis (de) | Arktika | [arktika] |

197. Windrichtingen

noorden (het)	põhi	[pɜhi]
naar het noorden	põhja	[pɜhja]
in het noorden	põhjas	[pɜhjas]
noordelijk (bn)	põhja-	[pɜhja-]
zuiden (het)	lõuna	[lɜuna]
naar het zuiden	lõunasse	[lɜunasse]
in het zuiden	lõunas	[lɜunas]
zuidelijk (bn)	lõuna-	[lɜuna-]
westen (het)	lääs	[lʲæːs]
naar het westen	läände	[lʲæːnde]
in het westen	läänes	[lʲæːnes]
westelijk (bn)	lääne-	[lʲæːne-]
oosten (het)	ida	[ida]
naar het oosten	itta	[itta]
in het oosten	idas	[idas]
oostelijk (bn)	ida-	[ida-]

198. Zee. Oceaan

zee (de)	meri	[meri]
oceaan (de)	ookean	[oːkean]
golf (baai)	laht	[laht]
straat (de)	väin	[ʋæjn]
grond (vaste grond)	maismaa	[maismaː]
continent (het)	manner	[manner]
eiland (het)	saar	[saːr]
schiereiland (het)	poolsaar	[poːlʲsaːr]
archipel (de)	arhipelaag	[arhipelaːg]
baai, bocht (de)	laht	[laht]
haven (de)	sadam	[sadam]
lagune (de)	laguun	[laguːn]
kaap (de)	neem	[neːm]
atol (de)	atoll	[atolʲ]
rif (het)	riff	[riff]
koraal (het)	korall	[koralʲ]
koraalrif (het)	korallrahu	[koralʲrahu]
diep (bn)	sügav	[sʉgaʋ]
diepte (de)	sügavus	[sʉgaʋus]
diepzee (de)	sügavik	[sʉgaʋik]
trog (bijv. Marianentrog)	nõgu	[nɜgu]
stroming (de)	hoovus	[hoːʋus]
omspoelen (ww)	uhtuma	[uhtuma]
oever (de)	rand	[rant]

kust (de)	rannik	[rannik]
vloed (de)	tõus	[tɜus]
eb (de)	mõõn	[mɜ:n]
ondiepte (ondiep water)	madalik	[madalik]
bodem (de)	põhi	[pɜhi]

golf (hoge ~)	laine	[laine]
golfkam (de)	lainehari	[lainehari]
schuim (het)	vaht	[ʋaht]

storm (de)	torm	[torm]
orkaan (de)	orkaan	[orka:n]
tsunami (de)	tsunami	[tsunami]
windstilte (de)	tuulevaikus	[tu:leʋaikus]
kalm (bijv. ~e zee)	rahulik	[rahulik]

pool (de)	poolus	[po:lus]
polair (bn)	polaar-	[pola:r-]

breedtegraad (de)	laius	[laius]
lengtegraad (de)	pikkus	[pikkus]
parallel (de)	paralleel	[paralʲe:lʲ]
evenaar (de)	ekvaator	[ekʋa:tor]

hemel (de)	taevas	[taeʋas]
horizon (de)	silmapiir	[silʲmapi:r]
lucht (de)	õhk	[ɜhk]

vuurtoren (de)	majakas	[majakas]
duiken (ww)	sukelduma	[sukelʲduma]
zinken (ov. een boot)	uppuma	[uppuma]
schatten (mv.)	aarded	[a:rdet]

199. Namen van zeeën en oceanen

Atlantische Oceaan (de)	Atlandi ookean	[atlandi o:kean]
Indische Oceaan (de)	India ookean	[india o:kean]
Stille Oceaan (de)	Vaikne ookean	[ʋaikne o:kean]
Noordelijke IJszee (de)	Põhja-Jäämeri	[pɜhja-jæ:meri]

Zwarte Zee (de)	Must meri	[musʲt meri]
Rode Zee (de)	Punane meri	[punane meri]
Gele Zee (de)	Kollane meri	[kolʲæne meri]
Witte Zee (de)	Valge meri	[ʋalʲge meri]

Kaspische Zee (de)	Kaspia meri	[kaspia meri]
Dode Zee (de)	Surnumeri	[surnumeri]
Middellandse Zee (de)	Vahemeri	[ʋahemeri]

Egeïsche Zee (de)	Egeuse meri	[egeuse meri]
Adriatische Zee (de)	Aadria meri	[a:dria meri]

Arabische Zee (de)	Araabia meri	[ara:bia meri]
Japanse Zee (de)	Jaapani meri	[ja:pani meri]

Beringzee (de)	Beringi meri	[beringi meri]
Zuid-Chinese Zee (de)	Lõuna-Hiina meri	[lɜuna-hiːna meri]
Koraalzee (de)	Korallide meri	[koralʲide meri]
Tasmanzee (de)	Tasmaania meri	[tasmaːnia meri]
Caribische Zee (de)	Kariibi meri	[kariːbi meri]
Barentszzee (de)	Barentsi meri	[barentsi meri]
Karische Zee (de)	Kara meri	[kara meri]
Noordzee (de)	Põhjameri	[pɜhjameri]
Baltische Zee (de)	Läänemeri	[lʲæːnemeri]
Noorse Zee (de)	Norra meri	[norra meri]

200. Bergen

berg (de)	mägi	[mægi]
bergketen (de)	mäeahelik	[mæeahelik]
gebergte (het)	mäeahelik	[mæeahelik]
bergtop (de)	tipp	[tipp]
bergpiek (de)	mäetipp	[mæetipp]
voet (ov. de berg)	jalam	[jalam]
helling (de)	nõlv	[nɜlʲu]
vulkaan (de)	vulkaan	[uulʲkaːn]
actieve vulkaan (de)	tegutsev vulkaan	[tegutseu uulʲkaːn]
uitgedoofde vulkaan (de)	kustunud vulkaan	[kusʲtunut uulʲkaːn]
uitbarsting (de)	vulkaanipurse	[uulʲkaːnipurse]
krater (de)	kraater	[kraːter]
magma (het)	magma	[magma]
lava (de)	laava	[laːua]
gloeiend (~e lava)	hõõguv	[hɜːguu]
kloof (canyon)	kanjon	[kanjon]
bergkloof (de)	kuristik, taarn	[kurisʲtik, taːrn]
spleet (de)	kaljulõhe	[kaljulɜhe]
afgrond (de)	kuristik	[kurisʲtik]
bergpas (de)	kuru	[kuru]
plateau (het)	platoo	[platoː]
klip (de)	kalju	[kalju]
heuvel (de)	küngas	[küngas]
gletsjer (de)	liustik	[liusʲtik]
waterval (de)	juga	[juga]
geiser (de)	geiser	[gejser]
meer (het)	järv	[jæru]
vlakte (de)	lausmaa	[lausmaː]
landschap (het)	maastik	[maːsʲtik]
echo (de)	kaja	[kaja]
alpinist (de)	alpinist	[alʲpinisʲt]

bergbeklimmer (de)	kaljuronija	[kaljuronija]
trotseren (berg ~)	vallutama	[valˡutama]
beklimming (de)	mäkketõus	[mækketɜus]

201. Bergen namen

Alpen (de)	Alpid	[alˡpit]
Mont Blanc (de)	Mont Blanc	[mon blan]
Pyreneeën (de)	Püreneed	[pɐrene:t]

Karpaten (de)	Karpaadid	[karpa:dit]
Oeralgebergte (het)	Uurali mäed	[u:rali mæət]
Kaukasus (de)	Kaukasus	[kaukasus]
Elbroes (de)	Elbrus	[elˡbrus]

Altaj (de)	Altai	[alˡtai]
Tiensjan (de)	Tjan-Šan	[tjanʃan]
Pamir (de)	Pamiir	[pami:r]
Himalaya (de)	Himaalaja	[hima:laja]
Everest (de)	Everest	[everesˡt]

| Andes (de) | Andid | [andit] |
| Kilimanjaro (de) | Kilimandžaaro | [kilimandʒa:ro] |

202. Rivieren

rivier (de)	jõgi	[jɜgi]
bron (~ van een rivier)	allikas	[alˡikas]
riverbedding (de)	säng	[sæng]
rivierbekken (het)	bassein	[bassejn]
uitmonden in ...	suubuma	[su:buma]

| zijrivier (de) | lisajõgi | [lisajɜgi] |
| oever (de) | kallas | [kalˡæs] |

stroming (de)	vool	[vo:lˡ]
stroomafwaarts (bw)	allavoolu	[alˡævo:lu]
stroomopwaarts (bw)	ülesvoolu	[ɐlesvo:lu]

overstroming (de)	üleujutus	[ɐleujutus]
overstroming (de)	suurvesi	[su:rvesi]
buiten zijn oevers treden	üle ujutama	[ɐle ujutama]
overstromen (ww)	uputama	[uputama]

| zandbank (de) | madalik | [madalik] |
| stroomversnelling (de) | lävi | [lˡævi] |

dam (de)	pais	[pais]
kanaal (het)	kanal	[kanalˡ]
spaarbekken (het)	veehoidla	[ve:hojtla]
sluis (de)	lüüs	[lɐ:s]
waterlichaam (het)	veekogu	[ve:kogu]

moeras (het)	soo	[so:]
broek (het)	õõtssoo	[ɜ:tsso:]
draaikolk (de)	veekeeris	[ʋe:ke:ris]

stroom (de)	oja	[oja]
drink- (abn)	joogi-	[jo:gi-]
zoet (~ water)	mage-	[mage-]

ijs (het)	jää	[jæ:]
bevriezen (rivier, enz.)	külmuma	[kʉlⁱmuma]

203. Namen van rivieren

Seine (de)	Seine	[sen]
Loire (de)	Loire	[lua:r]

Theems (de)	Thames	[tems]
Rijn (de)	Rein	[rejn]
Donau (de)	Doonau	[do:nau]

Wolga (de)	Volga	[ʋolⁱga]
Don (de)	Don	[don]
Lena (de)	Leena	[le:na]

Gele Rivier (de)	Huang He	[huanhe]
Blauwe Rivier (de)	Jangtse	[jangtse]
Mekong (de)	Mekong	[mekong]
Ganges (de)	Ganges	[ganges]

Nijl (de)	Niilus	[ni:lus]
Kongo (de)	Kongo	[kongo]
Okavango (de)	Okavango	[okaʋango]
Zambezi (de)	Zambezi	[sambesi]
Limpopo (de)	Limpopo	[limpopo]
Mississippi (de)	Mississippi	[misisippi]

204. Bos

bos (het)	mets	[mets]
bos- (abn)	metsa-	[metsa-]

oerwoud (dicht bos)	tihnik	[tihnik]
bosje (klein bos)	salu	[salu]
open plek (de)	lagendik	[lagendik]

struikgewas (het)	padrik	[padrik]
struiken (mv.)	põõsastik	[pɜ:sasⁱtik]

paadje (het)	jalgrada	[jalⁱgrada]
ravijn (het)	jäärak	[jæ:rak]
boom (de)	puu	[pu:]
blad (het)	leht	[leht]

gebladerte (het)	lehestik	[lehesʲtik]
vallende bladeren (mv.)	lehtede langemine	[lehtede langemine]
vallen (ov. de bladeren)	langema	[langema]
boomtop (de)	latv	[latʋ]

tak (de)	oks	[oks]
ent (de)	oks	[oks]
knop (de)	pung	[pung]
naald (de)	okas	[okas]
dennenappel (de)	käbi	[kæbi]

boom holte (de)	puuõõs	[puːɜːs]
nest (het)	pesa	[pesa]
hol (het)	urg	[urg]

stam (de)	tüvi	[tɐʋi]
wortel (bijv. boom~s)	juur	[juːr]
schors (de)	koor	[koːr]
mos (het)	sammal	[sammalʲ]

ontwortelen (een boom)	juurima	[juːrima]
kappen (een boom ~)	raiuma	[raiuma]
ontbossen (ww)	maha raiuma	[maha raiuma]
stronk (de)	känd	[kænt]

kampvuur (het)	lõke	[lɜke]
bosbrand (de)	tulekahju	[tulekahju]
blussen (ww)	kustutama	[kusʲtutama]

boswachter (de)	metsavaht	[metsaʋaht]
bescherming (de)	taimekaitse	[taimekaitse]
beschermen	looduskaitse	[loːduskaitse]
(bijv. de natuur ~)		
stroper (de)	salakütt	[salakɐtt]
val (de)	püünis	[pɐːnis]

plukken (vruchten, enz.)	korjama	[korjama]
verdwalen (de weg kwijt zijn)	ära eksima	[æra eksima]

205. Natuurlijke hulpbronnen

natuurlijke rijkdommen (mv.)	loodusvarad	[loːdusʋarat]
delfstoffen (mv.)	maavarad	[maːʋarat]
lagen (mv.)	lademed	[lademet]
veld (bijv. olie~)	leiukoht	[lejukoht]

winnen (uit erts ~)	kaevandama	[kaeʋandama]
winning (de)	kaevandamine	[kaeʋandamine]
erts (het)	maak	[maːk]
mijn (bijv. kolenmijn)	kaevandus	[kaeʋandus]
mijnschacht (de)	šaht	[ʃaht]
mijnwerker (de)	kaevur	[kaeʋur]
gas (het)	gaas	[gaːs]
gasleiding (de)	gaasijuhe	[gaːsijuhe]

185

olie (aardolie)	nafta	[nafta]
olieleiding (de)	naftajuhe	[naftajuhe]
oliebron (de)	nafta puurtorn	[nafta pu:rtorn]
boortoren (de)	puurtorn	[pu:rtorn]
tanker (de)	tanker	[tanker]
zand (het)	liiv	[li:ʋ]
kalksteen (de)	paekivi	[paekiʋi]
grind (het)	kruus	[kru:s]
veen (het)	turvas	[turʋas]
klei (de)	savi	[saʋi]
steenkool (de)	süsi	[sɯsi]
ijzer (het)	raud	[raut]
goud (het)	kuld	[kulʲt]
zilver (het)	hõbe	[hɔbe]
nikkel (het)	nikkel	[nikkelʲ]
koper (het)	vask	[ʋask]
zink (het)	tsink	[tsink]
mangaan (het)	mangaan	[manga:n]
kwik (het)	elavhõbe	[elaʋhɔbe]
lood (het)	seatina	[seatina]
mineraal (het)	mineraal	[minera:lʲ]
kristal (het)	kristall	[krisʲtalʲ]
marmer (het)	marmor	[marmor]
uraan (het)	uraan	[ura:n]

De Aarde. Deel 2

206. Weer

weer (het)	ilm	[ilʲm]
weersvoorspelling (de)	ilmaennustus	[ilʲmaennusʲtus]
temperatuur (de)	temperatuur	[temperatu:r]
thermometer (de)	kraadiklaas	[kra:dikla:s]
barometer (de)	baromeeter	[barome:ter]
vochtig (bn)	niiske	[ni:ske]
vochtigheid (de)	niiskus	[ni:skus]
hitte (de)	kuumus	[ku:mus]
heet (bn)	kuum	[ku:m]
het is heet	on kuum	[on ku:m]
het is warm	soojus	[so:jus]
warm (bn)	soe	[soe]
het is koud	on külm	[on kɐlʲm]
koud (bn)	külm	[kɐlʲm]
zon (de)	päike	[pæjke]
schijnen (de zon)	paistma	[paisʲtma]
zonnig (~e dag)	päikseline	[pæjkseline]
opgaan (ov. de zon)	tõusma	[tɜusma]
ondergaan (ww)	loojuma	[lo:juma]
wolk (de)	pilv	[pilʲu]
bewolkt (bn)	pilves	[pilʲues]
regenwolk (de)	pilv	[pilʲu]
somber (bn)	sompus	[sompus]
regen (de)	vihm	[uihm]
het regent	vihma sajab	[uihma sajab]
regenachtig (bn)	vihmane	[uihmane]
motregenen (ww)	tibutama	[tibutama]
plensbui (de)	paduvihm	[paduuihm]
stortbui (de)	hoovihm	[ho:uihm]
hard (bn)	tugev	[tugeu]
plas (de)	lomp	[lomp]
nat worden (ww)	märjaks saama	[mærjaks sa:ma]
mist (de)	udu	[udu]
mistig (bn)	udune	[udune]
sneeuw (de)	lumi	[lumi]
het sneeuwt	lund sajab	[lunt sajab]

207. Zwaar weer. Natuurrampen

noodweer (storm)	äike	[æjke]
bliksem (de)	välk	[uælⁱk]
flitsen (ww)	välku lööma	[uælⁱku lø:ma]
donder (de)	kõu	[kɜu]
donderen (ww)	müristama	[mʉrisⁱtama]
het dondert	müristab	[mʉrisⁱtab]
hagel (de)	rahe	[rahe]
het hagelt	rahet sajab	[rahet sajab]
overstromen (ww)	üle ujutama	[ʉle ujutama]
overstroming (de)	üleujutus	[ʉleujutus]
aardbeving (de)	maavärin	[ma:uærin]
aardschok (de)	tõuge	[tɜuge]
epicentrum (het)	epitsenter	[epitsenter]
uitbarsting (de)	vulkaanipurse	[uulⁱka:nipurse]
lava (de)	laava	[la:ua]
wervelwind (de)	tromb	[tromb]
windhoos (de)	tornaado	[torna:do]
tyfoon (de)	taifuun	[taifu:n]
orkaan (de)	orkaan	[orka:n]
storm (de)	torm	[torm]
tsunami (de)	tsunami	[tsunami]
cycloon (de)	tsüklon	[tsʉklon]
onweer (het)	halb ilm	[halⁱb ilⁱm]
brand (de)	tulekahju	[tulekahju]
ramp (de)	katastroof	[katasⁱtro:f]
meteoriet (de)	meteoriit	[meteori:t]
lawine (de)	laviin	[laui:n]
sneeuwverschuiving (de)	varing	[uaring]
sneeuwjacht (de)	lumetorm	[lumetorm]
sneeuwstorm (de)	tuisk	[tuisk]

208. Geluiden. Geluiden

stilte (de)	vaikus	[uaikus]
geluid (het)	heli	[heli]
lawaai (het)	lärm	[lⁱærm]
lawaai maken (ww)	lärmama	[lⁱærmama]
lawaaierig (bn)	lärmakas	[lⁱærmakas]
luid (~ spreken)	valjusti	[ualjusⁱti]
luid (bijv. ~e stem)	vali	[uali]
aanhoudend (voortdurend)	pidev	[pideu]

schreeuw (de)	karje	[karje]
schreeuwen (ww)	karjuma	[karjuma]
gefluister (het)	sosin	[sosin]
fluisteren (ww)	sosistama	[sosisʲtama]

geblaf (het)	haukumine	[haukumine]
blaffen (ww)	haukuma	[haukuma]

gekreun (het)	oie	[oje]
kreunen (ww)	oigama	[ojgama]
hoest (de)	köha	[køha]
hoesten (ww)	köhima	[køhima]

gefluit (het)	vile	[ʋile]
fluiten (op het fluitje blazen)	vilistama	[ʋilisʲtama]
geklop (het)	koputus	[koputus]
kloppen (aan een deur)	koputama	[koputama]

kraken (hout, ijs)	ragisema	[ragisema]
gekraak (het)	ragin	[ragin]

sirene (de)	sireen	[sire:n]
fluit (stoom ~)	vile	[ʋile]
fluiten (schip, trein)	undama	[undama]
toeter (de)	signaal	[signa:lʲ]
toeteren (ww)	signaali andma	[signa:li andma]

209. Winter

winter (de)	talv	[talʲʋ]
winter- (abn)	talvine	[talʲʋine]
in de winter (bw)	talvel	[talʲʋelʲ]

sneeuw (de)	lumi	[lumi]
het sneeuwt	lund sajab	[lunt sajab]
sneeuwval (de)	lumesadu	[lumesadu]
sneeuwhoop (de)	hang	[hang]

sneeuwvlok (de)	lumehelbeke	[lumehelʲbeke]
sneeuwbal (de)	lumepall	[lumepalʲ]
sneeuwman (de)	lumememm	[lumememm]
ijspegel (de)	purikas	[purikas]

december (de)	detsember	[detsember]
januari (de)	jaanuar	[ja:nuar]
februari (de)	veebruar	[ʋe:bruar]

vorst (de)	pakane	[pakane]
vries- (abn)	pakasene	[pakasene]

onder nul (bw)	alla nulli	[alʲæ nulʲi]
eerste vorst (de)	öökülmad	[ø:kʉlʲmat]
rijp (de)	härmatis	[hærmatis]
koude (de)	külm	[kʉlʲm]

het is koud	**külmalt**	[kʉlʲmalʲt]
bontjas (de)	**kasukas**	[kasukas]
wanten (mv.)	**labakindad**	[labakindat]
ziek worden (ww)	**haigeks jääma**	[haigeks jæ:ma]
verkoudheid (de)	**külmetus**	[kʉlʲmetus]
verkouden raken (ww)	**külmetuma**	[kʉlʲmetuma]
ijs (het)	**jää**	[jæ:]
ijzel (de)	**kiilasjää**	[ki:lasjæ:]
bevriezen (rivier, enz.)	**külmuma**	[kʉlʲmuma]
ijsschol (de)	**jääpank**	[jæ:pank]
ski's (mv.)	**suusad**	[su:sat]
skiër (de)	**suusataja**	[su:sataja]
skiën (ww)	**suusatama**	[su:satama]
schaatsen (ww)	**uisutama**	[uisutama]

Fauna

roofdier (het)	kiskja	[kiskja]
tijger (de)	tiiger	[tiːger]
leeuw (de)	lõvi	[lɜʋi]
wolf (de)	hunt	[hunt]
vos (de)	rebane	[rebane]
jaguar (de)	jaaguar	[jaːguar]
luipaard (de)	leopard	[leopart]
jachtluipaard (de)	gepard	[gepart]
panter (de)	panter	[panter]
poema (de)	puuma	[puːma]
sneeuwluipaard (de)	lumeleopard	[lumeleopart]
lynx (de)	ilves	[ilʲʋes]
coyote (de)	koiott	[kojott]
jakhals (de)	šaakal	[ʃaːkalʲ]
hyena (de)	hüään	[hʉæːn]

dier (het)	loom	[loːm]
beest (het)	metsloom	[metsloːm]
eekhoorn (de)	orav	[oraʋ]
egel (de)	siil	[siːlʲ]
haas (de)	jänes	[jænes]
konijn (het)	küülik	[kʉːlik]
das (de)	mäger	[mæger]
wasbeer (de)	pesukaru	[pesukaru]
hamster (de)	hamster	[hamsʲter]
marmot (de)	koopaorav	[koːpaoraʋ]
mol (de)	mutt	[mutt]
muis (de)	hiir	[hiːr]
rat (de)	rott	[rott]
vleermuis (de)	nahkhiir	[nahkhiːr]
hermelijn (de)	kärp	[kærp]
sabeldier (het)	soobel	[soːbelʲ]
marter (de)	nugis	[nugis]
wezel (de)	nirk	[nirk]
nerts (de)	naarits	[naːrits]

bever (de)	kobras	[kobras]
otter (de)	saarmas	[sa:rmas]

paard (het)	hobune	[hobune]
eland (de)	põder	[pɜder]
hert (het)	põhjapõder	[pɜhjapɜder]
kameel (de)	kaamel	[ka:melʲ]

bizon (de)	piison	[pi:son]
wisent (de)	euroopa piison	[euro:pa pi:son]
buffel (de)	pühvel	[puhʋelʲ]

zebra (de)	sebra	[sebra]
antilope (de)	antiloop	[antilo:p]
ree (de)	metskits	[metskits]
damhert (het)	kabehirv	[kabehiru]
gems (de)	mägikits	[mægikits]
everzwijn (het)	metssiga	[metssiga]

walvis (de)	vaal	[ʋa:lʲ]
rob (de)	hüljes	[huljes]
walrus (de)	merihobu	[merihobu]
zeebeer (de)	kotik	[kotik]
dolfijn (de)	delfiin	[delfi:n]

beer (de)	karu	[karu]
ijsbeer (de)	jääkaru	[jæ:karu]
panda (de)	panda	[panda]

aap (de)	ahv	[ahʋ]
chimpansee (de)	šimpans	[ʃimpans]
orang-oetan (de)	orangutang	[orangutang]
gorilla (de)	gorilla	[gorilʲæ]
makaak (de)	makaak	[maka:k]
gibbon (de)	gibon	[gibon]

olifant (de)	elevant	[eleʋant]
neushoorn (de)	ninasarvik	[ninasarʋik]
giraffe (de)	kaelkirjak	[kaelʲkirjak]
nijlpaard (het)	jõehobu	[jɜehobu]

kangoeroe (de)	känguru	[kænguru]
koala (de)	koaala	[koa:la]

mangoest (de)	mangust	[mangusʲt]
chinchilla (de)	tšintšilja	[tʃintʃilja]
stinkdier (het)	skunk	[skunk]
stekelvarken (het)	okassiga	[okassiga]

212. Huisdieren

poes (de)	kass	[kass]
kater (de)	kass	[kass]
hond (de)	koer	[koer]

paard (het)	hobune	[hobune]
hengst (de)	täkk	[tækk]
merrie (de)	mära	[mæra]

koe (de)	lehm	[lehm]
bul, stier (de)	pull	[pulʲ]
os (de)	härg	[hærg]

schaap (het)	lammas	[lammas]
ram (de)	oinas	[ojnas]
geit (de)	kits	[kits]
bok (de)	sokk	[sokk]

| ezel (de) | eesel | [e:selʲ] |
| muilezel (de) | muul | [mu:lʲ] |

varken (het)	siga	[siga]
biggetje (het)	põrsas	[pɜrsas]
konijn (het)	küülik	[kʉ:lik]

| kip (de) | kana | [kana] |
| haan (de) | kukk | [kukk] |

eend (de)	part	[part]
woerd (de)	sinikaelpart	[sinikaelʲpart]
gans (de)	hani	[hani]

| kalkoen haan (de) | kalkun | [kalʲkun] |
| kalkoen (de) | kalkun | [kalʲkun] |

huisdieren (mv.)	koduloomad	[kodulo:mat]
tam (bijv. hamster)	kodustatud	[kodusʲtatut]
temmen (tam maken)	taltsutama	[talʲtsutama]
fokken (bijv. paarden ~)	üles kasvatama	[ʉles kasʋatama]

boerderij (de)	farm	[farm]
gevogelte (het)	kodulinnud	[kodulinnut]
rundvee (het)	kariloomad	[karilo:mat]
kudde (de)	kari	[kari]

paardenstal (de)	hobusetall	[hobusetalʲ]
zwijnenstal (de)	sigala	[sigala]
koeienstal (de)	lehmalaut	[lehmalaut]
konijnenhok (het)	küülikukasvandus	[kʉ:likukasʋandus]
kippenhok (het)	kanala	[kanala]

213. Honden. Hondenrassen

hond (de)	koer	[koer]
herdershond (de)	lambakoer	[lambakoer]
Duitse herdershond (de)	saksa lambakoer	[saksa lambakoer]
poedel (de)	puudel	[pu:delʲ]
teckel (de)	taksikoer	[taksikoer]
buldog (de)	buldog	[bulʲdog]

boxer (de)	bokser	[bokser]
mastiff (de)	Mastif	[masitif]
rottweiler (de)	Rotveiler	[rotʋejler]
doberman (de)	dobermann	[dobermann]

basset (de)	basset	[basset]
bobtail (de)	vana-inglise lambakoer	[ʋana-inglise lambakoer]
dalmatiër (de)	Dalmaatsia koer	[dalⁱmaːtsia koer]
cockerspaniël (de)	kokkerspanjel	[kokkerspanjelⁱ]

| Newfoundlander (de) | Newfoundlandi koer | [njufauntlandi koer] |
| sint-bernard (de) | bernhardiin | [bernhardiːn] |

husky (de)	siberi husky	[siberi husky]
chowchow (de)	Tšau-tšau	[tʃau-tʃau]
spits (de)	spits	[spits]
mopshond (de)	mops	[mops]

214. Dierengeluiden

geblaf (het)	haukumine	[haukumine]
blaffen (ww)	haukuma	[haukuma]
miauwen (ww)	näuguma	[næuguma]
spinnen (katten)	nurru lööma	[nurru løːma]

loeien (ov. een koe)	ammuma	[ammuma]
brullen (stier)	möirgama	[møirgama]
grommen (ov. de honden)	urisema	[urisema]

gehuil (het)	ulg	[ulⁱg]
huilen (wolf, enz.)	ulguma	[ulⁱguma]
janken (ov. een hond)	niutsuma	[niutsuma]

mekkeren (schapen)	määgima	[mæːgima]
knorren (varkens)	röhkima	[røhkima]
gillen (bijv. varken)	vinguma	[ʋinguma]

kwaken (kikvorsen)	krooksuma	[kroːksuma]
zoemen (hommel, enz.)	vinguma	[ʋinguma]
tjirpen (sprinkhanen)	siristama	[sirisⁱtama]

215. Jonge dieren

jong (het)	loomalaps	[loːmalaps]
poesje (het)	kassipoeg	[kassipoeg]
muisje (het)	hiirepoeg	[hiːrepoeg]
puppy (de)	kutsikas	[kutsikas]

jonge haas (de)	jänesepoeg	[jænesepoeg]
konijntje (het)	küülikupoeg	[kʉːlikupoeg]
wolfje (het)	hundikutsikas	[hundikutsikas]
vosje (het)	rebasekutsikas	[rebasekutsikas]

beertje (het)	karupoeg	[karupoeg]
leeuwenjong (het)	lõvikutsikas	[lɜʋikutsikas]
tijgertje (het)	tiigrikutsikas	[tiːgrikutsikas]
olifantenjong (het)	elevandipoeg	[eleʋandipoeg]

biggetje (het)	põrsas	[pɜrsas]
kalf (het)	vasikas	[ʋasikas]
geitje (het)	kitsetall	[kitsetalʲ]
lam (het)	lambatall	[lambatalʲ]
reekalf (het)	põdravasikas	[pɜdraʋasikas]
jonge kameel (de)	kaamelipoeg	[kaːmelipoeg]

| slangenjong (het) | ussipoeg | [ussipoeg] |
| kikkertje (het) | konnapoeg | [konnapoeg] |

vogeltje (het)	linnupoeg	[linnupoeg]
kuiken (het)	kanapoeg	[kanapoeg]
eendje (het)	pardipoeg	[pardipoeg]

216. Vogels

vogel (de)	lind	[lint]
duif (de)	tuvi	[tuʋi]
mus (de)	varblane	[ʋarblane]
koolmees (de)	tihane	[tihane]
ekster (de)	harakas	[harakas]

raaf (de)	ronk	[ronk]
kraai (de)	vares	[ʋares]
kauw (de)	hakk	[hakk]
roek (de)	künnivares	[kʉnniʋares]

eend (de)	part	[part]
gans (de)	hani	[hani]
fazant (de)	faasan	[faːsan]

arend (de)	kotkas	[kotkas]
havik (de)	kull	[kulʲ]
valk (de)	kotkas	[kotkas]
gier (de)	raisakull	[raisakulʲ]
condor (de)	kondor	[kondor]

zwaan (de)	luik	[luik]
kraanvogel (de)	kurg	[kurg]
ooievaar (de)	toonekurg	[toːnekurg]

papegaai (de)	papagoi	[papagoj]
kolibrie (de)	koolibri	[koːlibri]
pauw (de)	paabulind	[paːbulint]

struisvogel (de)	jaanalind	[jaːnalint]
reiger (de)	haigur	[haigur]
flamingo (de)	flamingo	[flamingo]
pelikaan (de)	pelikan	[pelikan]

| nachtegaal (de) | ööbik | [ø:bik] |
| zwaluw (de) | suitsupääsuke | [suitsupæ:suke] |

lijster (de)	rästas	[ræsˈtas]
zanglijster (de)	laulurästas	[lauluræsˈtas]
merel (de)	musträstas	[musˈtræsˈtas]

gierzwaluw (de)	piiripääsuke	[pi:ripæ:suke]
leeuwerik (de)	lõoke	[lɜoke]
kwartel (de)	vutt	[ʊutt]

specht (de)	rähn	[ræhn]
koekoek (de)	kägu	[kægu]
uil (de)	öökull	[ø:kulʲ]
oehoe (de)	kakk	[kakk]
auerhoen (het)	metsis	[metsis]
korhoen (het)	teder	[teder]
patrijs (de)	põldpüü	[pɜlʲtpʉ:]

spreeuw (de)	kuldnokk	[kulʲdnokk]
kanarie (de)	kanaarilind	[kana:rilint]
hazelhoen (het)	laanepüü	[la:nepʉ:]
vink (de)	metsvint	[metsʊint]
goudvink (de)	leevike	[le:ʊike]

meeuw (de)	kajakas	[kajakas]
albatros (de)	albatross	[alʲbatross]
pinguïn (de)	pingviin	[pingʊi:n]

217. Vogels. Zingen en geluiden

fluiten, zingen (ww)	laulma	[laulʲma]
schreeuwen (dieren, vogels)	karjuma	[karjuma]
kraaien (ov. een haan)	kirema	[kirema]
kukeleku	kikerikii	[kikeriki:]

klokken (hen)	kaagutama	[ka:gutama]
krassen (kraai)	kraaksuma	[kra:ksuma]
kwaken (eend)	prääksuma	[præ:ksuma]
piepen (kuiken)	piiksuma	[pi:ksuma]
tjilpen (bijv. een mus)	siristama	[sirisˈtama]

218. Vis. Zeedieren

brasem (de)	latikas	[latikas]
karper (de)	karpkala	[karpkala]
baars (de)	ahven	[ahʊen]
meerval (de)	säga	[sæga]
snoek (de)	haug	[haug]

| zalm (de) | lõhe | [lɜhe] |
| steur (de) | tuurakala | [tu:rakala] |

haring (de)	heeringas	[heːringas]
atlantische zalm (de)	väärislõhe	[ʋæːrislɜhe]
makreel (de)	skumbria	[skumbria]
platvis (de)	lest	[lesʲt]

snoekbaars (de)	kohakala	[kohakala]
kabeljauw (de)	tursk	[tursk]
tonijn (de)	tuunikala	[tuːnikala]
forel (de)	forell	[forelʲ]

paling (de)	angerjas	[angerjas]
sidderrog (de)	elektrirai	[elektrirai]
murene (de)	mureen	[mureːn]
piranha (de)	piraaja	[piraːja]

haai (de)	haikala	[haikala]
dolfijn (de)	delfiin	[delfiːn]
walvis (de)	vaal	[ʋaːlʲ]

krab (de)	krabi	[krabi]
kwal (de)	meduus	[meduːs]
octopus (de)	kaheksajalg	[kaheksajalʲg]

zeester (de)	meritäht	[meritæht]
zee-egel (de)	merisiil	[merisiːlʲ]
zeepaardje (het)	merihobuke	[merihobuke]

oester (de)	auster	[ausʲter]
garnaal (de)	krevett	[kreʋett]
kreeft (de)	homaar	[homaːr]
langoest (de)	langust	[langusʲt]

219. Amfibieën. Reptielen

| slang (de) | uss | [uss] |
| giftig (slang) | mürgine | [mʉrgine] |

adder (de)	rästik	[ræsʲtik]
cobra (de)	kobra	[kobra]
python (de)	püüton	[pʉːton]
boa (de)	boamadu	[boamadu]

ringslang (de)	nastik	[nasʲtik]
ratelslang (de)	lõgismadu	[lɜgismadu]
anaconda (de)	anakonda	[anakonda]

hagedis (de)	sisalik	[sisalik]
leguaan (de)	iguaan	[iguaːn]
varaan (de)	varaan	[ʋaraːn]
salamander (de)	salamander	[salamander]
kameleon (de)	kameeleon	[kameːleon]
schorpioen (de)	skorpion	[skorpion]
schildpad (de)	kilpkonn	[kilʲpkonn]
kikker (de)	konn	[konn]

| pad (de) | kärnkonn | [kærnkonn] |
| krokodil (de) | krokodill | [krokodilʲ] |

220. Insecten

insect (het)	putukas	[putukas]
vlinder (de)	liblikas	[liblikas]
mier (de)	sipelgas	[sipelʲgas]
vlieg (de)	kärbes	[kærbes]
mug (de)	sääsk	[sæ:sk]
kever (de)	sitikas	[sitikas]

wesp (de)	herilane	[herilane]
bij (de)	mesilane	[mesilane]
hommel (de)	metsmesilane	[metsmesilane]
horzel (de)	kiin	[ki:n]

| spin (de) | ämblik | [æmblik] |
| spinnenweb (het) | ämblikuvõrk | [æmblikuʋɜrk] |

libel (de)	kiil	[ki:lʲ]
sprinkhaan (de)	rohutirts	[rohutirts]
nachtvlinder (de)	liblikas	[liblikas]

kakkerlak (de)	tarakan	[tarakan]
teek (de)	puuk	[pu:k]
vlo (de)	kirp	[kirp]
kriebelmug (de)	kihulane	[kihulane]

treksprinkhaan (de)	rändtirts	[rændtirts]
slak (de)	tigu	[tigu]
krekel (de)	ritsikas	[ritsikas]
glimworm (de)	jaaniuss	[ja:niuss]
lieveheersbeestje (het)	lepatriinu	[lepatri:nu]
meikever (de)	maipõrnikas	[maipɜrnikas]

bloedzuiger (de)	kaan	[ka:n]
rups (de)	tõuk	[tɜuk]
aardworm (de)	vagel	[ʋagelʲ]
larve (de)	tõuk	[tɜuk]

221. Dieren. Lichaamsdelen

snavel (de)	nokk	[nokk]
vleugels (mv.)	tiivad	[ti:ʋat]
poot (ov. een vogel)	jalg	[jalʲg]
verenkleed (het)	sulestik	[sulesʲtik]
veer (de)	sulg	[sulʲg]
kuifje (het)	pappus	[pappus]

| kieuwen (mv.) | lõpused | [lɜpuset] |
| kuit, dril (de) | kalamari | [kalamari] |

larve (de)	vastne	[ʋasʲtne]
vin (de)	uim	[uim]
schubben (mv.)	soomus	[so:mus]

slagtand (de)	kihv	[kihʋ]
poot (bijv. ~ van een kat)	käpp	[kæpp]
muil (de)	nägu	[nægu]
bek (mond van dieren)	koon	[ko:n]
staart (de)	saba	[saba]
snorharen (mv.)	vurrud	[ʋurrut]

| hoef (de) | kabi | [kabi] |
| hoorn (de) | sarv | [sarʋ] |

schild (schildpad, enz.)	soomuskate	[so:muskate]
schelp (de)	koda	[koda]
eierschaal (de)	munakoor	[munako:r]

| vacht (de) | karvad | [karʋat] |
| huid (de) | nahk | [nahk] |

222. Acties van de dieren

| vliegen (ww) | lendama | [lendama] |
| cirkelen (vogel) | keerlema | [ke:rlema] |

| wegvliegen (ww) | ära lendama | [æra lendama] |
| klapwieken (ww) | lehvitama | [lehʋitama] |

| pikken (vogels) | nokkima | [nokkima] |
| broeden (de eend zit te ~) | poegi välja hauduma | [poegi ʋælja hauduma] |

| uitbroeden (ww) | munast välja tulema | [munasʲt ʋælja tulema] |
| een nest bouwen | pesa punuma | [pesa punuma] |

kruipen (ww)	roomama	[ro:mama]
steken (bij)	nõelama	[nɜelama]
bijten (de hond, enz.)	hammustama	[hammusʲtama]

snuffelen (ov. de dieren)	nuusutama	[nu:sutama]
blaffen (ww)	haukuma	[haukuma]
sissen (slang)	susisema	[susisema]

| doen schrikken (ww) | ehmatama | [ehmatama] |
| aanvallen (ww) | kallale tungima | [kalʲæle tungima] |

knagen (ww)	närima	[nærima]
schrammen (ww)	kriimustama	[kri:musʲtama]
zich verbergen (ww)	ennast ära peitma	[ennasʲt æra pejtma]

spelen (ww)	mängima	[mængima]
jagen (ww)	jahil käima	[jahilʲ kæjma]
winterslapen	talveunes olema	[talʲʋeunes olema]
uitsterven (dinosauriërs, enz.)	välja surema	[ʋælja surema]

223. Dieren. Leefomgevingen

leefgebied (het)	elukeskkond	[elukeskkont]
migratie (de)	migratsioon	[migratsio:n]
berg (de)	mägi	[mægi]
rif (het)	riff	[riff]
klip (de)	kalju	[kalju]
bos (het)	mets	[mets]
jungle (de)	džungel	[dʒungelʲ]
savanne (de)	savann	[savann]
toendra (de)	tundra	[tundra]
steppe (de)	stepp	[sʲtepp]
woestijn (de)	kõrb	[kɜrb]
oase (de)	oaas	[oa:s]
zee (de)	meri	[meri]
meer (het)	järv	[jærʋ]
oceaan (de)	ookean	[o:kean]
moeras (het)	soo	[so:]
zoetwater- (abn)	mageveeline	[mageʋe:line]
vijver (de)	tiik	[ti:k]
rivier (de)	jõgi	[jɜgi]
berenhol (het)	karukoobas	[karuko:bas]
nest (het)	pesa	[pesa]
boom holte (de)	õõs	[ɜ:s]
hol (het)	urg	[urg]
mierenhoop (de)	sipelgapesa	[sipelʲgapesa]

224. Dierverzorging

dierentuin (de)	loomaaed	[lo:ma:et]
natuurreservaat (het)	looduskaitseala	[lo:duskaitseala]
fokkerij (de)	kasvandus	[kasʋandus]
openluchtkooi (de)	jooksuaed	[jo:ksuaet]
kooi (de)	puur	[pu:r]
hondenhok (het)	kuut	[ku:t]
duiventil (de)	tuvila	[tuʋila]
aquarium (het)	akvaarium	[akʋa:rium]
dolfinarium (het)	delfinaarium	[delfina:rium]
fokken (bijv. honden ~)	loomi pidama	[lo:mi pidama]
nakomelingen (mv.)	järglased	[jærglaset]
temmen (tam maken)	taltsutama	[talʲtsutama]
dresseren (ww)	dresseerima	[dresse:rima]
voeding (de)	sööt	[sø:t]
voederen (ww)	söötma	[sø:tma]

dierenwinkel (de)	zookauplus	[zo:kauplus]
muilkorf (de)	suukorv	[su:koru]
halsband (de)	kaelarihm	[kaelarihm]
naam (ov. een dier)	nimi	[nimi]
stamboom (honden met ~)	sugupuu	[sugupu:]

225. Dieren. Diversen

meute (wolven)	hundikari	[hundikari]
zwerm (vogels)	linnuparv	[linnuparu]
school (vissen)	kalaparv	[kalaparu]
kudde (wilde paarden)	hobusekari	[hobusekari]

| mannetje (het) | isasloom | [isaslo:m] |
| vrouwtje (het) | emasloom | [emaslo:m] |

hongerig (bn)	näljane	[næljane]
wild (bn)	metsik	[metsik]
gevaarlijk (bn)	ohtlik	[ohtlik]

226. Paarden

| paard (het) | hobune | [hobune] |
| ras (het) | tõug | [tʒug] |

| veulen (het) | varss | [uarss] |
| merrie (de) | mära | [mæra] |

mustang (de)	mustang	[musˈtang]
pony (de)	poni	[poni]
koudbloed (de)	raskeveohobune	[raskeueohobune]

| manen (mv.) | lakk | [lakk] |
| staart (de) | saba | [saba] |

hoef (de)	kabi	[kabi]
hoefijzer (het)	hobuseraud	[hobuseraut]
beslaan (ww)	hobust rautama	[hobusˈt rautama]
paardensmid (de)	sepp	[sepp]

zadel (het)	sadul	[sadulʲ]
stijgbeugel (de)	jalus	[jalus]
breidel (de)	valjad	[ualjat]
leidsels (mv.)	ohjad	[ohjat]
zweep (de)	piits	[pi:ts]

ruiter (de)	ratsutaja	[ratsutaja]
zadelen (ww)	saduldama	[sadulʲdama]
een paard bestijgen	sadulasse istuma	[sadulasse isˈtuma]

| galop (de) | galopp | [galopp] |
| galopperen (ww) | galoppi sõitma | [galoppi sʒitma] |

draf (de)	traav	[traːʊ]
in draf (bw)	traavi	[traːʊi]
draven (ww)	traavi sõitma	[traːʊi sɜitma]

| renpaard (het) | ratsahobune | [ratsahobune] |
| paardenrace (de) | ratsavõistlused | [ratsaʊɜisʲtluset] |

paardenstal (de)	hobusetall	[hobusetalʲ]
voederen (ww)	söötma	[søːtma]
hooi (het)	hein	[hejn]
water geven (ww)	jootma	[joːtma]
wassen (paard ~)	puhastama	[puhasʲtama]

paardenkar (de)	kaarik	[kaːrik]
grazen (gras eten)	karjamaal olema	[karjamaːlʲ olema]
hinniken (ww)	hirnuma	[hirnuma]
een trap geven	jalaga lööma	[jalaga løːma]

Flora

boom (de)	**puu**	[pu:]
loof- (abn)	**lehtpuu**	[lehtpu:]
dennen- (abn)	**okaspuu**	[okaspu:]
groenblijvend (bn)	**igihaljas**	[igihaljas]
appelboom (de)	**õunapuu**	[ɜunapu:]
perenboom (de)	**pirnipuu**	[pirnipu:]
zoete kers (de)	**murelipuu**	[murelipu:]
zure kers (de)	**kirsipuu**	[kirsipu:]
pruimelaar (de)	**ploomipuu**	[plo:mipu:]
berk (de)	**kask**	[kask]
eik (de)	**tamm**	[tamm]
linde (de)	**pärn**	[pærn]
esp (de)	**haav**	[ha:ʊ]
esdoorn (de)	**vaher**	[ʊaher]
spar (de)	**kuusk**	[ku:sk]
den (de)	**mänd**	[mænt]
lariks (de)	**lehis**	[lehis]
zilverspar (de)	**nulg**	[nulʲg]
ceder (de)	**seeder**	[se:der]
populier (de)	**pappel**	[pappelʲ]
lijsterbes (de)	**pihlakas**	[pihlakas]
wilg (de)	**paju**	[paju]
els (de)	**lepp**	[lepp]
beuk (de)	**pöök**	[pø:k]
iep (de)	**jalakas**	[jalakas]
es (de)	**saar**	[sa:r]
kastanje (de)	**kastan**	[kasʲtan]
magnolia (de)	**magnoolia**	[magno:lia]
palm (de)	**palm**	[palʲm]
cipres (de)	**küpress**	[küpress]
mangrove (de)	**mangroovipuu**	[mangro:ʊipu:]
baobab (apenbroodboom)	**ahvileivapuu**	[ahʊilejʊapu:]
eucalyptus (de)	**eukalüpt**	[eukalüpt]
mammoetboom (de)	**sekvoia**	[sekʊoja]

struik (de)	**põõsas**	[pɜ:sas]
heester (de)	**põõsastik**	[pɜ:sasʲtik]

| wijnstok (de) | viinamarjad | [ʋi:namarjat] |
| wijngaard (de) | viinamarjaistandus | [ʋi:namarjaisˈtandus] |

frambozenstruik (de)	vaarikas	[ʋa:rikas]
zwarte bes (de)	mustsõstra põõsas	[musˈt sɜsˈtra pɜ:sas]
rode bessenstruik (de)	punane sõstar põõsas	[punane sɜsˈtar pɜ:sas]
kruisbessenstruik (de)	karusmari	[karusmari]

acacia (de)	akaatsia	[aka:tsia]
zuurbes (de)	kukerpuu	[kukerpu:]
jasmijn (de)	jasmiin	[jasmi:n]

jeneverbes (de)	kadakas	[kadakas]
rozenstruik (de)	roosipõõsas	[ro:sipɜ:sas]
hondsroos (de)	kibuvits	[kibuʋits]

229. Champignons

paddenstoel (de)	seen	[se:n]
eetbare paddenstoel (de)	söödav seen	[sø:daʋ se:n]
giftige paddenstoel (de)	mürgine seen	[mʉrgine se:n]
hoed (de)	seenekübar	[se:nekʉbar]
steel (de)	seenejalg	[se:nejalˈg]

eekhoorntjesbrood (het)	kivipuravik	[kiʋipuraʋik]
rosse populierboleet (de)	haavapuravik	[ha:ʋapuraʋik]
berkenboleet (de)	kasepuravik	[kasepuraʋik]
cantharel (de)	kukeseen	[kukese:n]
russula (de)	pilvik	[pilˈʋik]

morielje (de)	mürkel	[mʉrkelˈ]
vliegenzwam (de)	kärbseseen	[kærbsese:n]
groene knolamaniet (de)	sitaseen	[sitase:n]

230. Vruchten. Bessen

vrucht (de)	puuvili	[pu:ʋili]
vruchten (mv.)	puuviljad	[pu:ʋiljat]
appel (de)	õun	[ɜun]
peer (de)	pirn	[pirn]
pruim (de)	ploom	[plo:m]

aardbei (de)	aedmaasikas	[aedma:sikas]
zure kers (de)	kirss	[kirss]
zoete kers (de)	murel	[murelˈ]
druif (de)	viinamarjad	[ʋi:namarjat]

framboos (de)	vaarikas	[ʋa:rikas]
zwarte bes (de)	must sõstar	[musˈt sɜsˈtar]
rode bes (de)	punane sõstar	[punane sɜsˈtar]
kruisbes (de)	karusmari	[karusmari]
veenbes (de)	jõhvikas	[jɜhʋikas]

sinaasappel (de)	apelsin	[apelˡsin]
mandarijn (de)	mandariin	[mandari:n]
ananas (de)	ananass	[ananass]
banaan (de)	banaan	[bana:n]
dadel (de)	dattel	[dattelˡ]

citroen (de)	sidrun	[sidrun]
abrikoos (de)	aprikoos	[apriko:s]
perzik (de)	virsik	[ʋirsik]
kiwi (de)	kiivi	[ki:ʋi]
grapefruit (de)	greip	[grejp]

bes (de)	mari	[mari]
bessen (mv.)	marjad	[marjat]
vossenbes (de)	pohlad	[pohlat]
bosaardbei (de)	maasikas	[ma:sikas]
blauwe bosbes (de)	mustikas	[musˡtikas]

231. Bloemen. Planten

bloem (de)	lill	[lilˡ]
boeket (het)	lillekimp	[lilˡekimp]

roos (de)	roos	[ro:s]
tulp (de)	tulp	[tulˡp]
anjer (de)	nelk	[nelˡk]
gladiool (de)	gladiool	[gladio:lˡ]

korenbloem (de)	rukkilill	[rukkililˡ]
klokje (het)	kellukas	[kelˡukas]
paardenbloem (de)	võilill	[ʋɜililˡ]
kamille (de)	karikakar	[karikakar]

aloë (de)	aaloe	[a:loe]
cactus (de)	kaktus	[kaktus]
ficus (de)	kummipuu	[kummipu:]

lelie (de)	liilia	[li:lia]
geranium (de)	geraanium	[gera:nium]
hyacint (de)	hüatsint	[hüatsint]

mimosa (de)	mimoos	[mimo:s]
narcis (de)	nartsiss	[nartsiss]
Oost-Indische kers (de)	kress	[kress]

orchidee (de)	orhidee	[orhide:]
pioenroos (de)	pojeng	[pojeng]
viooltje (het)	kannike	[kannike]

driekleurig viooltje (het)	võõrasmad	[ʋɜ:rasmat]
vergeet-mij-nietje (het)	meelespea	[me:lespea]
madeliefje (het)	margareeta	[margare:ta]
papaver (de)	moon	[mo:n]
hennep (de)	kanep	[kanep]

205

munt (de)	piparmünt	[piparmʉnt]
lelietje-van-dalen (het)	maikelluke	[maikelʲuke]
sneeuwklokje (het)	lumikelluke	[lumikelʲuke]

brandnetel (de)	nõges	[nɔges]
veldzuring (de)	hapuoblikas	[hapuoblikas]
waterlelie (de)	vesiroos	[ʋesiro:s]
varen (de)	sõnajalg	[sɔnajalʲg]
korstmos (het)	samblik	[samblik]

oranjerie (de)	kasvuhoone	[kasʋuho:ne]
gazon (het)	muru	[muru]
bloemperk (het)	lillepeenar	[lilʲepe:nar]

plant (de)	taim	[taim]
gras (het)	rohi	[rohi]
grasspriet (de)	rohulible	[rohulible]

blad (het)	leht	[leht]
bloemblad (het)	õieleht	[ɜieleht]
stengel (de)	vars	[ʋars]
knol (de)	sibul	[sibulʲ]

| scheut (de) | idu | [idu] |
| doorn (de) | okas | [okas] |

bloeien (ww)	õitsema	[ɜitsema]
verwelken (ww)	närtsima	[næɾtsima]
geur (de)	lõhn	[lɜhn]
snijden (bijv. bloemen ~)	lõikama	[lɜikama]
plukken (bloemen ~)	murdma	[murdma]

232. Granen, graankorrels

graan (het)	vili	[ʋili]
graangewassen (mv.)	teraviljad	[teraʋiljat]
aar (de)	kõrs	[kɜrs]

tarwe (de)	nisu	[nisu]
rogge (de)	rukis	[rukis]
haver (de)	kaer	[kaer]

| gierst (de) | hirss | [hirss] |
| gerst (de) | oder | [oder] |

maïs (de)	mais	[mais]
rijst (de)	riis	[ri:s]
boekweit (de)	tatar	[tatar]

erwt (de)	hernes	[hernes]
nierboon (de)	aedoad	[aedoat]
soja (de)	soja	[soja]
linze (de)	lääts	[lʲæ:ts]
bonen (mv.)	põldoad	[pɜlʲdoat]

233. Groenten. Groene groenten

groenten (mv.)	juurviljad	[ju:rʋiljat]
verse kruiden (mv.)	maitseroheline	[maitseroheline]
tomaat (de)	tomat	[tomat]
augurk (de)	kurk	[kurk]
wortel (de)	porgand	[porgant]
aardappel (de)	kartul	[kartulʲ]
ui (de)	sibul	[sibulʲ]
knoflook (de)	küüslauk	[kʉ:slauk]
kool (de)	kapsas	[kapsas]
bloemkool (de)	lillkapsas	[lilʲkapsas]
spruitkool (de)	brüsseli kapsas	[brʉsseli kapsas]
broccoli (de)	brokkoli	[brokkoli]
rode biet (de)	peet	[pe:t]
aubergine (de)	baklažaan	[baklaʒa:n]
courgette (de)	suvikõrvits	[suʋikɜrʋits]
pompoen (de)	kõrvits	[kɜrʋits]
knolraap (de)	naeris	[naeris]
peterselie (de)	petersell	[peterselʲ]
dille (de)	till	[tilʲ]
sla (de)	salat	[salat]
selderij (de)	seller	[selʲer]
asperge (de)	aspar	[aspar]
spinazie (de)	spinat	[spinat]
erwt (de)	hernes	[hernes]
bonen (mv.)	põldoad	[pɜlʲdoat]
maïs (de)	mais	[mais]
nierboon (de)	aedoad	[aedoat]
peper (de)	pipar	[pipar]
radijs (de)	redis	[redis]
artisjok (de)	artišokk	[artiʃokk]

REGIONALE AARDRIJKSKUNDE

234. West-Europa

Europa (het)	**Euroopa**	[euro:pa]
Europese Unie (de)	**Euroopa Liit**	[euro:pa li:t]
Europeaan (de)	**eurooplane**	[euro:plane]
Europees (bn)	**euroopa**	[euro:pa]
Oostenrijk (het)	**Austria**	[aus'tria]
Oostenrijker (de)	**austerlane**	[aus'terlane]
Oostenrijkse (de)	**austerlanna**	[aus'terlanna]
Oostenrijks (bn)	**austria**	[aus'tria]
Groot-Brittannië (het)	**Suurbritannia**	[su:rbritannia]
Engeland (het)	**Inglismaa**	[inglisma:]
Engelsman (de)	**inglane**	[inglane]
Engelse (de)	**inglanna**	[inglanna]
Engels (bn)	**inglise**	[inglise]
België (het)	**Belgia**	[bel'gia]
Belg (de)	**belglane**	[bel'glane]
Belgische (de)	**belglanna**	[bel'glanna]
Belgisch (bn)	**belgia**	[bel'gia]
Duitsland (het)	**Saksamaa**	[saksama:]
Duitser (de)	**sakslane**	[sakslane]
Duitse (de)	**sakslanna**	[sakslanna]
Duits (bn)	**saksa**	[saksa]
Nederland (het)	**Madalmaad**	[madal'ma:t]
Holland (het)	**Holland**	[hol'ænt]
Nederlander (de)	**hollandlane**	[hol'æntlane]
Nederlandse (de)	**hollandlanna**	[hol'æntlanna]
Nederlands (bn)	**hollandi**	[hol'ændi]
Griekenland (het)	**Kreeka**	[kre:ka]
Griek (de)	**kreeklane**	[kre:klane]
Griekse (de)	**kreeklanna**	[kre:klanna]
Grieks (bn)	**kreeka**	[kre:ka]
Denemarken (het)	**Taani**	[ta:ni]
Deen (de)	**taanlane**	[ta:nlane]
Deense (de)	**taanlanna**	[ta:nlanna]
Deens (bn)	**taani**	[ta:ni]
Ierland (het)	**Iirimaa**	[i:rima:]
Ier (de)	**iirlane**	[i:rlane]
Ierse (de)	**iirlanna**	[i:rlanna]
Iers (bn)	**iiri**	[i:ri]

IJsland (het)	Island	[islant]
IJslander (de)	islandlane	[islantlane]
IJslandse (de)	islandlanna	[islantlanna]
IJslands (bn)	islandi	[islandi]
Spanje (het)	Hispaania	[hispa:nia]
Spanjaard (de)	hispaanlane	[hispa:nlane]
Spaanse (de)	hispaanlanna	[hispa:nlanna]
Spaans (bn)	hispaania	[hispa:nia]
Italië (het)	Itaalia	[ita:lia]
Italiaan (de)	itaallane	[ita:lʲæne]
Italiaanse (de)	itaallanna	[ita:lʲænna]
Italiaans (bn)	itaalia	[ita:lia]
Cyprus (het)	Küpros	[kʉpros]
Cyprioot (de)	küproslane	[kʉproslane]
Cypriotische (de)	küproslanna	[kʉproslanna]
Cypriotisch (bn)	küprose	[kʉprose]
Malta (het)	Malta	[malʲta]
Maltees (de)	maltalane	[malʲtalane]
Maltese (de)	maltalanna	[malʲtalanna]
Maltees (bn)	malta	[malʲta]
Noorwegen (het)	Norra	[norra]
Noor (de)	norralane	[norralane]
Noorse (de)	norralanna	[norralanna]
Noors (bn)	norra	[norra]
Portugal (het)	Portugal	[portugalʲ]
Portugees (de)	portugallane	[portugalʲæne]
Portugese (de)	portugallanna	[portugalʲænna]
Portugees (bn)	portugali	[portugali]
Finland (het)	Soome	[so:me]
Fin (de)	soomlane	[so:mlane]
Finse (de)	soomlanna	[so:mlanna]
Fins (bn)	soome	[so:me]
Frankrijk (het)	Prantsusmaa	[prantsusma:]
Fransman (de)	prantslane	[prantslane]
Française (de)	prantslanna	[prantslanna]
Frans (bn)	prantsuse	[prantsuse]
Zweden (het)	Rootsi	[ro:tsi]
Zweed (de)	rootslane	[ro:tslane]
Zweedse (de)	rootslanna	[ro:tslanna]
Zweeds (bn)	rootsi	[ro:tsi]
Zwitserland (het)	Šveits	[ʃʋejts]
Zwitser (de)	šveitslane	[ʃʋejtslane]
Zwitserse (de)	šveitslanna	[ʃʋejtslanna]
Zwitsers (bn)	šveitsi	[ʃʋejtsi]
Schotland (het)	Šotimaa	[ʃotima:]
Schot (de)	šotlane	[ʃotlane]

| Schotse (de) | šotlanna | [ʃotlanna] |
| Schots (bn) | šoti | [ʃoti] |

Vaticaanstad (de)	Vatikan	[vatikan]
Liechtenstein (het)	Liechtenstein	[lihtenʃtejn]
Luxemburg (het)	Luxembourg	[luksembourg]
Monaco (het)	Monaco	[monako]

235. Centraal- en Oost-Europa

Albanië (het)	Albaania	[alʲba:nia]
Albanees (de)	albaanlane	[alʲba:nlane]
Albanese (de)	albaanlanna	[alʲba:nlanna]
Albanees (bn)	albaania	[alʲba:nia]

Bulgarije (het)	Bulgaaria	[bulʲga:ria]
Bulgaar (de)	bulgaarlane	[bulʲga:rlane]
Bulgaarse (de)	bulgaarlanna	[bulʲga:rlanna]
Bulgaars (bn)	bulgaaria	[bulʲga:ria]

Hongarije (het)	Ungari	[ungari]
Hongaar (de)	ungarlane	[ungarlane]
Hongaarse (de)	ungarlanna	[ungarlanna]
Hongaars (bn)	ungari	[ungari]

Letland (het)	Läti	[lʲæti]
Let (de)	lätlane	[lʲætlane]
Letse (de)	lätlanna	[lʲætlanna]
Lets (bn)	läti	[lʲæti]

Litouwen (het)	Leedu	[le:du]
Litouwer (de)	leedulane	[le:dulane]
Litouwse (de)	leedulanna	[le:dulanna]
Litouws (bn)	leedu	[le:du]

Polen (het)	Poola	[po:la]
Pool (de)	poolakas	[po:lakas]
Poolse (de)	poolatar	[po:latar]
Pools (bn)	poola	[po:la]

Roemenië (het)	Rumeenia	[rume:nia]
Roemeen (de)	rumeenlane	[rume:nlane]
Roemeense (de)	rumeenlanna	[rume:nlanna]
Roemeens (bn)	rumeenia	[rume:nia]

Servië (het)	Serbia	[serbia]
Serviër (de)	serblane	[serblane]
Servische (de)	serblanna	[serblanna]
Servisch (bn)	serbia	[serbia]

Slowakije (het)	Slovakkia	[slovakkia]
Slowaak (de)	slovakk	[slovakk]
Slowaakse (de)	slovakitar	[slovakitar]
Slowaakse (bn)	slovaki	[slovaki]

Kroatië (het)	**Kroaatia**	[kroa:tia]
Kroaat (de)	**kroaat**	[kroa:t]
Kroatische (de)	**horvaaditar**	[horʋa:ditar]
Kroatisch (bn)	**kroaadi**	[kroa:di]

Tsjechië (het)	**Tšehhia**	[tʃehhia]
Tsjech (de)	**tšehh**	[tʃehh]
Tsjechische (de)	**tšehhitar**	[tʃehhitar]
Tsjechisch (bn)	**tšehhi**	[tʃehhi]

Estland (het)	**Eesti**	[e:sʲti]
Est (de)	**eestlane**	[e:sʲtlane]
Estse (de)	**eestlanna**	[e:sʲtlanna]
Ests (bn)	**eesti**	[e:sʲti]

Bosnië en Herzegovina (het)	**Bosnia ja Hertsegoviina**	[bosnia ja hertsegoʋi:na]
Macedonië (het)	**Makedoonia**	[makedo:nia]
Slovenië (het)	**Sloveenia**	[sloʋe:nia]
Montenegro (het)	**Montenegro**	[montenegro]

236. Voormalige USSR landen

Azerbeidzjan (het)	**Aserbaidžaan**	[aserbaidʒa:n]
Azerbeidzjaan (de)	**aserbaidžaanlane**	[aserbaidʒa:nlane]
Azerbeidjaanse (de)	**aserbaidžaanlanna**	[aserbaidʒa:nlanna]
Azerbeidjaans (bn)	**aserbaidžaani**	[aserbaidʒa:ni]

Armenië (het)	**Armeenia**	[arme:nia]
Armeen (de)	**armeenlane**	[arme:nlane]
Armeense (de)	**armeenlanna**	[arme:nlanna]
Armeens (bn)	**armeenia**	[arme:nia]

Wit-Rusland (het)	**Valgevenemaa**	[ʋalʲgeʋenema:]
Wit-Rus (de)	**valgevenelane**	[ʋalʲgeʋenelane]
Wit-Russische (de)	**valgevenelanna**	[ʋalʲgeʋenelanna]
Wit-Russisch (bn)	**valgevene**	[ʋalʲgeʋene]

Georgië (het)	**Gruusia**	[gru:sia]
Georgiër (de)	**grusiin**	[grusi:n]
Georgische (de)	**grusiinlanna**	[grusi:nlanna]
Georgisch (bn)	**gruusia**	[gru:sia]

Kazakstan (het)	**Kasahstan**	[kasahsʲtan]
Kazak (de)	**kasahh**	[kasahh]
Kazakse (de)	**kasahhitar**	[kasahhitar]
Kazakse (bn)	**kasahhi**	[kasahhi]

Kirgizië (het)	**Kõrgõzstan**	[kɜrgɜsʲtan]
Kirgiziër (de)	**kirgiis**	[kirgi:s]
Kirgizische (de)	**kirgiisitar**	[kirgi:sitar]
Kirgizische (bn)	**kirgiisi**	[kirgi:si]

| Moldavië (het) | **Moldova** | [molʲdoʋa] |
| Moldaviër (de) | **moldaavlane** | [molʲda:ʋlane] |

Moldavische (de)	**moldaavlanna**	[mol'da:ʊlanna]
Moldavisch (bn)	**moldaavia**	[mol'da:ʊia]

Rusland (het)	**Venemaa**	[ʊenema:]
Rus (de)	**venelane**	[ʊenelane]
Russin (de)	**venelanna**	[ʊenelanna]
Russisch (bn)	**vene**	[ʊene]

Tadzjikistan (het)	**Tadžikistan**	[tadʒikis'tan]
Tadzjiek (de)	**tadžikk**	[tadʒikk]
Tadzjiekse (de)	**tadžikitar**	[tadʒikitar]
Tadzjieks (bn)	**tadžiki**	[tadʒiki]

Turkmenistan (het)	**Türkmenistan**	[tʊrkmenis'tan]
Turkmeen (de)	**turkmeen**	[turkme:n]
Turkmeense (de)	**turkmeenlanna**	[turkme:nlanna]
Turkmeens (bn)	**turkmeeni**	[turkme:ni]

Oezbekistan (het)	**Usbekistan**	[usbekis'tan]
Oezbeek (de)	**usbekk**	[usbekk]
Oezbeekse (de)	**usbekitar**	[usbekitar]
Oezbeeks (bn)	**usbeki**	[usbeki]

Oekraïne (het)	**Ukraina**	[ukraina]
Oekraïner (de)	**ukrainlane**	[ukrainlane]
Oekraïense (de)	**ukrainlanna**	[ukrainlanna]
Oekraïens (bn)	**ukraina**	[ukraina]

237. Azië

Azië (het)	**Aasia**	[a:sia]
Aziatisch (bn)	**aasialik**	[a:sialik]

Vietnam (het)	**Vietnam**	[ʊietnam]
Vietnamees (de)	**vietnamlane**	[ʊietnamlane]
Vietnamese (de)	**vietnamlanna**	[ʊietnamlanna]
Vietnamees (bn)	**vietnami**	[ʊietnami]

India (het)	**India**	[india]
Indiër (de)	**hindu**	[hindu]
Indische (de)	**hindulanna**	[hindulanna]
Indisch (bn)	**india**	[india]

Israël (het)	**Iisrael**	[i:srael']
Israëliër (de)	**iisraellane**	[i:srael'æne]
Israëlische (de)	**iisraellanna**	[i:srael'ænna]
Israëlisch (bn)	**iisraeli**	[i:sraeli]

Jood (etniciteit)	**juut**	[ju:t]
Jodin (de)	**juuditar**	[ju:ditar]
Joods (bn)	**juudi**	[ju:di]

China (het)	**Hiina**	[hi:na]
Chinees (de)	**hiinlane**	[hi:nlane]

Chinese (de)	hiinlanna	[hi:nlanna]
Chinees (bn)	hiina	[hi:na]
Koreaan (de)	korealane	[korealane]
Koreaanse (de)	korealanna	[korealanna]
Koreaans (bn)	korea	[korea]
Libanon (het)	Liibanon	[li:banon]
Libanees (de)	liibanonlane	[li:banonlane]
Libanese (de)	liibanonlanna	[li:banonlanna]
Libanees (bn)	liibanoni	[li:banoni]
Mongolië (het)	Mongoolia	[mongo:lia]
Mongool (de)	mongol	[mongolʲ]
Mongoolse (de)	mongolitar	[mongolitar]
Mongools (bn)	mongoli	[mongoli]
Maleisië (het)	Malaisia	[malaisia]
Maleisiër (de)	malailane	[malailane]
Maleisische (de)	malailanna	[malailanna]
Maleisisch (bn)	malai	[malai]
Pakistan (het)	Pakistan	[pakisⁱtan]
Pakistaan (de)	pakistanlane	[pakisⁱtanlane]
Pakistaanse (de)	pakistanlanna	[pakisⁱtanlanna]
Pakistaans (bn)	pakistani	[pakisⁱtani]
Saoedi-Arabië (het)	Saudi Araabia	[saudi ara:bia]
Arabier (de)	araablane	[ara:blane]
Arabische (de)	araablanna	[ara:blanna]
Arabisch (bn)	araabia	[ara:bia]
Thailand (het)	Tai	[tai]
Thai (de)	tailane	[tailane]
Thaise (de)	tailanna	[tailanna]
Thai (bn)	tai	[tai]
Taiwan (het)	Taivan	[taiʋan]
Taiwanees (de)	taivanlane	[taiʋanlane]
Taiwanese (de)	taivanlanna	[taiʋanlanna]
Taiwanees (bn)	taivani	[taiʋani]
Turkije (het)	Türgi	[tɤrgi]
Turk (de)	türklane	[tɤrklane]
Turkse (de)	türklanna	[tɤrklanna]
Turks (bn)	türgi	[tɤrgi]
Japan (het)	Jaapan	[ja:pan]
Japanner (de)	jaapanlane	[ja:panlane]
Japanse (de)	jaapanlanna	[ja:panlanna]
Japans (bn)	jaapani	[ja:pani]
Afghanistan (het)	Afganistan	[afganisⁱtan]
Bangladesh (het)	Bangladesh	[bangladesh]
Indonesië (het)	Indoneesia	[indone:sia]
Jordanië (het)	Jordaania	[jorda:nia]

Irak (het)	**Iraak**	[ira:k]
Iran (het)	**Iraan**	[ira:n]
Cambodja (het)	**Kambodža**	[kambodʒa]
Koeweit (het)	**Kuveit**	[kuʋejt]

Laos (het)	**Laos**	[laos]
Myanmar (het)	**Mjanma**	[mjanma]
Nepal (het)	**Nepal**	[nepalʲ]
Verenigde Arabische Emiraten	**Araabia Ühendemiraadid**	[ara:bia ühendemira:dit]

Syrië (het)	**Süüria**	[su:ria]
Palestijnse autonomie (de)	**Palestiina autonoomia**	[palesʲti:na autono:mia]
Zuid-Korea (het)	**Lõuna-Korea**	[lɜuna-korea]
Noord-Korea (het)	**Põhja-Korea**	[pɜhja-korea]

238. Noord-Amerika

Verenigde Staten van Amerika	**Ameerika Ühendriigid**	[ame:rika ühendri:git]
Amerikaan (de)	**ameeriklane**	[ame:riklane]
Amerikaanse (de)	**ameeriklanna**	[ame:riklanna]
Amerikaans (bn)	**ameerika**	[ame:rika]

Canada (het)	**Kanada**	[kanada]
Canadees (de)	**kanadalane**	[kanadalane]
Canadese (de)	**kanadalanna**	[kanadalanna]
Canadees (bn)	**kanada**	[kanada]

Mexico (het)	**Mehhiko**	[mehhiko]
Mexicaan (de)	**mehhiklane**	[mehhiklane]
Mexicaanse (de)	**mehhiklanna**	[mehhiklanna]
Mexicaans (bn)	**mehhiko**	[mehhiko]

239. Midden- en Zuid-Amerika

Argentinië (het)	**Argentiina**	[argenti:na]
Argentijn (de)	**argentiinlane**	[argenti:nlane]
Argentijnse (de)	**argentiinlanna**	[argenti:nlanna]
Argentijns (bn)	**argentiina**	[argenti:na]

Brazilië (het)	**Brasiilia**	[brasi:lia]
Braziliaan (de)	**brasiillane**	[brasi:lʲæne]
Braziliaanse (de)	**brasiillanna**	[brasi:lʲænna]
Braziliaans (bn)	**brasiilia**	[brasi:lia]

Colombia (het)	**Kolumbia**	[kolumbia]
Colombiaan (de)	**kolumbialane**	[kolumbialane]
Colombiaanse (de)	**kolumbialanna**	[kolumbialanna]
Colombiaans (bn)	**kolumbia**	[kolumbia]
Cuba (het)	**Kuuba**	[ku:ba]
Cubaan (de)	**kuubalane**	[ku:balane]

| Cubaanse (de) | kuubalanna | [ku:balanna] |
| Cubaans (bn) | kuuba | [ku:ba] |

Chili (het)	Tšiili	[tʃi:li]
Chileen (de)	tšiillane	[tʃi:lʲæne]
Chileense (de)	tšiilitar	[tʃi:litar]
Chileens (bn)	tšiili	[tʃi:li]

Bolivia (het)	Boliivia	[boli:ʋia]
Venezuela (het)	Venetsueela	[ʋenetsue:la]
Paraguay (het)	Paraguai	[paraguai]
Peru (het)	Peruu	[peru:]

Suriname (het)	Suriname	[suriname]
Uruguay (het)	Uruguai	[uruguai]
Ecuador (het)	Ecuador	[ekuador]

Bahama's (mv.)	Bahama saared	[bahama sa:ret]
Haïti (het)	Haiiti	[hai:ti]
Dominicaanse Republiek (de)	Dominikaani Vabariik	[dominika:ni ʋabari:k]
Panama (het)	Panama	[panama]
Jamaica (het)	Jamaika	[jamaika]

240. Afrika

Egypte (het)	Egiptus	[egiptus]
Egyptenaar (de)	egiptlane	[egiptlane]
Egyptische (de)	egiptlanna	[egiptlanna]
Egyptisch (bn)	egiptuse	[egiptuse]

Marokko (het)	Maroko	[maroko]
Marokkaan (de)	marokolane	[marokolane]
Marokkaanse (de)	marokolanna	[marokolanna]
Marokkaans (bn)	maroko	[maroko]

Tunesië (het)	Tuneesia	[tune:sia]
Tunesiër (de)	tuneeslane	[tune:slane]
Tunesische (de)	tuneeslanna	[tune:slanna]
Tunesisch (bn)	tuneesia	[tune:sia]

Ghana (het)	Gaana	[ga:na]
Zanzibar (het)	Sansibar	[sansibar]
Kenia (het)	Keenia	[ke:nia]
Libië (het)	Liibüa	[li:bʉa]
Madagaskar (het)	Madagaskar	[madagaskar]

Namibië (het)	Namiibia	[nami:bia]
Senegal (het)	Senegal	[senegalʲ]
Tanzania (het)	Tansaania	[tansa:nia]
Zuid-Afrika (het)	Lõuna-Aafrika Vabariik	[lɜuna-a:frika ʋabari:k]

Afrikaan (de)	aafriklane	[a:friklane]
Afrikaanse (de)	aafriklanna	[a:friklanna]
Afrikaans (bn)	aafrika	[a:frika]

241. Australië. Oceanië

Australië (het)	Austraalia	[aus'tra:lia]
Australiër (de)	austraallane	[aus'tra:l'æne]
Australische (de)	austraallanna	[aus'tra:l'ænna]
Australisch (bn)	austraalia	[aus'tra:lia]
Nieuw-Zeeland (het)	Uus Meremaa	[u:s merema:]
Nieuw-Zeelander (de)	uusmeremaalane	[u:smerema:lane]
Nieuw-Zeelandse (de)	uusmeremaalanna	[u:smerema:lanna]
Nieuw-Zeelands (bn)	uusmeremaa	[u:smerema:]
Tasmanië (het)	Tasmaania	[tasma:nia]
Frans-Polynesië	Prantsuse Polüneesia	[prantsuse polune:sia]

242. Steden

Amsterdam	Amsterdam	[ams'terdam]
Ankara	Ankara	[ankara]
Athene	Ateena	[ate:na]
Bagdad	Bagdad	[bagdat]
Bangkok	Bangkok	[bangkok]
Barcelona	Barcelona	[barselona]
Beiroet	Beirut	[bejrut]
Berlijn	Berliin	[berli:n]
Boedapest	Budapest	[budapes't]
Boekarest	Bukarest	[bukares't]
Bombay, Mumbai	Bombay	[bombej]
Bonn	Bonn	[bonn]
Bordeaux	Bordeaux	[bordo:]
Bratislava	Bratislava	[bratislaua]
Brussel	Brüssel	[brussel']
Caïro	Kairo	[kajro]
Calcutta	Kalkuta	[kal'kuta]
Chicago	Chicago	[tʃikago]
Dar Es Salaam	Dar Es Salaam	[dar es sala:m]
Delhi	Delhi	[deli]
Den Haag	Haag	[ha:g]
Dubai	Dubai	[dubai]
Dublin	Dublin	[dublin]
Düsseldorf	Düsseldorf	[dussel'dorf]
Florence	Firenze	[firenzə]
Frankfort	Frankfurt	[frankfurt]
Genève	Genf	[genf]
Hamburg	Hamburg	[hamburg]
Hanoi	Hanoi	[hanoj]
Havana	Havanna	[hauanna]
Helsinki	Helsingi	[hel'singi]

Hiroshima	Hiroshima	[hiroshima]
Hongkong	Hongkong	[honkong]
Istanbul	Istanbul	[istanbulʲ]
Jeruzalem	Jeruusalemm	[jeru:salemm]
Kiev	Kiiev	[ki:eʊ]

Kopenhagen	Kopenhaagen	[kopenha:gen]
Kuala Lumpur	Kuala Lumpur	[kuala lumpur]
Lissabon	Lissabon	[lissssabon]
Londen	London	[london]
Los Angeles	Los Angeles	[los angeles]

Lyon	Lyon	[lyon]
Madrid	Madrid	[madrit]
Marseille	Marseille	[marselʲ]
Mexico-Stad	Mexico	[mehiko]
Miami	Miami	[majæmi]

Montreal	Montreal	[montrealʲ]
Moskou	Moskva	[moskʊa]
München	München	[mʊnhen]
Nairobi	Nairobi	[nairobi]
Napels	Napoli	[napoli]

New York	New York	[nju york]
Nice	Nice	[nitsə]
Oslo	Oslo	[oslo]
Ottawa	Ottawa	[ottawa]
Parijs	Pariis	[pari:s]

Peking	Peking	[peking]
Praag	Praha	[praha]
Rio de Janeiro	Rio de Janeiro	[rio de ʒanejro]
Rome	Rooma	[ro:ma]
Seoel	Soul	[soulʲ]
Singapore	Singapur	[singapur]

Sint-Petersburg	Peterburi	[peterburi]
Sjanghai	Shanghai	[ʃanhai]
Stockholm	Stockholm	[stokholʲm]
Sydney	Sidney	[sidni]
Taipei	Taibei	[taibej]
Tokio	Tokio	[tokio]

Toronto	Toronto	[toronto]
Venetië	Veneetsia	[ʊene:tsia]
Warschau	Varssavi	[ʊarssaʊi]
Washington	Washington	[ʊoʃington]
Wenen	Viin	[ʊi:n]

243. Politiek. Overheid. Deel 1

| politiek (de) | poliitika | [poli:tika] |
| politiek (bn) | poliitiline | [poli:tiline] |

politicus (de)	poliitik	[poli:tik]
staat (land)	riik	[ri:k]
burger (de)	kodanik	[kodanik]
staatsburgerschap (het)	kodakondsus	[kodakondsus]

nationaal wapen (het)	riigivapp	[ri:givapp]
volkslied (het)	riigihümn	[ri:gihumn]

regering (de)	valitsus	[valitsus]
staatshoofd (het)	riigijuht	[ri:gijuht]
parlement (het)	riigikogu	[ri:gikogu]
partij (de)	erakond	[erakont]

kapitalisme (het)	kapitalism	[kapitalism]
kapitalistisch (bn)	kapitalistlik	[kapitalisitlik]

socialisme (het)	sotsialism	[sotsialism]
socialistisch (bn)	sotsialistlik	[sotsialisitlik]

communisme (het)	kommunism	[kommunism]
communistisch (bn)	kommunistlik	[kommunisitlik]
communist (de)	kommunist	[kommunisit]

democratie (de)	demokraatia	[demokra:tia]
democraat (de)	demokraat	[demokra:t]
democratisch (bn)	demokraatlik	[demokra:tlik]
democratische partij (de)	demokraatlik erakond	[demokra:tlik erakont]

liberaal (de)	liberaal	[libera:li]
liberaal (bn)	liberaalne	[libera:line]

conservator (de)	konservaator	[konserva:tor]
conservatief (bn)	konservatiivne	[konservati:une]

republiek (de)	vabariik	[vabari:k]
republikein (de)	vabariiklane	[vabari:klane]
Republikeinse Partij (de)	vabariiklik erakond	[vabari:klik erakont]

verkiezing (de)	valimised	[valimiset]
kiezen (ww)	valima	[valima]
kiezer (de)	valija	[valija]
verkiezingscampagne (de)	valimiskampaania	[valimiskampa:nia]

stemming (de)	hääletamine	[hæ:letamine]
stemmen (ww)	hääletama	[hæ:letama]
stemrecht (het)	hääleõigus	[hæ:leɜigus]

kandidaat (de)	kandidaat	[kandida:t]
zich kandideren	kandideerima	[kandide:rima]
campagne (de)	kampaania	[kampa:nia]

oppositie- (abn)	opositsiooniline	[opositsio:niline]
oppositie (de)	opositsioon	[opositsio:n]

bezoek (het)	visiit	[visi:t]
officieel bezoek (het)	ametlik visiit	[ametlik visi:t]

internationaal (bn)	rahvusvaheline	[rahʊusʋaheline]
onderhandelingen (mv.)	läbirääkimised	[lʲæbiræːkimiset]
onderhandelen (ww)	läbirääkimisi pidama	[lʲæbiræːkimisi pidama]

244. Politiek. Overheid. Deel 2

maatschappij (de)	ühiskond	[ɥhiskont]
grondwet (de)	konstitutsioon	[konsʲtitutsioːn]
macht (politieke ~)	võim	[ʋɜim]
corruptie (de)	korruptsioon	[korruptsioːn]

| wet (de) | seadus | [seadus] |
| wettelijk (bn) | seaduslik | [seaduslik] |

| rechtvaardigheid (de) | õiglus | [ɜiglus] |
| rechtvaardig (bn) | õiglane | [ɜiglane] |

comité (het)	komitee	[komiteː]
wetsvoorstel (het)	seaduseelnõu	[seaduseːlʲnɜu]
begroting (de)	eelarve	[eːlarʋe]
beleid (het)	poliitika	[poliːtika]
hervorming (de)	reform	[reform]
radicaal (bn)	radikaalne	[radikaːlʲne]

macht (vermogen)	jõud	[jɜut]
machtig (bn)	tugev	[tugeʋ]
aanhanger (de)	pooldaja	[poːlʲdaja]
invloed (de)	mõju	[mɜju]

regime (het)	režiim	[reʒiːm]
conflict (het)	konflikt	[konflikt]
samenzwering (de)	vandenõu	[ʋandenɜu]
provocatie (de)	provokatsioon	[proʋokatsioːn]

omverwerpen (ww)	kukutama	[kukutama]
omverwerping (de)	kukutamine	[kukutamine]
revolutie (de)	revolutsioon	[reʋolutsioːn]

| staatsgreep (de) | riigipööre | [riːgipøːre] |
| militaire coup (de) | sõjaväeline riigipööre | [sɜjaʋæeline riːgipøːre] |

crisis (de)	kriis	[kriːs]
economische recessie (de)	majanduslangus	[majanduslangus]
betoger (de)	demonstrant	[demonsʲtrant]
betoging (de)	demonstratsioon	[demonsʲtratsioːn]
krijgswet (de)	sõjaseisukord	[sɜjasejsukort]
militaire basis (de)	sõjaväebaas	[sɜjaʋæeba:s]

| stabiliteit (de) | stabiilsus | [sʲtabiːlʲsus] |
| stabiel (bn) | stabiilne | [sʲtabiːlʲne] |

uitbuiting (de)	ekspluateerimine	[ekspluateːrimine]
uitbuiten (ww)	ekspluateerima	[ekspluateːrima]
racisme (het)	rassism	[rassism]

racist (de)	rassist	[rassisit]
fascisme (het)	fašism	[faʃism]
fascist (de)	fašist	[faʃisit]

245. Landen. Diversen

vreemdeling (de)	välismaalane	[ʋæelisma:lane]
buitenlands (bn)	välismaine	[ʋæelismaine]
in het buitenland (bw)	välismaal	[ʋæelisma:lɪ]

emigrant (de)	emigrant	[emigrant]
emigratie (de)	emigratsioon	[emigratsio:n]
emigreren (ww)	emigreerima	[emigre:rima]

Westen (het)	Lääs	[lɪæ:s]
Oosten (het)	Ida	[ida]
Verre Oosten (het)	Kaug-Ida	[kaug-ida]
beschaving (de)	tsivilisatsioon	[tsiuilisatsio:n]
mensheid (de)	inimkond	[inimkont]
wereld (de)	maailm	[ma:ilɪm]
vrede (de)	rahu	[rahu]
wereld- (abn)	ülemaailmne	[ɵlema:ilɪmne]

vaderland (het)	kodumaa	[koduma:]
volk (het)	rahvas	[rahʋas]
bevolking (de)	elanikkond	[elanikkont]
mensen (mv.)	inimesed	[inimeset]
natie (de)	rahvus	[rahʋus]
generatie (de)	põlvkond	[pɜlɪʋkont]
gebied (bijv. bezette ~en)	territoorium	[territo:rium]
regio, streek (de)	regioon	[regio:n]
deelstaat (de)	osariik	[osari:k]

traditie (de)	traditsioon	[traditsio:n]
gewoonte (de)	komme	[komme]
ecologie (de)	ökoloogia	[økolo:gia]

Indiaan (de)	indiaanlane	[india:nlane]
zigeuner (de)	mustlane	[musitlane]
zigeunerin (de)	mustlasnaine	[musitlasnaine]
zigeuner- (abn)	mustlaslik	[musitlaslik]

rijk (het)	impeerium	[impe:rium]
kolonie (de)	koloonia	[kolo:nia]
slavernij (de)	orjus	[orjus]
invasie (de)	kallaletung	[kalɪæeletung]
hongersnood (de)	näljahäda	[næljahæda]

246. Grote religieuze groepen. Bekentenissen

| religie (de) | religioon | [religio:n] |
| religieus (bn) | religioosne | [religio:sne] |

geloof (het)	usk	[usk]
geloven (ww)	jumalat uskuma	[jumalat uskuma]
gelovige (de)	usklik	[usklik]

| atheïsme (het) | ateism | [atejsm] |
| atheïst (de) | ateist | [atejsʲt] |

christendom (het)	kristlus	[krisʲtlus]
christen (de)	kristlane	[krisʲtlane]
christelijk (bn)	kristlik	[krisʲtlik]

katholicisme (het)	katoliiklus	[katoli:klus]
katholiek (de)	katoliiklane	[katoli:klane]
katholiek (bn)	katoliiklik	[katoli:klik]

protestantisme (het)	protestantism	[protesʲtantism]
Protestante Kerk (de)	protestantlik kirik	[protesʲtantlik kirik]
protestant (de)	protestant	[protesʲtant]

orthodoxie (de)	õigeusk	[ɜigeusk]
Orthodoxe Kerk (de)	õigeusukirik	[ɜigeusukirik]
orthodox	õigeusklik	[ɜigeusklik]

presbyterianisme (het)	presbüterlus	[presbʉterlus]
Presbyteriaanse Kerk (de)	presbüterlaste kirik	[presbʉterlasʲte kirik]
presbyteriaan (de)	presbüterlane	[presbʉterlane]

lutheranisme (het)	luteri kirik	[luteri kirik]
lutheraan (de)	luterlane	[luterlane]
baptisme (het)	baptism	[baptism]
baptist (de)	baptist	[baptisʲt]

| Anglicaanse Kerk (de) | anglikaani kirik | [anglika:ni kirik] |
| anglicaan (de) | anglikaan | [anglika:n] |

| mormonisme (het) | mormoonlus | [mormo:nlus] |
| mormoon (de) | mormoon | [mormo:n] |

| Jodendom (het) | judaism | [judaism] |
| jood (aanhanger van het Jodendom) | juudalane | [ju:dalane] |

| boeddhisme (het) | budism | [budism] |
| boeddhist (de) | budist | [budisʲt] |

| hindoeïsme (het) | hinduism | [hinduism] |
| hindoe (de) | hinduist | [hinduisʲt] |

islam (de)	islam	[islam]
islamiet (de)	moslem	[moslem]
islamitisch (bn)	moslemi	[moslemi]

sjiisme (het)	šiitlus	[ʃi:itlus]
sjiiet (de)	šiit	[ʃi:it]
soennisme (het)	sunnism	[sunnism]
soenniet (de)	sunniit	[sunni:t]

247. Religies. Priesters

priester (de)	vaimulik	[ʋaimulik]
paus (de)	Rooma paavst	[ro:ma pa:ʋsʲt]
monnik (de)	munk	[munk]
non (de)	nunn	[nunn]
pastoor (de)	pastor	[pasʲtor]
abt (de)	abee	[abe:]
vicaris (de)	vikaar	[ʋika:r]
bisschop (de)	piiskop	[pi:skop]
kardinaal (de)	kardinal	[kardinalʲ]
predikant (de)	jutlustaja	[jutlusʲtaja]
preek (de)	jutlus	[jutlus]
kerkgangers (mv.)	koguduse liikmed	[koguduse li:kmet]
gelovige (de)	usklikud	[usklikut]
atheïst (de)	ateist	[atejsʲt]

248. Geloof. Christendom. Islam

Adam	Aadam	[a:dam]
Eva	Eeva	[e:ʋa]
God (de)	Jumal	[jumalʲ]
Heer (de)	Issand	[issant]
Almachtige (de)	Kõigevägevam	[kɔigeʋægeʋam]
zonde (de)	patt	[patt]
zondigen (ww)	pattu tegema	[pattu tegema]
zondaar (de)	patustaja	[patusʲtaja]
zondares (de)	patustaja	[patusʲtaja]
hel (de)	põrgu	[pɜrgu]
paradijs (het)	paradiis	[paradi:s]
Jezus	Jeesus	[je:sus]
Jezus Christus	Jeesus Kristus	[je:sus krisʲtus]
Heilige Geest (de)	Püha Vaim	[pɥha ʋaim]
Verlosser (de)	Päästja	[pæ:sʲtja]
Maagd Maria (de)	Jumalaema	[jumalaema]
duivel (de)	kurat	[kurat]
duivels (bn)	kuratlik	[kuratlik]
Satan	saatan	[sa:tan]
satanisch (bn)	saatanlik	[sa:tanlik]
engel (de)	ingel	[ingelʲ]
beschermengel (de)	päästeingel	[pæ:sʲtejngelʲ]
engelachtig (bn)	ingellik	[ingelʲik]

apostel (de)	apostel	[apos'tel']
aartsengel (de)	peaingel	[peaingel']
antichrist (de)	antikristus	[antikris'tus]
Kerk (de)	kirik	[kirik]
bijbel (de)	piibel	[pi:bel']
bijbels (bn)	piibli-	[pi:bli-]
Oude Testament (het)	Vana Testament	[ʋana tes'tament]
Nieuwe Testament (het)	Uus Testament	[u:s tes'tament]
evangelie (het)	Evangeelium	[eʋange:lium]
Heilige Schrift (de)	Pühakiri	[pʉhakiri]
Hemel, Hemelrijk (de)	Taevas, Taevariik	[taeʋas, taeʋari:k]
gebod (het)	käsk	[kæsk]
profeet (de)	prohvet	[prohʋet]
profetie (de)	ettekuulutus	[etteku:lutus]
Allah	Allah	[al'æh]
Mohammed	Muhamed	[muhamet]
Koran (de)	Koraan	[kora:n]
moskee (de)	mošee	[moʃe:]
moellah (de)	mulla	[mul'æ]
gebed (het)	palve	[pal'ʋe]
bidden (ww)	palvetama	[pal'ʋetama]
pelgrimstocht (de)	palverändamine	[pal'ʋerændamine]
pelgrim (de)	palverändur	[pal'ʋerændur]
Mekka	Meka	[meka]
kerk (de)	kirik	[kirik]
tempel (de)	pühakoda	[pʉhakoda]
kathedraal (de)	katedraal	[katedra:l']
gotisch (bn)	gooti	[go:ti]
synagoge (de)	sünagoog	[sʉnago:g]
moskee (de)	mošee	[moʃe:]
kapel (de)	kabel	[kabel']
abdij (de)	abtkond	[abtkont]
nonnenklooster (het)	nunnaklooster	[nunnaklo:s'ter]
mannenklooster (het)	mungaklooster	[mungaklo:s'ter]
klok (de)	kirikukell	[kirikukel']
klokkentoren (de)	kellatorn	[kel'ætorn]
luiden (klokken)	kella lööma	[kel'æ lø:ma]
kruis (het)	rist	[ris't]
koepel (de)	kuppel	[kuppel']
icoon (de)	ikoon	[iko:n]
ziel (de)	hing	[hing]
lot, noodlot (het)	saatus	[sa:tus]
kwaad (het)	kurjus	[kurjus]
goed (het)	headus	[headus]
vampier (de)	vampiir	[ʋampi:r]

heks (de)	nõid	[nɜit]
demoon (de)	deemon	[de:mon]
geest (de)	vaim	[ʋaim]
verzoeningsleer (de)	lunastamine	[lunasⁱtamine]
vrijkopen (ww)	lunastama	[lunasⁱtama]
mis (de)	jumalateenistus	[jumalate:nisⁱtus]
de mis opdragen	teenima	[te:nima]
biecht (de)	pihtimus	[pihtimus]
biechten (ww)	pihtima	[pihtima]
heilige (de)	püha	[pʉha]
heilig (bn)	püha	[pʉha]
wijwater (het)	püha vesi	[pʉha ʋesi]
ritueel (het)	kombetalitus	[kombetalitus]
ritueel (bn)	rituaalne	[ritua:lⁱne]
offerande (de)	ohverdamine	[ohʋerdamine]
bijgeloof (het)	ebausk	[ebausk]
bijgelovig (bn)	ebausklik	[ebausklik]
hiernamaals (het)	hauatagune elu	[hauatagune elu]
eeuwige leven (het)	igavene elu	[igaʋene elu]

DIVERSEN

249. Diverse nuttige woorden

achtergrond (de)	foon	[fo:n]
balans (de)	bilanss	[bilanss]
basis (de)	baas	[ba:s]
begin (het)	algus	[alˈgus]
beurt (wie is aan de ~?)	järjekord	[jærjekort]
categorie (de)	kategooria	[katego:ria]
comfortabel (~ bed, enz.)	mugav	[mugau]
compensatie (de)	kompensatsioon	[kompensatsio:n]
deel (gedeelte)	osa	[osa]
deeltje (het)	osake	[osake]
ding (object, voorwerp)	asi	[asi]
dringend (bn, urgent)	kiire	[ki:re]
dringend (bw, met spoed)	kiiresti	[ki:resˈti]
effect (het)	efekt	[efekt]
eigenschap (kwaliteit)	omadus	[omadus]
einde (het)	lõpp	[lɜpp]
element (het)	element	[element]
feit (het)	tõsiasi	[tɜsiasi]
fout (de)	viga	[uiga]
geheim (het)	saladus	[saladus]
graad (mate)	aste	[asˈte]
groei (ontwikkeling)	kasv	[kasu]
hindernis (de)	tõke	[tɜke]
hinderpaal (de)	takistus	[takisˈtus]
hulp (de)	abi	[abi]
ideaal (het)	ideaal	[idea:lʲ]
inspanning (de)	jõupingutus	[jɜupingutus]
keuze (een grote ~)	valik	[ualik]
labyrint (het)	labürint	[labɵrint]
manier (de)	viis	[ui:s]
moment (het)	moment	[moment]
nut (bruikbaarheid)	kasu	[kasu]
onderscheid (het)	erinevus	[erineuus]
ontwikkeling (de)	areng	[areng]
oplossing (de)	lahendamine	[lahendamine]
origineel (het)	originaal	[origina:lʲ]
pauze (de)	paus	[paus]
positie (de)	positsioon	[positsio:n]
principe (het)	põhimõte	[pɜhimɜte]

probleem (het)	**probleem**	[proble:m]
proces (het)	**protsess**	[protsess]
reactie (de)	**reaktsioon**	[reaktsio:n]

reden (om ~ van)	**põhjus**	[pɜhjus]
risico (het)	**risk**	[risk]
samenvallen (het)	**kokkulangevus**	[kokkulangeʋus]
serie (de)	**seeria**	[se:ria]

situatie (de)	**situatsioon**	[situatsio:n]
soort (bijv. ~ sport)	**ala**	[ala]
standaard (bn)	**standardne**	[sʲtandardne]
standaard (de)	**standard**	[sʲtandart]
stijl (de)	**stiil**	[sʲti:lʲ]

stop (korte onderbreking)	**seisak**	[sejsak]
systeem (het)	**süsteem**	[susʲte:m]
tabel (bijv. ~ van Mendelejev)	**tabel**	[tabelʲ]
tempo (langzaam ~)	**tempo**	[tempo]
term (medische ~en)	**mõiste**	[mɜisʲte]

type (soort)	**tüüp**	[tu:p]
variant (de)	**variant**	[ʋariant]
veelvuldig (bn)	**sagedane**	[sagedane]
vergelijking (de)	**võrdlus**	[ʋɜrtlus]
voorbeeld (het goede ~)	**näide**	[næjde]

voortgang (de)	**progress**	[progress]
voorwerp (ding)	**ese**	[ese]
vorm (uiterlijke ~)	**vorm**	[ʋorm]
waarheid (de)	**tõde**	[tɜde]
zone (de)	**tsoon**	[tso:n]

250. Beperkende bijwoorden. Bijvoeglijke naamwoorden. Deel 1

accuraat (uurwerk, enz.)	**korralik**	[korralik]
achter- (abn)	**tagumine**	[tagumine]
additioneel (bn)	**täiendav**	[tæjendaʋ]
anders (bn)	**mitmesugune**	[mitmesugune]

arm (bijv. ~e landen)	**vaene**	[ʋaene]
begrijpelijk (bn)	**arusaadav**	[arusa:daʋ]
belangrijk (bn)	**tähtis**	[tæhtis]
belangrijkst (bn)	**kõige tähtsam**	[kɜige tæhtsam]

beleefd (bn)	**viisakas**	[ʋi:sakas]
beperkt (bn)	**piiratud**	[pi:ratut]
betekenisvol (bn)	**märkimisväärne**	[mærkimisʋæ:rne]
bijziend (bn)	**lühinägelik**	[luhinægelik]
binnen- (abn)	**sisemine**	[sisemine]

bitter (bn)	**mõru**	[mɜru]
blind (bn)	**pime**	[pime]
breed (een ~e straat)	**lai**	[lai]

breekbaar (porselein, glas)	habras	[habras]
buiten- (abn)	väline	[ʋæline]
buitenlands (bn)	välismaine	[ʋælismaine]
burgerlijk (bn)	tsiviil-	[tsiʋi:l-]
centraal (bn)	kesk-	[kesk-]
dankbaar (bn)	tänulik	[tænulik]
dicht (~e mist)	tihe	[tihe]
dicht (bijv. ~e mist)	tihe	[tihe]
dicht (in de ruimte)	lähedane	[lʲæhedane]
dicht (bn)	lähedane	[lʲæhedane]
dichtstbijzijnd (bn)	lähim	[lʲæhim]
diepvries (~product)	külmutatud	[kɯlʲmutatut]
dik (bijv. muur)	paks	[paks]
dof (~ licht)	ähmane	[æhmane]
dom (dwaas)	rumal	[rumalʲ]
donker (bijv. ~e kamer)	pime	[pime]
dood (bn)	surnud	[surnut]
doorzichtig (bn)	läbipaistev	[lʲæbipaisʲteʋ]
droevig (~ blik)	kurb	[kurb]
droog (bn)	kuiv	[kuiʋ]
dun (persoon)	kõhn	[kɜhn]
duur (bn)	kallis	[kalʲis]
eender (bn)	ühesugune	[ʉhesugune]
eenvoudig (bn)	lihtne	[lihtne]
eenvoudig (bn)	lihtne	[lihtne]
eeuwenoude (~ beschaving)	iidne	[i:dne]
enorm (bn)	tohutu	[tohutu]
geboorte- (stad, land)	kodu-	[kodu-]
gebruind (bn)	päevitunud	[pæeʋitunut]
gelijkend (bn)	sarnane	[sarnane]
gelukkig (bn)	õnnelik	[ɜnnelik]
gesloten (bn)	kinnine	[kinnine]
getaand (bn)	tõmmu	[tɜmmu]
gevaarlijk (bn)	ohtlik	[ohtlik]
gewoon (bn)	tavaline	[taʋaline]
gezamenlijk (~ besluit)	ühine	[ʉhine]
glad (~ oppervlak)	sile	[sile]
glad (~ oppervlak)	tasane	[tasane]
goed (bn)	hea	[hea]
goedkoop (bn)	odav	[odaʋ]
gratis (bn)	tasuta	[tasuta]
groot (bn)	suur	[su:r]
hard (niet zacht)	kõva	[kɜʋa]
heel (volledig)	terve	[terʋe]
heet (bn)	kuum	[ku:m]
hongerig (bn)	näljane	[næljane]

hoofd- (abn)	peamine	[peamine]
hoogste (bn)	kõrgem	[kɜrgem]
huidig (courant)	tõeline	[tɜeline]
jong (bn)	noor	[no:r]
juist, correct (bn)	õige	[ɜige]
kalm (bn)	rahulik	[rahulik]
kinder- (abn)	laste-	[lasˡte-]
klein (bn)	väike	[ʋæjke]
koel (~ weer)	jahe	[jahe]
kort (kortstondig)	lühiajaline	[lʉhiajaline]
kort (niet lang)	lühike	[lʉhike]
koud (~ water, weer)	külm	[kʉlˡm]
kunstmatig (bn)	kunstlik	[kunsˡtlik]
laatst (bn)	viimane	[ʋi:mane]
lang (een ~ verhaal)	pikk	[pikk]
langdurig (bn)	kauakestev	[kauakesˡteʋ]
lastig (~ probleem)	keeruline	[ke:ruline]
leeg (glas, kamer)	tühi	[tʉhi]
lekker (bn)	maitsev	[maitseʋ]
licht (kleur)	hele	[hele]
licht (niet veel weegt)	kerge	[kerge]
linker (bn)	vasak	[ʋasak]
luid (bijv. ~e stem)	vali	[ʋali]
mager (bn)	kõhetu	[kɜhetu]
mat (bijv. ~ verf)	matt	[matt]
moe (bn)	väsinud	[ʋæsinut]
moeilijk (~ besluit)	raske	[raske]
mogelijk (bn)	võimalik	[ʋɜimalik]
mooi (bn)	ilus	[ilus]
mysterieus (bn)	salapärane	[salapærane]
naburig (bn)	naabri-	[na:bri-]
nalatig (bn)	hooletu	[ho:letu]
nat (~te kleding)	märg	[mærg]
nerveus (bn)	närviline	[nærʋiline]
niet groot (bn)	väheldane	[ʋæhelˡdane]
niet moeilijk (bn)	üsna lihtne	[ʉsna lihtne]
nieuw (bn)	uus	[u:s]
nodig (bn)	vajalik	[ʋajalik]
normaal (bn)	normaalne	[norma:lˡne]

251. Beperkende bijwoorden. Bijvoeglijke naamwoorden. Deel 2

onbegrijpelijk (bn)	arusaamatu	[arusa:matu]
onbelangrijk (bn)	tühine	[tʉhine]
onbeweeglijk (bn)	liikumatu	[li:kumatu]
onbewolkt (bn)	pilvitu	[pilˡʋitu]

ondergronds (geheim)	põrandaalune	[pɜranda:lune]
ondiep (bn)	madal	[madalʲ]
onduidelijk (bn)	arusaamatu	[arusa:matu]
onervaren (bn)	kogenematu	[kogenematu]
onmogelijk (bn)	võimatu	[ʊɜimatu]
onontbeerlijk (bn)	vajalik	[ʊajalik]
onophoudelijk (bn)	katkematu	[katkematu]
ontkennend (bn)	negatiivne	[negati:ʊne]
open (bn)	avatud	[aʊatut]
openbaar (bn)	ühiskondlik	[ʉhiskontlik]
origineel (ongewoon)	algupärane	[alʲgupærane]
oud (~ huis)	vana	[ʊana]
overdreven (bn)	ülearune	[ʉlearune]
passend (bn)	kõlblik	[kɜlʲblik]
permanent (bn)	alaline	[alaline]
persoonlijk (bn)	isiklik	[isiklik]
plat (bijv. ~ scherm)	lame	[lame]
prachtig (~ paleis, enz.)	imeilus	[imejlus]
precies (bn)	täpne	[tæpne]
prettig (bn)	meeldiv	[me:lʲdiʊ]
privé (bn)	era-	[era-]
punctueel (bn)	täpne	[tæpne]
rauw (niet gekookt)	toores	[to:res]
recht (weg, straat)	sirge	[sirge]
rechter (bn)	parem	[parem]
rijp (fruit)	küps	[kʉps]
riskant (bn)	riskantne	[riskantne]
ruim (een ~ huis)	avar	[aʊar]
rustig (bn)	vaikne	[ʊaikne]
scherp (bijv. ~ mes)	terav	[teraʊ]
schoon (niet vies)	puhas	[puhas]
slecht (bn)	halb	[halʲb]
slim (verstandig)	tark	[tark]
smal (~le weg)	kitsas	[kitsas]
snel (vlug)	kiire	[ki:re]
somber (bn)	sünge	[sʉnge]
speciaal (bn)	spetsiaalne	[spetsia:lʲne]
sterk (bn)	tugev	[tugeʊ]
stevig (bn)	vastupidav	[ʊasʲtupidaʊ]
straatarm (bn)	kerjuslik	[kerjuslik]
strak (schoenen, enz.)	kitsad, tihe	[kitsad], [tihe]
teder (liefderijk)	hell	[helʲ]
tegenovergesteld (bn)	vastandlik	[ʊasʲtantlik]
tevreden (bn)	rahulolev	[rahuloleʊ]
tevreden (klant, enz.)	rahuldav	[rahulʲdaʊ]
treurig (bn)	kurb	[kurb]
tweedehands (bn)	kasutatud	[kasutatut]
uitstekend (bn)	eeskujulik	[e:skujulik]

uitstekend (bn)	suurepärane	[su:repærane]
uniek (bn)	ainulaadne	[ainula:dne]
veilig (niet gevaarlijk)	ohutu	[ohutu]
ver (in de ruimte)	kauge	[kauge]

verenigbaar (bn)	ühtesobiv	[ʉhtesobiʋ]
vermoeiend (bn)	väsitav	[ʋæsitaʋ]
verplicht (bn)	kohustuslik	[kohusˈtuslik]
vers (~ brood)	värske	[ʋærske]
verschillende (bn)	erinev	[erineʋ]

verst (meest afgelegen)	kauge	[kauge]
vettig (voedsel)	rasvane	[rasʋane]
vijandig (bn)	vaenulik	[ʋaenulik]
vloeibaar (bn)	vedel	[ʋedelʲ]
vochtig (bn)	niiske	[ni:ske]
vol (helemaal gevuld)	täis	[tæjs]

volgend (~ jaar)	järgmine	[jærgmine]
vorig (bn)	möödunud	[mø:dunut]
voornaamste (bn)	peamine	[peamine]
vorig (~ jaar)	möödunud	[mø:dunut]
vorig (bijv. ~e baas)	eelmine	[e:lʲmine]

vriendelijk (aardig)	armas	[armas]
vriendelijk (goedhartig)	hea	[hea]
vrij (bn)	vaba	[ʋaba]
vrolijk (bn)	lõbus	[lɜbus]
vruchtbaar (~ land)	viljakas	[ʋiljakas]

vuil (niet schoon)	määrdunud	[mæ:rdunut]
waarschijnlijk (bn)	tõenäoline	[tɜenæoline]
warm (bn)	soe	[soe]
wettelijk (bn)	seaduslik	[seaduslik]
zacht (bijv. ~ kussen)	pehme	[pehme]

zacht (bn)	vaikne	[ʋaikne]
zeldzaam (bn)	haruldane	[harulʲdane]
ziek (bn)	haige	[haige]
zoet (~ water)	mage	[mage]
zoet (bn)	magus	[magus]

zonnig (~e dag)	päiksepaisteline	[pæjksepaisʲteline]
zorgzaam (bn)	hoolitsev	[ho:litseʋ]
zout (de soep is ~)	soolane	[so:lane]
zuur (smaak)	hapu	[hapu]
zwaar (~ voorwerp)	raske	[raske]

DE 500 BELANGRIJKSTE WERKWOORDEN

252. Werkwoorden A-C

aaien (bijv. een konijn ~)	**silitama**	[silitama]
aanbevelen (ww)	**soovitama**	[so:ʋitama]
aandringen (ww)	**nõudma**	[nɜudma]
aankomen (ov. de treinen)	**saabuma**	[sa:buma]
aanleggen (bijv. bij de pier)	**randuma**	[randuma]
aanraken (met de hand)	**puutuma**	[pu:tuma]
aansteken (kampvuur, enz.)	**süütama**	[sʉ:tama]
aanstellen	**määrama**	[mæ:rama]
(in functie plaatsen)		
aanvallen (mil.)	**ründama**	[rʉndama]
aanvoelen (gevaar ~)	**tundma**	[tundma]
aanvoeren (leiden)	**etteotsa asuma**	[etteotsa asuma]
aanwijzen (de weg ~)	**näitama**	[næjtama]
aanzetten (computer, enz.)	**sisse lülitama**	[sisse lʉlitama]
ademen (ww)	**hingama**	[hingama]
adverteren (ww)	**reklaamima**	[rekla:mima]
adviseren (ww)	**soovitama**	[so:ʋitama]
afdalen (on.ww.)	**laskuma**	[laskuma]
afgunstig zijn (ww)	**kadestama**	[kadesˈtama]
afhakken (ww)	**ära raiuma**	[æra raiuma]
afhangen van ...	**sõltuma ...**	[sɜlˈtuma ...]
afluisteren (ww)	**pealt kuulama**	[pealˈt ku:lama]
afnemen (verwijderen)	**maha võtma**	[maha ʋɜtma]
afrukken (ww)	**ära rebima**	[æra rebima]
afslaan (naar rechts ~)	**pöörama**	[pø:rama]
afsnijden (ww)	**ära lõikama**	[æra lɜikama]
afzeggen (ww)	**ära jätma**	[æra jætma]
amputeren (ww)	**amputeerima**	[ampute:rima]
amuseren (ww)	**lõbustama**	[lɜbusˈtama]
antwoorden (ww)	**vastama**	[ʋasˈtama]
applaudisseren (ww)	**aplodeerima**	[aplode:rima]
aspireren (iets willen worden)	**püüdma**	[pʉ:dma]
assisteren (ww)	**assisteerima**	[assisˈte:rima]
bang zijn (ww)	**kartma**	[kartma]
barsten (plafond, enz.)	**pragunema**	[pragunema]
bedienen (in restaurant)	**teenindama**	[te:nindama]
bedreigen	**ähvardama**	[æhʋardama]
(bijv. met een pistool)		

bedriegen (ww)	petma	[petma]
beduiden (betekenen)	tähendama	[tæhendama]
bedwingen (ww)	tagasi hoidma	[tagasi hojdma]
beëindigen (ww)	lõpetama	[lɜpetama]
begeleiden (vergezellen)	saatma	[sa:tma]
begieten (water geven)	kastma	[kasʲtma]
beginnen (ww)	alustama	[alusʲtama]
begrijpen (ww)	aru saama	[aru sa:ma]
behandelen (patiënt, ziekte)	ravima	[raʋima]
beheren (managen)	juhtima	[juhtima]
beïnvloeden (ww)	mõjuma	[mɜjuma]
bekennen (misdadiger)	üles tunnistama	[ʉles tunnisʲtama]
beledigen (met scheldwoorden)	solvama	[solʲʋama]
beledigen (ww)	solvama	[solʲʋama]
beloven (ww)	lubama	[lubama]
beperken (de uitgaven ~)	piirama	[pi:rama]
bereiken (doel ~, enz.)	saavutama	[sa:ʋutama]
bereiken (plaats van bestemming ~)	jõudma	[jɜudma]
beschermen (bijv. de natuur ~)	valvama	[ʋalʲʋama]
beschuldigen (ww)	süüdistama	[sʉ:disʲtama]
beslissen (~ iets te doen)	otsustama	[otsusʲtama]
besmet worden (met ...)	nakatuma	[nakatuma]
besmetten (ziekte overbrengen)	nakatama	[nakatama]
bespreken (spreken over)	arutama	[arutama]
bestaan (een ~ voeren)	elama	[elama]
bestellen (eten ~)	tellima	[telʲima]
bestraffen (een stout kind ~)	karistama	[karisʲtama]
betalen (ww)	maksma	[maksma]
betekenen (beduiden)	tähendama	[tæhendama]
betreuren (ww)	kahetsema	[kahetsema]
bevallen (prettig vinden)	meeldima	[me:lʲdima]
bevelen (mil.)	käskima	[kæskima]
bevredigen (ww)	rahuldama	[rahulʲdama]
bevrijden (stad, enz.)	vabastama	[ʋabasʲtama]
bewaren (oude brieven, enz.)	alles hoidma	[alʲes hojdma]
bewaren (vrede, leven)	säilitama	[sæjlitama]
bewijzen (ww)	tõestama	[tɜesʲtama]
bewonderen (ww)	vaimustuma	[ʋaimusʲtuma]
bezitten (ww)	valdama	[ʋalʲdama]
bezorgd zijn (ww)	muretsema	[muretsema]
bezorgd zijn (ww)	muretsema	[muretsema]
bidden (praten met God)	palvetama	[palʲʋetama]
bijvoegen (ww)	lisama	[lisama]

binden (ww)	**siduma**	[siduma]
binnengaan (een kamer ~)	**sisse tulema**	[sisse tulema]
blazen (ww)	**puhuma**	[puhuma]
blozen (zich schamen)	**punastama**	[punasʲtama]
blussen (brand ~)	**kustutama**	[kusʲtutama]
boos maken (ww)	**ärritama**	[ærritama]
boos zijn (ww)	**vihastama**	[ʋihasʲtama]
breken	**katki minema**	[katki minema]
(on.ww., van een touw)		
breken (speelgoed, enz.)	**murdma**	[murdma]
brengen (iets ergens ~)	**kohale vedama**	[kohale ʋedama]
charmeren (ww)	**võluma**	[ʋɜluma]
citeren (ww)	**tsiteerima**	[tsite:rima]
compenseren (ww)	**hüvitama**	[hɐʋitama]
compliceren (ww)	**keeruliseks tegema**	[ke:ruliseks tegema]
componeren (muziek ~)	**looma**	[lo:ma]
compromitteren (ww)	**head nime kahjustama**	[heat nime kahjusʲtama]
concurreren (ww)	**konkureerima**	[konkure:rima]
controleren (ww)	**kontrollima**	[kontrolʲima]
coöpereren (samenwerken)	**koostööd tegema**	[ko:sʲtø:t tegema]
coördineren (ww)	**koordineerima**	[ko:rdine:rima]
corrigeren (fouten ~)	**parandama**	[parandama]
creëren (ww)	**looma**	[lo:ma]

253. Werkwoorden D-K

danken (ww)	**tänama**	[tænama]
de was doen	**pesu pesema**	[pesu pesema]
de weg wijzen	**suunama**	[su:nama]
deelnemen (ww)	**osa võtma**	[osa ʋɜtma]
delen (wisk.)	**jagama**	[jagama]
denken (ww)	**mõtlema**	[mɜtlema]
doden (ww)	**tapma**	[tapma]
doen (ww)	**tegema**	[tegema]
dresseren (ww)	**dresseerima**	[dresse:rima]
drinken (ww)	**jooma**	[jo:ma]
drogen (klederen, haar)	**kuivatama**	[kuiʋatama]
dromen (in de slaap)	**und nägema**	[unt nægema]
dromen (over vakantie ~)	**unistama**	[unisʲtama]
duiken (ww)	**sukelduma**	[sukelʲduma]
durven (ww)	**julgema**	[julʲgema]
duwen (ww)	**tõukama**	[tɜukama]
een auto besturen	**autot juhtima**	[autot juhtima]
een bad geven	**vannitama**	[ʋannitama]
een bad nemen	**pesema**	[pesema]
een conclusie trekken	**kokkuvõtet tegema**	[kokkuʋɜtet tegema]

foto's maken	**pildistama**	[pil'dis'tama]
eisen (met klem vragen)	**nõudma**	[nɜudma]
erkennen (schuld)	**tunnistama**	[tunnis'tama]
erven (ww)	**pärima**	[pærima]
eten (ww)	**sööma**	[sø:ma]
excuseren (vergeven)	**vabandama**	[ʋabandama]
existeren (bestaan)	**olemas olema**	[olemas olema]
feliciteren (ww)	**õnnitlema**	[ɜnnitlema]
gaan (te voet)	**minema**	[minema]
gaan slapen	**magama heitma**	[magama hejtma]
gaan zitten (ww)	**istuma**	[is'tuma]
gaan zwemmen	**suplema**	[suplema]
garanderen (garantie geven)	**tagama**	[tagama]
gebruiken (bijv. een potlood ~)	**kasutama**	[kasutama]
gebruiken (woord, uitdrukking)	**tarvitama**	[tarʋitama]
geconserveerd zijn (ww)	**säilima**	[sæjlima]
gedateerd zijn (ww)	**kuupäevastatud**	[ku:pæeʋas'tatut]
gehoorzamen (ww)	**alluma**	[al'uma]
gelijken (op elkaar lijken)	**sarnanema**	[sarnanema]
geloven (vinden)	**uskuma**	[uskuma]
genoeg zijn (ww)	**piisama**	[pi:sama]
geven (ww)	**andma**	[andma]
gieten (in een beker ~)	**valama**	[ʋalama]
glimlachen (ww)	**naeratama**	[naeratama]
glimmen (glanzen)	**helendama**	[helendama]
gluren (ww)	**piiluma**	[pi:luma]
goed raden (ww)	**ära arvama**	[æra arʋama]
gooien (een steen, enz.)	**viskama**	[ʋiskama]
grappen maken (ww)	**nalja tegema**	[nalja tegema]
graven (tunnel, enz.)	**kaevama**	[kaeʋama]
haasten (iemand ~)	**kiirustama**	[ki:rus'tama]
hebben (ww)	**omama**	[omama]
helpen (hulp geven)	**aitama**	[aitama]
herhalen (opnieuw zeggen)	**kordama**	[kordama]
herinneren (ww)	**mäletama**	[mæletama]
herinneren aan ... (afspraak, opdracht)	**meelde tuletama**	[me:l'de tuletama]
herkennen (identificeren)	**ära tundma**	[æra tundma]
herstellen (repareren)	**parandama**	[parandama]
het haar kammen	**kammima**	[kammima]
hopen (ww)	**lootma**	[lo:tma]
horen (waarnemen met het oor)	**kuulma**	[ku:l'ma]
houden van (muziek, enz.)	**armastama**	[armas'tama]
huilen (wenen)	**nutma**	[nutma]
huiveren (ww)	**võpatama**	[ʋɜpatama]

huren (een boot ~)	võtma	[ʊɜtma]
huren (huis, kamer)	üürima	[ʉ:rima]
huren (personeel)	palkama	[palʲkama]
imiteren (ww)	imiteerima	[imite:rima]

importeren (ww)	sisse vedama	[sisse ʋedama]
inenten (vaccineren)	vaktsineerima	[ʋaktsine:rima]
informeren (informatie geven)	teavitama	[teaʋitama]
informeren naar ... (navraag doen)	teada saama	[teada sa:ma]
inlassen (invoegen)	vahele panema	[ʋahele panema]

inpakken (in papier)	sisse pakkima	[sisse pakkima]
inspireren (ww)	innustama	[innusʲtama]
instemmen (akkoord gaan)	nõustuma	[nɜusʲtuma]
interesseren (ww)	huvitama	[huʋitama]

irriteren (ww)	ärritama	[ærritama]
isoleren (ww)	isoleerima	[isole:rima]
jagen (ww)	jahil käima	[jahilʲ kæjma]
kalmeren (kalm maken)	rahustama	[rahusʲtama]

kennen (kennis hebben van iemand)	tundma	[tundma]
kennismaken (met ...)	tutvuma	[tutʊuma]
kiezen (ww)	valima	[ʋalima]
kijken (ww)	vaatama	[ʋa:tama]

klaarmaken (een plan ~)	ette valmistama	[ette ʋalʲmisʲtama]
klaarmaken (het eten ~)	süüa tegema	[sʉ:a tegema]
klagen (ww)	kaebama	[kaebama]
kloppen (aan een deur)	koputama	[koputama]

kopen (ww)	ostma	[osʲtma]
kopieën maken	paljundama	[paljundama]
kosten (ww)	maksma	[maksma]
kunnen (ww)	võima	[ʊɜima]
kweken (planten ~)	kasvatama	[kasʋatama]

254. Werkwoorden L-R

lachen (ww)	naerma	[naerma]
laden (geweer, kanon)	laadima	[la:dima]
laden (vrachtwagen)	laadima	[la:dima]
laten vallen (ww)	pillama	[pilʲæma]

lenen (geld ~)	laenama	[laenama]
leren (lesgeven)	koolitama	[ko:litama]
leven (bijv. in Frankrijk ~)	elama	[elama]
lezen (een boek ~)	lugema	[lugema]

lid worden (ww)	ühinema	[ʉhinema]
liefhebben (ww)	armastama	[armasʲtama]
liegen (ww)	valetama	[ʋaletama]

liggen (op de tafel ~)	lamama	[lamama]
liggen (persoon)	lesima	[lesima]
lijden (pijn voelen)	kannatama	[kannatama]
losbinden (ww)	lahti laskma	[lahti laskma]
luisteren (ww)	kuulama	[ku:lama]
lunchen (ww)	lõunat sööma	[lɜunat sø:ma]
markeren (op de kaart, enz.)	ära märkima	[æra mærkima]
melden (nieuws ~)	teatama	[teatama]
memoriseren (ww)	meelde jätma	[me:lʲde jætma]
mengen (ww)	vahele segama	[ʋahele segama]
mikken op (ww)	sihtima	[sihtima]
minachten (ww)	põlgama	[pɜlʲgama]
moeten (ww)	pidama	[pidama]
morsen (koffie, enz.)	maha valama	[maha ʋalama]
naderen (dichterbij komen)	ligi tulema	[ligi tulema]
neerlaten (ww)	alla laskma	[alʲæ laskma]
nemen (ww)	võtma	[ʋɜtma]
nodig zijn (ww)	tarvis olema	[tarʋis olema]
noemen (ww)	nimetama	[nimetama]
noteren (opschrijven)	üles kirjutama	[ɵles kirjutama]
omhelzen (ww)	embama	[embama]
omkeren (steen, voorwerp)	ümber pöörama	[ɵmber pø:rama]
onderhandelen (ww)	läbirääkimisi pidama	[lʲæbiræ:kimisi pidama]
ondernemen (ww)	ette võtma	[ette ʋɜtma]
onderschatten (ww)	alahindama	[alahindama]
onderscheiden (een ereteken geven)	autasustama	[autasusʲtama]
onderstrepen (ww)	alla kriipsutama	[alʲæ kri:psutama]
ondertekenen (ww)	allkirjastama	[alʲkirjasʲtama]
onderwijzen (ww)	instrueerima	[insʲtrue:rima]
onderzoeken (alle feiten, enz.)	läbi vaatama	[lʲæbi ʋa:tama]
bezorgd maken	muret tegema	[muret tegema]
onmisbaar zijn (ww)	vajalik olema	[ʋajalik olema]
ontbijten (ww)	hommikust sööma	[hommikusʲt sø:ma]
ontdekken (bijv. nieuw land)	avastama	[aʋasʲtama]
ontkennen (ww)	eitama	[ejtama]
ontlopen (gevaar, taak)	vältima	[ʋælʲtima]
ontnemen (ww)	ilma jätma	[ilʲma jætma]
ontwerpen (machine, enz.)	projekteerima	[projekte:rima]
oorlog voeren (ww)	sõdima	[sɜdima]
op orde brengen	korda tegema	[korda tegema]
opbergen (in de kast, enz.)	ära koristama	[æra korisʲtama]
opduiken (ov. een duikboot)	pinnale tõusma	[pinnale tɜusma]
openen (ww)	lahti tegema	[lahti tegema]
ophangen (bijv. gordijnen ~)	riputama	[riputama]

ophouden (ww)	katkestama	[katkesⁱtama]
oplossen (een probleem ~)	lahendama	[lahendama]
opmerken (zien)	märkama	[mærkama]

opmerken (zien)	märkama	[mærkama]
opscheppen (ww)	kiitlema	[ki:tlema]
opschrijven (op een lijst)	sisse kirjutama	[sisse kirjutama]
opschrijven (ww)	üles kirjutama	[ʉles kirjutama]

opstaan (uit je bed)	üles tõusma	[ʉles tɜusma]
opstarten (project, enz.)	käiku laskma	[kæjku laskma]
opstijgen (vliegtuig)	õhku tõusma	[ɜhku tɜusma]
optreden (resoluut ~)	tegutsema	[tegutsema]

organiseren (concert, feest)	korraldama	[korralⁱdama]
overdoen (ww)	ümber tegema	[ʉmber tegema]
overheersen (dominant zijn)	ülekaalus olema	[ʉleka:lus olema]
overschatten (ww)	ümber hindama	[ʉmber hindama]

overtuigd worden (ww)	veenduma	[ʋe:nduma]
overtuigen (ww)	veenma	[ʋe:nma]
passen (jurk, broek)	paras olema	[paras olema]
passeren (~ mooie dorpjes, enz.)	mööda sõitma	[mø:da sɜitma]

peinzen (lang nadenken)	mõttesse jääma	[mɜttesse jæ:ma]
penetreren (ww)	sisse tungima	[sisse tungima]
plaatsen (ww)	panema	[panema]
plaatsen (zetten)	paigutama	[paigutama]

plannen (ww)	planeerima	[plane:rima]
plezier hebben (ww)	lõbutsema	[lɜbutsema]
plukken (bloemen ~)	noppima	[noppima]
prefereren (verkiezen)	eelistama	[e:lisⁱtama]

proberen (trachten)	püüdma	[pʉ:dma]
proberen (trachten)	püüdma	[pʉ:dma]
protesteren (ww)	protesteerima	[protesⁱte:rima]
provoceren (uitdagen)	provotseerima	[proʋotse:rima]

raadplegen (dokter, enz.)	konsulteerima	[konsulⁱte:rima]
rapporteren (ww)	ette kandma	[ette kandma]
redden (ww)	päästma	[pæ:sⁱtma]
regelen (conflict)	korda ajama	[korda ajama]

reinigen (schoonmaken)	puhastama	[puhasⁱtama]
rekenen op ...	lootma ...	[lo:tma ...]
rennen (ww)	jooksma	[jo:ksma]
reserveren (een hotelkamer ~)	broneerima	[brone:rima]

rijden (per auto, enz.)	sõitma	[sɜitma]
rillen (ov. de kou)	värisema	[ʋærisema]
riskeren (ww)	riskima	[riskima]
roepen (met je stem)	kutsuma	[kutsuma]
roepen (om hulp)	kutsuma	[kutsuma]

237

ruiken (bepaalde geur verspreiden)	lõhnama	[lɜhnama]
ruiken (rozen)	nuusutama	[nu:sutama]
rusten (verpozen)	puhkama	[puhkama]

255. Verbs S-V

samenstellen, maken (een lijst ~)	koostama	[ko:sˈtama]
schieten (ww)	tulistama	[tulisˈtama]
schoonmaken (bijv. schoenen ~)	puhastama	[puhasˈtama]
schoonmaken (ww)	korda tegema	[korda tegema]

schrammen (ww)	kriimustama	[kri:musˈtama]
schreeuwen (ww)	karjuma	[karjuma]
schrijven (ww)	kirjutama	[kirjutama]
schudden (ww)	raputama	[raputama]

selecteren (ww)	välja valima	[ʋælja ʋalima]
simplificeren (ww)	lihtsustama	[lihtsusˈtama]
slaan (een hond ~)	lööma	[lø:ma]
sluiten (ww)	kinni panema	[kinni panema]

smeken (bijv. om hulp ~)	anuma	[anuma]
souperen (ww)	õhtust sööma	[ɜhtusˈt sø:ma]
spelen (bijv. filmacteur)	mängima	[mæŋgima]
spelen (kinderen, enz.)	mängima	[mæŋgima]

spreken met ...	rääkima, vestlema ...	[ræ:kima], [ʋesˈtlema ...]
spuwen (ww)	sülitama	[sɯlitama]
stelen (ww)	varastama	[ʋarasˈtama]
stemmen (verkiezing)	hääletama	[hæ:letama]
steunen (een goed doel, enz.)	toetama	[toetama]

stoppen (pauzeren)	peatuma	[peatuma]
storen (lastigvallen)	segama	[segama]
strijden (tegen een vijand)	võitlema	[ʋɜitlema]
strijden (ww)	võitlema	[ʋɜitlema]

strijken (met een strijkbout)	triikima	[tri:kima]
studeren (bijv. wiskunde ~)	uurima	[u:rima]
sturen (zenden)	saatma	[sa:tma]
tellen (bijv. geld ~)	lugema	[lugema]

terugkeren (ww)	tagasi tulema	[tagasi tulema]
terugsturen (ww)	tagasi saatma	[tagasi sa:tma]
toebehoren aan ...	kuuluma	[ku:luma]
toegeven (zwichten)	alla jääma	[alˈæ jæ:ma]

toenemen (on. ww)	suurenema	[su:renema]
toespreken (zich tot iemand richten)	pöörduma	[pø:rduma]

| toestaan (goedkeuren) | lubama | [lubama] |
| toestaan (ww) | lubama | [lubama] |

toewijden (boek, enz.)	pühendama	[pʉhendama]
tonen (uitstallen, laten zien)	näitama	[næjtama]
trainen (ww)	treenima	[treːnima]
transformeren (ww)	transformeerima	[transformeːrima]

trekken (touw)	tõmbama	[tɜmbama]
trouwen (ww)	naist võtma	[naisʲt ʊɜtma]
tussenbeide komen (ww)	vahele segama	[ʊahele segama]
twijfelen (onzeker zijn)	kahtlema	[kahtlema]

uitdelen (pamfletten ~)	laiali jagama	[laiali jagama]
uitdoen (licht)	välja lülitama	[ʊælja lʉlitama]
uitdrukken (opinie, gevoel)	väljendama	[ʊæljendama]
uitgaan (om te dineren, enz.)	välja minema	[ʊælja minema]
uitlachen (bespotten)	pilkama	[pilʲkama]

uitnodigen (ww)	kutsuma	[kutsuma]
uitrusten (ww)	seadmetega varustama	[seadmetega ʊarusʲtama]
uitsluiten (wegsturen)	välja heitma	[ʊælja hejtma]
uitspreken (ww)	hääldama	[hæːlʲdama]

uittorenen (boven …)	esile kerkima	[esile kerkima]
uitvaren tegen (ww)	sõimama	[sɜimama]
uitvinden (machine, enz.)	leiutama	[lejutama]
uitwissen (ww)	maha kustutama	[maha kusʲtutama]

vangen (ww)	püüdma	[pʉːdma]
vastbinden aan …	kinni siduma	[kinni siduma]
vechten (ww)	kaklema	[kaklema]
veranderen (bijv. mening ~)	muutma	[muːtma]

verbaasd zijn (ww)	imestama	[imesʲtama]
verbazen (verwonderen)	üllatama	[ʉlʲætama]
verbergen (ww)	peitma	[pejtma]
verbieden (ww)	keelama	[keːlama]

verblinden (andere chauffeurs)	pimestama	[pimesʲtama]
verbouwereerd zijn (ww)	nõutu olema	[nɜutu olema]
verbranden (bijv. papieren ~)	ära põletama	[æra pɜletama]
verdedigen (je land ~)	kaitsma	[kaitsma]

verdenken (ww)	kahtlustama	[kahtlusʲtama]
verdienen (een complimentje, enz.)	väärt olema	[ʊæːrt olema]
verdragen (tandpijn, enz.)	välja kannatama	[ʊælja kannatama]
verdrinken (in het water omkomen)	uppuma	[uppuma]

verdubbelen (ww)	kahekordistama	[kahekordisʲtama]
verdwijnen (ww)	ära kaduma	[æra kaduma]
verenigen (ww)	ühendama	[ʉhendama]
vergelijken (ww)	võrdlema	[ʊɜrtlema]

vergeten (achterlaten)	**jätma**	[jætma]
vergeten (ww)	**unustama**	[unusitama]
vergeven (ww)	**andeks andma**	[andeks andma]
vergroten (groter maken)	**suurendama**	[su:rendama]
verklaren (uitleggen)	**seletama**	[seletama]

verklaren (volhouden)	**kinnitama**	[kinnitama]
verklikken (ww)	**peale kaebama**	[peale kaebama]
verkopen (per stuk ~)	**müüma**	[mʉ:ma]
verlaten (echtgenoot, enz.)	**maha jätma**	[maha jætma]
verlichten (gebouw, straat)	**valgustama**	[ualigusitama]

verlichten (gemakkelijker maken)	**kergendama**	[kergendama]
verliefd worden (ww)	**armuma**	[armuma]
verliezen (bagage, enz.)	**kaotama**	[kaotama]
vermelden (praten over)	**meelde tuletama**	[me:lide tuletama]

vermenigvuldigen (wisk.)	**korrutama**	[korrutama]
verminderen (ww)	**vähendama**	[uæhendama]
vermoeid raken (ww)	**väsima**	[uæsima]
vermoeien (ww)	**väsitama**	[uæsitama]

256. Verbs V-Z

vernietigen (documenten, enz.)	**hävitama**	[hæuitama]
veronderstellen (ww)	**eeldama**	[e:lidama]
verontwaardigd zijn (ww)	**pahane olema**	[pahane olema]
veroordelen (in een rechtszaak)	**süüdi mõistma**	[sʉ:di mɜisitma]

veroorzaken ... (oorzaak zijn van ...)	**põhjustama**	[pɜhjusitama]
verplaatsen (ww)	**ümber paigutama**	[ʉmber paigutama]
verpletteren (een insect, enz.)	**puruks litsuma**	[puruks litsuma]
verplichten (ww)	**sundima**	[sundima]
verschijnen (bijv. boek)	**ilmuma**	[ilimuma]

verschijnen (in zicht komen)	**ilmuma**	[ilimuma]
verschillen (~ van iets anders)	**silma paistma**	[silima paisitma]
versieren (decoreren)	**ehtima**	[ehtima]
verspreiden (pamfletten, enz.)	**levitama**	[leuitama]

verspreiden (reuk, enz.)	**levitama**	[leuitama]
versterken (positie ~)	**kindlustama**	[kintlusitama]
verstommen (ww)	**vait jääma**	[uait jæ:ma]
vertalen (ww)	**tõlkima**	[tɜlikima]
vertellen (verhaal ~)	**jutustama**	[jutusitama]
vertrekken (bijv. naar Mexico ~)	**ära sõitma**	[æra sɜitma]

vertrouwen (ww)	usaldama	[usal'dama]
vervolgen (ww)	jätkama	[jætkama]
verwachten (ww)	ootama	[o:tama]
verwarmen (ww)	soojendama	[so:jendama]
verwarren (met elkaar ~)	segi ajama	[segi ajama]
verwelkomen (ww)	tervitama	[tervitama]
verwezenlijken (ww)	teostama	[teos'tama]
verwijderen (een obstakel)	kõrvaldama	[kɜrval'dama]
verwijderen (een vlek ~)	eemaldama	[e:mal'dama]
verwijten (ww)	ette heitma	[ette hejtma]
verwisselen (ww)	vahetama	[vahetama]
verzoeken (ww)	paluma	[paluma]
verzuimen (school, enz.)	puuduma	[pu:duma]
vies worden (ww)	ära määrima	[æra mæ:rima]
vinden (denken)	arvama	[arvama]
vinden (ww)	leidma	[lejdma]
vissen (ww)	kala püüdma	[kala pʉ:dma]
vleien (ww)	pugema	[pugema]
vliegen (vogel, vliegtuig)	lendama	[lendama]
voederen	toitma	[tojtma]
(een dier voer geven)		
volgen (ww)	järgnema ...	[jærgnema ...]
voorstellen (introduceren)	esindama	[esindama]
voorstellen (Mag ik jullie ~)	tutvustama	[tutvus'tama]
voorstellen (ww)	pakkuma	[pakkuma]
voorzien (verwachten)	ette nägema	[ette nægema]
vorderen (vooruitgaan)	karjääri tegema	[karjæ:ri tegema]
vormen (samenstellen)	haridust andma	[haridus't andma]
vullen (glas, fles)	täitma	[tæjtma]
waarnemen (ww)	jälgima	[jæl'gima]
waarschuwen (ww)	hoiatama	[hojatama]
wachten (ww)	ootama	[o:tama]
wassen (ww)	pesema	[pesema]
weerspreken (ww)	vastu vaidlema	[vas'tu vaitlema]
wegdraaien (ww)	nägu ära pöörama	[nægu æra pø:rama]
wegdragen (ww)	ära viima	[æra vi:ma]
wegen (gewicht hebben)	kaaluma	[ka:luma]
wegjagen (ww)	ära ajama	[æra ajama]
weglaten (woord, zin)	vahele jätma	[vahele jætma]
wegvaren	kaldast eemalduma	[kal'das't e:mal'duma]
(uit de haven vertrekken)		
weigeren (iemand ~)	ära ütlema	[æra ʉtlema]
wekken (ww)	äratama	[æratama]
wensen (ww)	soovima	[so:vima]
werken (ww)	töötama	[tø:tama]
weten (ww)	teadma	[teadma]

willen (verlangen)	tahtma	[tahtma]
wisselen (omruilen, iets ~)	vahetama	[ʋahetama]
worden (bijv. oud ~)	saama	[sa:ma]
worstelen (sport)	võistlema	[ʋɔisⁱtlema]
wreken (ww)	kätte maksma	[kætte maksma]
zaaien (zaad strooien)	külvama	[kɯlⁱʋama]
zeggen (ww)	ütlema	[ɯtlema]
zich baseerd op	paiknema	[paiknema]
zich bevrijden van ... (afhelpen)	vabanema	[ʋabanema]
zich concentreren (ww)	kontsentreeruma	[kontsentre:ruma]
zich ergeren (ww)	ärrituma	[ærrituma]
zich gedragen (ww)	käituma	[kæjtuma]
zich haasten (ww)	kiirustama	[ki:rusⁱtama]
zich herinneren (ww)	meenutama	[me:nutama]
zich herstellen (ww)	terveks saama	[terʋeks sa:ma]
zich indenken (ww)	endale ette kujutama	[endale ette kujutama]
zich interesseren voor ...	huvi tundma	[huʋi tundma]
zich scheren (ww)	habet ajama	[habet ajama]
zich trainen (ww)	treenima	[tre:nima]
zich verdedigen (ww)	ennast kaitsma	[ennasⁱt kaitsma]
zich vergissen (ww)	eksima	[eksima]
zich verontschuldigen	vabandama	[ʋabandama]
zich verspreiden (meel, suiker, enz.)	pudenema	[pudenema]
zich vervelen (ww)	igavlema	[igaʋlema]
zijn (ww)	olema	[olema]
zinspelen (ww)	vihjama	[ʋihjama]
zitten (ww)	istuma	[isⁱtuma]
zoeken (ww)	otsima ...	[otsima ...]
zondigen (ww)	pattu tegema	[pattu tegema]
zuchten (ww)	ohkama	[ohkama]
zwaaien (met de hand)	lehvitama	[lehʋitama]
zwemmen (ww)	ujuma	[ujuma]
zwijgen (ww)	vaikima	[ʋaikima]